ज्ञान गरिमा के
68 वर्ष

भारतीय
ज्ञानपीठ

आस्वाद के विविध प्रारूप

(आलोचना)

आस्वाद के विविध प्रारूप

प्रभात त्रिपाठी

भारतीय ज्ञानपीठ

लोकोदय ग्रन्थमाला : ग्रन्थांक 1174
ग्रन्थमाला सम्पादक
रवीन्द्र कालिया
सह-सम्पादक
गुलाबचन्द्र जैन

आस्वाद के विविध प्रारूप

(आलोचना)

प्रभात त्रिपाठी

प्रथम संस्करण : 2013
मूल्य : 170 रुपये

ISBN 978-93-263-5118-8

प्रकाशक : **भारतीय ज्ञानपीठ**
18, इन्स्टीट्यूशनल एरिया, लोदी रोड, नयी दिल्ली-110 003

मुद्रक : विकास कम्प्यूटर ऐंड प्रिंटर्स, दिल्ली-110 032

आवरण : मनोज कचंगल
साज-सज्जा : ज्ञानपीठ कला प्रभाग

AASWAD KE VIVIDH PRAROOP
(Criticism)
by Prabhat Tripathi

Published by : **Bharatiya Jnanpith**
18, Institutional Area, Lodi Road, New Delhi-110 003

e-mail : jnanpith@satyam.net.in, sales@jnanpith.net
website : www.jnanpith.net

First Edition : 2013
Price : Rs. 170

नेमिचन्द्र जैन की स्मृति को

प्राक्कथन

'आस्वाद के विभिन्न प्रारूप' शीर्षक से शायद मैं अपनी बातें ठीकठाक ढंग से नहीं कह पाऊँगा, लेकिन यह शीर्षक मुख्य रूप से उत्तर-छायावाद के रोमान को संकेत करता है इसलिए कि इन कवियों को हिन्दी में इसी रूप में जाना जाता रहा है। पर मुझे लगता है कि शुरुआती दौर की इन कविताओं में, रोमान की जगह एक ऐसा वैचारिक आग्रह ही अधिक सक्रिय है, जो छायावादी कविता की तुलना में, कुछ नया, कुछ अधिक मन के अनुकूल और कुछ अधिक प्रासंगिक कहने की कोशिश को उकसाता है। गौरतलब यह भी है कि इस समय सन् 1936 तक, छायावाद की श्रेष्ठ रचनाएँ प्रकाशित हो चुकी थीं। 'कामायनी' और 'राम की शक्तिपूजा' का प्रकाशन-वर्ष शायद यही है। प्रेमचन्द का 'गोदान' भी शायद इसी वर्ष प्रकाशित हुआ था। इसी समय में भारत में प्रगतिशील लेखक संघ की स्थापना हुई, और उसकी काशी शाखा का सभापतित्व प्रेमचन्द ने किया था। यह सोचना स्वाभाविक है कि छायावाद की गुरु-गम्भीर, दर्शन-मनन मंडित कल्पनाशील कविताओं की तुलना में ये कवि कुछ नया करना चाहते थे। इसके अलावा 1935 से 1945 तक का यह वक्त थोड़ा कठिन वक्त भी था। सर्वप्रथम इस अर्थ में कि एक तरफ रूसी क्रान्ति, हिटलर का उदय, स्टालिन और हिटलर का समझौता, तथा आसन्न महायुद्ध की छायाएँ थीं, तो दूसरी तरफ भारत में प्रजातन्त्र के प्रयोग-अधिकार का पहला नाटक शुरू हो चुका था। सन् '37 के इस चुनाव में साम्प्रदायिक विभाजन पर अँग्रेजों ने अपनी मुहर लगा दी थी। भारत का आत्मसजग मध्यवर्ग, अँग्रेजों की नयी शिक्षा पद्धति और राज्य-परिचालन की रीतियों और रिवाजों को स्वीकारने लगा था। भारतीय राजनीति में गाँधीजी का सक्रिय हस्तक्षेप तो इसके बहुत पहले आरम्भ हो चुका था, लेकिन अपनी सारी कोशिशों के बावजूद, गाँधी जी उ.प्र. के चुनावों में साम्प्रदायिक विभाजन पर किसी भी तरह से कोई कारगर रोक नहीं लगा सके थे। यह भी एक विचारणीय तथ्य है कि शिक्षा संस्थानों में साहित्य को जगह मिल चुकी थी और वहाँ, अभी तक छायावादी कवियों को ही ठीक-ठाक ढंग से प्रवेश नहीं मिल सका था। हिन्दी के सार्वजनिक क्षेत्र के

निर्माण में, अनेक पत्र-पत्रिकाओं की भूमिका ज़रूर थी, पर तब भी, शिक्षा में हिन्दी की स्वीकृति की गति की तुलना में, दूसरे संस्थानों में काफी पहले से हिन्दी-उर्दू का विभाजन शुरू हो चुका था। उन्नीसवीं सदी से ही हिन्दी-हिन्दू-हिन्दुस्तान की घोषित-अघोषित मान्यताएँ हिन्दी काव्य-जगत पर काबिज थीं, और नयी शिक्षा संस्थाओं में नयी रचनाओं का ही नहीं, बल्कि अवधी, ब्रज की मध्ययुगीन रचनाओं का भी अध्ययन करते हुए, इन प्रभावों को दरकिनार कर सकना काफी मुश्किल था। सार्वजनिक शिक्षा, प्रकाशन-तन्त्र और राज्य-व्यवस्था के एक अधिक नये और ताकतवर सन्दर्भ में, हिन्दी की खड़ी बोली, अतीत की व्याख्या की विचार-भाषा के रूप में प्रतिष्ठित हो रही थी, जिसमें अपना महत्त्वपूर्ण योगदान छायावादी कवि दे चुके थे, लेकिन उसी दौर में लगभग उसके विलोम की तरह प्रेमचन्द और उनके बाद यशपाल की रचनाएँ भी प्रबुद्ध पाठक-वर्ग के बीच अपनी जगह बना रही थीं। ज़ाहिर है कि संघर्षरत उच्च शिक्षा प्राप्त, विश्वचेतस् और आत्मसजग मध्यवर्ग के इन कवियों के कवि-कर्म का प्रयोजन अपनी भावुकता, रूपासक्ति, ऐकान्तिकता का अतिकाल्पनिक इजहार भर नहीं हो सकता था, बावजूद इसके कि ये सारी बातें उनकी कविताओं के हवाले से कही जा सकती हैं। सचाई यह है कि बच्चन, दिनकर और अंचल का कवि-मन नयेपन के आग्रह के बावजूद, छायावाद के रमणीय काव्य-सौन्दर्य, खासकर उसकी अभिव्यंजना की अभिजन-प्रिय शैली, और उसकी सूक्ष्म व्यंजकता से काफी प्रभावित था। नये युग के गद्य-विचार और आत्मानुभव की अपनी पहचान के सिलसिले में अपने को और अपने समय को देखकर, उन्हें यह लगता था कि 'समरथ थे जड़ या चेतन' जैसे समाधानों या उससे जुड़े प्रश्नों से, उनके अपने मन और युग दोनों का तालमेल नहीं बैठ रहा है। इसलिए वे कुछ ऐसा करना चाहते थे, जिससे उनके अपने मन की विकलता और बेचैनी को तो वाणी मिले ही, बल्कि कुछ ऐसा भी हो, जिसे तत्कालीन संस्थानों की अभिजन-वर्गीय सीमाओं से बाहर ले जाया जा सके। अभिजनों की व्याख्या, स्वयं कवियों द्वारा की जानेवाली कविता की वकालत, इतिहास के सन्दर्भ में नवीन-राष्ट्र राज्य की सक्रिय मौजूदगी, और शिक्षित निम्न मध्यवर्ग के आर्थिक सामाजिक संघर्ष के समूचे सन्दर्भ को ध्यान में रखकर इस कविता में मौजूद भावनाओं को समझा जाना उचित है।

'मिट्टी का तन-मस्ती का मन' जैसे संकेत के आधार पर इस काल खंड की कविताओं का सामान्यीकरण करने की कोशिश सम्भवतः सबसे पहले बच्चन की कविताओं को ही अपने स्मरण में लाती है। वस्तुस्थिति भी यही है कि 'कामायनी' 'गोदान' और 'राम की शक्ति पूजा' के पहले प्रकाशित 'मधुशाला' ने उच्च-भ्रू अभिजन साहित्यकारों के बीच क्षीण ही सही एक हलचल मचा दी थी, लेकिन प्रकाशन

के साथ ही, नये मध्यवर्गीय नवयुवक पाठकों के बीच वह आरम्भ से ही लोकप्रिय होने लगी थी। मधुशाला की रचना की प्रेरणा उमर खैय्याम की रुबाइयाँ ही थीं, पर इसकी अन्तर्वस्तु, जैसा कि कविवर पन्त ने 'अभिनव-सोपान' की भूमिका के विस्तार से बताया है, उमर खैय्याम की कविताओं से प्रभावित नहीं लगती। इसकी लोकप्रियता के कारणों पर विचार करना तो यहाँ अभीष्ट नहीं है, पर इतना जरूर कहा जा सकता है कि, शैली और भाष की सहज सम्प्रेषणीयता के अतिरिक्त, भावों या सूक्तियों की उतनी ही सहज बंकिमता की वजह से, इन कविताओं को संस्थानाश्रित व्याख्याओं की कोई ज़रूरत ही नहीं थी। साधारण हिन्दी भाषी के जीवन-व्यवहार और जीवन-संघर्ष दोनों को सहज भाव से सम्बोधित, ये रुबाइयाँ, कविता के तत्कालीन परिदृश्य में एकदम से अलग नज़र आती थीं, लेकिन इन्हें आज पढ़कर लगता है कि अपने सरल या कि एक हद तक सरलीकृत संकेत में भी इन रुबाइयों में 'मधुशाला' शब्द किसी जड़, रूढ़, एकरूप या स्थिर प्रतीक की तरह नहीं उभरता। कवि पन्त जैसे सदाशय लोग अगर इसमें आत्मा के चैतन्य के विविध रूप रूपायित होते देखते हैं, तो एक साधारण पाठक निश्चय ही अपने रोजमर्रा का रस और संघर्ष पा सकता है, और पाता रहा है। इसकी वजह शायद यह है कि बच्चन इसमें साझे की संस्कृति की उस जबान को अपने मर्म की भाषा से जोड़ने की कोशिश कर रहे थे, जो दार्शनिकता-पौराणिकता के पूर्ववर्ती मुहावरे से न सिर्फ भिन्न थी, बल्कि जिसकी अपनी उजागर प्रासंगिकता थी, सिर्फ उस समय के लिए नहीं बल्कि अपने इस समय के लिए भी, जहाँ कि उनका सहज कथन, गूढ़-गहन दर्शन की तुलना में अधिक सार्थक रूप से जीवन्त लगता है और वह पद्यबद्ध कथन है—

मुसलमान और हिन्दू हैं दो, एक मगर उनका प्याला
एक मगर उनका मदिरालय, एक मगर उनकी हाला
दोनों रहते एक न जब तक मन्दिर मस्जिद में जाते
वैर बढ़ाते मन्दिर मस्जिद, मेल कराती मधुशाला

या फिर

पंडित मोमिन पादरियों के फन्दों को जो काट चुका
सबसे पहले उसका स्वागत करती मेरी मधुशाला

बेशक यह सोचना गलत है कि बच्चन की मधुशाला हिन्दू-मुस्लिम साम्प्रदायिकता के तत्कालीन सन्दर्भ को, जो कि सन् '37 के आसपास हुए चुनावों के दौरान ब्रिटिश राजनीति का एक बहुत प्रभावशाली हथियार बन चुकी थी, किसी

केन्द्रीय और एकमात्र थीम की तरह ही लेती है, लेकिन इतना संकेत तो अवश्य करती है कि इसमें, केवल कवि की अत्यन्त निजी अनुभूतियों का ही चित्रण नहीं है। सच तो यह है मधुशाला के बाद, मधुबाला में भी, बच्चन इस थीम पर लौटते हैं पर वहाँ भी उनका स्वर, न तो कोरमकोर आलोचनात्मक है, और न ही हर तरह की बौद्धिकता-वैचारिकता से रिक्त भावोच्छ्वास मात्र। मधुशाला के बारे में सबसे दिलचस्प तथ्य शायद यही है कि पूरी कविता में, शब्द के सांकेतिक-प्रयोजन को लेकर कवि चौकन्ना रहा है, और उसके अभिधार्थ के साथ उसने ऐसी छेड़छाड़ नहीं की है, कि गूढ़ार्थ तक जाने की बाध्यता हो, और वह भी कवि द्वारा निर्देशित नियन्त्रित गूढ़ार्थ। इसलिए ही इस तरह की पंक्तियाँ हैं—

जिसने मुझको प्यासा रक्खा, बनी रहे वह भी हाला
जिसने जीवन भर दौड़ाया, बना रहे वह भी प्याला
मतवालों की जिह्वा से हैं कभी निकलते शाप नहीं
दुखी किया है जिसने मुझको सुखी रहे वह मधुशाला

यों तो मधुशाला की रुबाइयों में तरह-तरह की भाव-सूक्तियाँ भरी हुई हैं, पर इन उद्धरणों पर ही अगर विचार करें तो, शायद ही इसमें मतभेद की गुंजाइश होगी कि रोमान शब्द से जो ध्वनि निकलती है, उसका कोई सीधा सम्बन्ध इन पंक्तियों की अर्थच्छटा से नहीं बिठाया जा सकता। बेशक हिन्दू-मुस्लिम को, एक करानेवाली किसी यूटोपिक विजन को जाग्रत या उद्‌बुद्ध करने में मधुशाला का प्रतीक, कहीं से भी सक्षम नहीं लगता, जबकि आत्मव्यथा को उजागर करनेवाले दूसरे उद्धरण में, कवि की अतृप्ति और अप्राप्ति को संकेतित करनेवाली, मधुशाला को, सहज ढंग से प्रेमानुभव के आत्मप्रसंगों से जोड़ा जा सकता है। मधुशाला में अपेक्षाकृत छुट्टे फिर भी प्रयोजनपूर्ण ढंग से व्यवहृत होनेवाले इस शब्द में आपबीती और जगबीती की गूँजें हैं, और इस अर्थ में इसमें युग का स्वर भी है, कि व्यक्ति के संघर्ष, उसकी पस्ती, उसकी निराशा, पारम्परिक आश्वासनों पर उसका आधा-अधूरा अविश्वास, और इन सबके बावजूद अपने स्वकल्पित दर्शन पर उसके उतने ही आधे-अधूरे विश्वास, इस रचना की प्रक्रिया में शामिल हैं, पर कवि का बौद्धिक, और विचार प्रक्रिया के अर्थ में वैचारिक, यह अनुभव भी यहाँ शामिल है कि—

मैं मदिरालय के अन्दर हूँ, मेरे हाथों में प्याला
प्याले में मदिरालय बिम्बित करनेवाली है हाला
इस उधेड़बुन में ही मेरा सारा जीवन बीत गया
मैं मधुशाला के अन्दर या मेरे अन्दर मधुशाला

ऐसी पंक्तियों को पढ़कर लगता है कि मधुशाला की मुक्त रुबाइयों को लिखते रहने के दौरान, कवि को इन संकेतगर्भी शब्दों से खिलवाड़ करते रहने का थोड़ा मोह-सा होने लगा था। मधु, प्याला, हाला, मदिरालय जैसे शब्दों के प्रति उनके मन में चाव का-सा भाव और लगाव पैदा हो गया था। शायद इसका कारण मधुशाला की लोकप्रियता हो, जिसके बारे में पन्त ने प्रशंसा के शब्दों में यह लिखा है कि—

"मधुशाला के अत्यन्त लोकप्रिय होने का एक कारण यह भी है कि उसने आदर्श और वास्तविकता को अपने जादू के प्रतीकों के द्वारा एक-दूसरे के अत्यन्त सन्निकट ला दिया है और कहीं-कहीं उनमें अद्वैत भी स्थापित कर दिया। इस प्रकार हम देखते हैं कि बच्चन छायावादी सूक्ष्म ऊर्ध्व आदर्श और प्रगतिवादी सामयिक बाह्य यथार्थ से पृथक् एक भावनात्मक या रागात्मक आदर्श वास्तविकता का जीवन-प्रिय गायक बनकर, अपने विशिष्ट व्यक्तित्व से रसपिपासु जनता का ध्यान आकर्षित करता है।"

पन्त की इस प्रशंसात्मक टिप्पणी पर यहाँ कुछ कहने की कोई विशेष जरूरत नहीं है, यह ज़रूर कहने की इच्छा होती है कि इस लोकप्रियता ने उन्हें, एक ओर तो छायावाद के सूक्ष्म आत्मचिन्तन के रास्ते पर बढ़ने से रोका, और दूसरी ओर सामाजिक परिवेश के उस यथार्थ के रास्ते पर भी बढ़ने से रोका, जिसका रास्ता प्रेमचन्द के उपन्यासों से खुल चुका था। हिन्दी की आधुनिक चेतना, मुख्यत: गद्य और पद्य की आपसी टकराहटों, और संवाद तथा मुद्रण-संस्कृति के दबाव में विकसित नवाचारों के खुले इलाके में परिपुष्ट होती रही है, और बच्चे जैसे सहज सामान्य तथा साझे की संस्कृति की भाषा में लिखनेवाले कवि से यह उम्मीद की जा सकती थी, कि उनकी अगली कविता, लोकप्रियता के दबावों से नहीं बल्कि उस जहिअल यथार्थ के सम्प्रेषण की चुनौतियों से लिखी जाती, कि जो जटिल यथार्थ अपने विशाल साभ्यतिक प्रसार में, सामूहिक अस्तित्व और अस्मिता के प्रखर प्रश्न उछालता चारों तरफ से कवि को घेर रहा था। पर बच्चन ने, अपने रस्ते को अपनी टेक की तरह लिया, और '36 तथा '37 में 'मधुबाला' तथा 'मधुकलश' के माध्यम से उनकी जो रचनाएँ सामने आईं, उनमें मधुशाला जैसी ताजगी का अभाव है। यह भी लगता है, कि जीवन-वास्तव को, एक ही तरह के प्रतीकों, रूपकों में रचने के पीछे, जीवन और मृत्यु दोनों की रोमानी या आत्मकेन्द्रिक काल्पनिकता ही अधिक सक्रिय रही है। पर ऐसा कहते हुए भी इन संकलनों की एकाधिक ऐसी कविताओं की याद आती रही है, जिन्हें मैं अपने अध्यापक जीवन में अपने छात्रों को पढ़ाता रहा हूँ।

जो रस लेकर आया भूपर, जीवन आतप ले गया छीन
खो गया पूर्व गुण रंग रूप, हो जग की ज्वाला के अधीन

मैं चिल्लाया, चुप, बजा ठोंक लेगी तुझको जगती प्रवीण
यह, लो मीना बाजार लगा, होता है मेरा क्रय-विक्रय
मिट्टी का तन, मस्ती का मन, क्षण भर जीवन मेरा परिचय

इसकी कल्पना के सरल सहज रूप में विन्यस्त वास्तव की क्षीणता के चलते, क्षणभंगुरता की इस कविता को इहलौकिक यथार्थ के सन्दर्भों से जोड़ने में थोड़ी कठिनाई होती है, पर इन पंक्तियों में जब बच्चन क्रय-विक्रय का जिक्र करते हैं, तो अनायास ही महसूस होता है, कि बच्चन, उत्पादन उपभोग और उन्माद की सभ्यता के प्रारम्भिक चरण में ही, मनुष्य के पुण्य-वस्तु होते जाने की पीड़ा को महसूस कर रहे थे। मैं नहीं समझता कि ऐसे सतर्क कवि की रचनाओं को, उसकी खालिस इंडियोसिंक्रेटिक विशेषताओं और जिद के चलते निरे रोमान के अर्थ में पढ़ना उचित है। इसलिए भी कि उसकी चिन्ताओं में ऐसे आस्तित्विक सवालों से भी जुड़ने की सहज विशेषता है, जिसे हम अपने युग की मुख्य चिन्ताओं से जोड़ सकते हैं। उदाहरण के लिए मधुबाला की ही एक अत्यन्त लोकप्रिय कविता ली जा सकती है, जिसमें उस पार के माध्यम से इस पार की नश्वरता की पद्यात्मक सूक्तियों में ही कवि ऐसे समय की कल्पना करता है, जबकि संसार का पूर्ण विनाश आसन्न है। और इन चित्रों को महज सांस्थानिक और पेशेवर आलोचकों की व्याख्याओं से परे ऐसे अर्थ में भी ग्रहण किया जा सकता है, जबकि सचमुच पृथ्वी विनाश के रस्ते पर बढ़ रही है। हो सकता है कि इन कविताओं को इस अर्थ में पढ़ना अत्यन्त विकृत पाठ जैसा लगे, लेकिन साधारण आदमी की वेदना को सहजता से, लिखने वाले बच्चन अपने परवर्ती काव्य में अपने मोह और अपने चाव से एकदम अलग हो जाते हैं, और 'निशा निमन्त्रण' (1937) 'एकान्त संगीत' (1938) तथा 'आकुल अन्तर' (1943) की कविताओं में एक बिल्कुल ही दूसरे रूप में सामने आते हैं।

'निशा निमन्त्रण' के पीछे बच्चन की निजी जिन्दगी की वेदनासिक्त कथा तो है ही, मनुष्य के अकेलेपन की मार्मिक अभिव्यक्ति भी है। रात के सन्नाटे में प्रिय के स्मरण की पीड़ा, जिस प्रिसाइस फार्म में व्यक्त हुई है, उसमें रोजमर्रा के ब्यौरों की अनुपस्थिति के बावजूद, आन्तरिक यथार्थ के ऐसे चित्र हैं, जो बाह्य परिवेश और प्रकृति के रूपाकारों से एकमेक हो जाते हैं। यह दुख के मन को लिखने की कोशिश है, जो सम्बन्धों की इस दुनिया में रहते हुए भी त्रासद अकेलापन झेलते अनगिन लोगों के मन की पीड़ा से एकाकार हो सकने की सहज सम्प्रेक्षण-क्षमता से सम्पन्न है। इसकी विशेषता है कि तीन चरणों में विन्यस्त इन कविताओं के आशय की मार्मिकता को इन्हें पूरा पढ़े बगैर पर सकना असम्भव नहीं तो मुश्किल जरूर है। एकदम शुरू की कविता लें—

बच्चे प्रत्याशा में होंगे, नीड़ों से झाँक रहे होंगे
यह ध्यान परों में चिड़ियों के भरता कितना चंचलता है
दिन जल्दी-जल्दी ढलता है
मुझसे मिलने को कौन विकल, मैं होऊँ किसके हित चंचल
यह प्रश्न शिथिल करता पद को भरता उर में विह्वलता है
या
अन्तरिक्ष में आकुल आतुर कभी इधर उड़ कभी उधर उड़
पन्थ नीड़ का खोज रहा है पिछड़ा पंछी एक अकेला

लेकिन एकाकीपन के इस सघन अनुभव के बावजूद, बच्चन अपनी कविता में इसे स्थाई भाव नहीं बनने देते। वे हर सम्भव यही कोशिश करते हैं कि अव्वल तो इसे निजी और सिर्फ निजी बनाए रखने से रोकें, और दूसरी तरफ यह भी कि इसकी सहजता में इसे दार्शनिक सूक्तियों के उस चमकीलेपन से भी बचाए रखें, जिसके चलते, आत्मवेदना का ऐसा महिमामंडन होने लगता है कि मनुष्य को अपना ही अनुभव, अजनबी या कि सुदूर-स्थित लगने लगता है। छायावादी कविता की कलात्मकता से आरम्भ से ही परिचित-प्रभावित, उत्तर छायावादी कवियों के काम का सकारात्मक पक्ष शायद यही है कि वह आत्मानुभव के नयेपन को लिखने की कोशिश में जिद के साथ आगे बढ़ती हुई भी, कविता की विरासत और महती प्रयोजन को नहीं बिसारता। लगभग टूट चुके बच्चन की मानसिक हालत को लिखनेवाली इन कविताओं में दूसरों से जुड़ने के स्वर भी सक्रिय हैं।

भंग निशा की नीरवता कर, इस देहाती गाने का स्वर
ककड़ी के खेतों से उठकर, आता जमुना पर लाहराता
आज न जाने क्यों होता मन सुनकर यह एकाकी गायन
सदा इसे मैं सुनता रहता, सदा इसे यह रहना गाता
कोई पार नदी के गाता

बच्चन के प्रारम्भिक काव्य में, जो कि वास्तव में उत्तर छायावादी काव्य का मुख्य हिस्सा है बीसियों ऐसी रचनाएँ हैं, जिनमें अनुभूति कल्पना और वैचारिकता का सहज सम्मिलन है। मूलतः यह छन्द-कौशल का परिणाम भर नहीं है, और न ही इसमें निरी भावुक पुकारें हैं। यह यथास्थिति को अपने ढंग से तोड़ने और बदलने की कवि-सुलभ बेचैनी से जुड़ी कविता है, पर इस बदलाव को लिखने की उनकी भाषा में सहज सम्प्रेषणीयता के बावजूद, और कुछ हद तक उसके कारण भी, संसार के विकराल विस्तार में जारी संघर्ष को लिख सकने की सक्षमता नहीं आ पायी है। निश्चय ही इस अर्थ में, उनके यथार्थबोध में एक तरह का सरलीकरण

है, जो उनकी व्यथा-कथा को रोमान की अभिव्यक्ति की तरह पढ़ने के लिए भी उकसा सकता है। पर उनकी उस युग की कविता से ही वह ज़मीन तैयार होती दिखती है, जिस पर आज की हिन्दी कविता विकसित हुई है।

बच्चन से दिनकर की कविता की तरफ आना, आस्वाद के स्तर पर एक बिल्कुल ही भिन्न अनुभव है। मस्ती और रोमान इस कविता के सन्दर्भ में बिल्कुल बेमानी शब्द लगते हैं, यों भी दिनकर, थोड़े क्लासिकी मिजाज के कवि हैं, और एक तरह से छायावाद की परम्परा से होड़ करते दिखाई पड़ते हैं। कुरुक्षेत्र, रश्मिरथी और उर्वशी जैसी रचनाएँ इसका प्रमाण हैं। पर यह भी सच है कि अपने आरम्भिक काव्य में, वे छायावाद से भिन्न कुछ लिखना चाहते थे पर शुरू से ही प्राइवेट के अर्थ में निजी सुख-दुख उनके काव्य विषय नहीं थे। 'मधुशाला' के साथ ही 1935 में प्रकाशित उनकी कृति 'रेणुका' की कविताएँ, कविता को युग से जोड़ने, उसे आत्मबद्धता और पौराणिक आश्वासनों की जकड़बन्दी से बाहर निकालने की कोशिशें हैं। इस कवि को क्रोनोलॉजिकल अर्थ में ही, उत्तर-छायावादी हो जाना उचित है। प्रगतिशीलता, राष्ट्रीयता, युद्ध-विरोध, जातिवाद-विरोध और उद्दाम शृंगार की भावना का महाकाव्योचित आयोजन, जैसी काव्यगत विशेषताएँ, यह स्पष्ट करती हैं, कि रोमान शब्द इस कवि के लिए किस कदर नाकाफी है। इसलिए मुझे लगता है कि अपनी स्मृति में जीवित उनकी एक कविता से ही, मैं उनके बारे में दो-चार बातें कहने की कोशिश करूँ—

टिम-टिम दीपक के प्रकाश में पढ़ते निज पोथी शिशुगण
परदेसी की प्रिया बैठ गाती वह विरह गीत उन्मन
भैया लिख दे एक कलम खत मो बालम के जोग
चारों कोने खेम कुसल माँझे ठा मोर वियोग
दूतिका मैं बन जाऊँगी
सखि सुधि उन्हें सुनाऊँगी

जहाँ तक मुझे याद आता है, ये पंक्तियाँ 'रेणुका' की किसी कविता की ही हैं। शायद 'कविता की पुकार' नामक किसी कविता से, जिसमें कवि से कविता यह भी कहती है कि "आज यह राजवाटिका छोड़, चलो कवि वन-फूलों की ओर' पर पता नहीं क्यों, मैं इसकी याद करते हुए हमेशा इसी संकलन की एक दूसरी महत्त्वपूर्ण कविता से इसे जोड़ देता हूँ। वह कविता है 'कस्मै देवाय।' यह कविता भी विभवपुरी के स्वप्न से निकलने की कोशिश में लिखी गयी है, पर अन्त तक आते-आते, यह थोड़ी क्रान्तिकारी वाग्मिता में फँसने या धँसने लगती है। इस तरह कविता और समाज में बदलाव के आग्रह के उद्बोधन, कई बार इनकी भावुकता का इजहार बन जाता है। और तब कवि इस तरह की भाषा लिखने

लगता है—

उठ भूषण की भाव रंगिणि, रूसो के दिल चिनगारी
लेनिन के जीवन की ज्वाला, जाग-जाग री क्रान्ति कुमारी
लाखों क्रौंच कराह रहे हैं जाग आदि कवि की कल्याणी

ये पंक्तियाँ भी, मैं अपनी स्मृति के बल पर उद्धृत कर रहा हूँ, और सम्भव है कि मेरी प्रस्तुति में कुछ खामियाँ हों। मुझे लगता है कि कुछ तो अपने लयात्मक रोमानीपन के कारण, और कुछ इस कारण भी कि युवकोचित उत्साह के संघर्ष के दिनों में बदलाव के स्वप्न शायद सभी को भाते हैं—यह कविता स्मृति में टिकी रह गयी थी। अब तो कविता पूरी तरह से सांस्थानिक—उपक्रमों की बहसों मुबाहसों के बीच ही प्रतिष्ठित होती है। बाजार और राज के आपसी तालमेल के अपने जमाने में, विशेषज्ञ विद्वानों की छत्रच्छाया में फलते-फूलते विकसते काव्य-संसार में, इसीलिए ही दिनकर की कविता के ऐसे लगावों की कोई जगह नहीं जहाँ वे कहते हैं—

लदी हुई कलियों से मादक टहनी एक नरम-सी
यौवन की विननी-सी भोली गुमसुम खड़ी शरण-सी
या
चोरी-चोरी खड़ी नीम की छाया में छिपकर सुनती है
हुई न क्यों मैं बड़ी, गीत की विधना यों मन में गुनती है
वह गाता पर किसी वेग से फूल रहा इसका अन्तर है
गीत-अगीत कौन सुन्दर है,

दिनकर के विशेषज्ञ-मर्मज्ञ उनकी इस तरह की पंक्तियों को, महज आरम्भिक रचनाओं की रोमानियत या भावुक कल्पना की तरह लेते हैं, कुरुक्षेत्र रश्मिरथी जैसे विचारशील प्रबन्ध काव्यों पाकर ही उनकी प्रतिष्ठा है, पर मुक्तक रचनाओं में भी दिनकर ग्रामोन्मुख कल्पना के ऐसे चित्रों को अपने परवर्ती काव्य में जगह नहीं देते। बेशक 'उर्वशी' जैसे प्रौढ़ काव्य में वे फिर से काम-चेतना या शृंगार को अपनी कविता का विषय बनाते हैं, और अन्यत्र सामाजिक बदलाव और राष्ट्रीय सुरक्षा जैसे प्रश्नों को भी अपनी कविता का विषय बनाते हैं, और अन्यत्र सामाजिक बदलाव के अन्तर्गत लिया जाना गैर ज़रूरी है।

बच्चन और दिनकर की तुलना में अंचल का काव्य निश्चय ही कुछ अधिक रूमानी लगता है। उसमें तृष्णा, रूपासक्ति ऐन्द्रिक सुखों की चाह, और विरह की वेदना की इतनी तीव्र उत्कट और एक हद तक एकरस निरन्तरता है, कि उनकी आरम्भिक कविता को कामनातुर और अतृप्त मन की लगभग उन्मत्त अभिव्यक्ति की तरह ही पढ़ा जा सकता है। लेकिन यह भी एक दिलचस्प तथ्य है कि मात्रिक

छन्द में सुव्यवस्थित यह अभिव्यक्ति, काव्य–कौशल की दृष्टि से कहीं भी असंयमित नहीं लगती। उनका शब्द–चयन छायावादी कविताओं की विरासत को समृद्ध ही करता लगता है, और वे तत्सम–सीमा से भी बाहर जाने की कोशिश करते हैं। भाषा का यह गुण, अनायास उपलब्ध गुण नहीं, और न ही उसमें महज पुनरावृत्ति की प्रवृत्ति हैं बेशक काव्य–विषय की एकरूपता के कारण पुनरावृत्ति से पूरी तरह बचना तो असम्भव था, पर भाषा के इस सुन्दर रूपाकार को, अन्तर्वस्तु के दबाव के बिना शायद ही प्राप्त किया जा सकता था। शिल्प–कौशल की चमत्कारिता से भिन्न एक चमक, बल्कि भीतर की जलन की चमक भी इसमें शामिल है ही। बेशक इसका सम्बन्ध भारतीय मध्यवर्ग के वर्जनाग्रस्त मन की थोड़ी अधिक कल्पनाशील पहचान से भी है। सम्भवः इसी वजह से, बहुत पहले ही, तब के सम्माननीय और आज लगभग विस्मृत आलोचक आचार्य नन्ददुलारे वाजपेयी ने, अंचल के नये काव्य का स्वागत उन्हें 'क्रान्ति दूत' कहते हुए किया था, और जोड़ा था कि यह अतीन्द्रियता के विरुद्ध ऐन्द्रिकता ओर मांसलता का एक क्रान्तिकारी स्वर है—

आज की रजनी बड़ी व्याकुल जलन से तप्त लथपथ
आज निद्रा भी न आती कौन अन्तर है रहा मथ
आज से जीवन मरण में रह गया कोई न अपना
आज तो बस प्राण ले लेगा तुम्हारा रूप सपना

कामेच्छा और उसकी अतृप्ति को इस तरह कहने के साहस के पीछे, सिर्फ नया और अद्वितीय दिखने का आग्रह हो तो भी यह खुलेपन का वह रास्ता है, जिस पर हिन्दी ही नहीं, बल्कि सारी भारतीय भाषाओं के पुरखे चलते रहे थे। उत्तर छायावादी काव्य में सक्रिय रोमान या कि भावुकता, ऐन्द्रिकता, लौकिकता, काल्पनिकता आदि गुणों ने, और कुछ किया हो या न किया हो, कुछ ऐसे रास्ते जरूर खोले, जिनसे खड़ी बोली की गति–प्रकृति को एक अधिक मुक्त और सर्जनात्मक अवकाश मिल सका।

—प्रभात त्रिपाठी

अनुक्रम

अज्ञेय के अध्ययन अध्यापन पर बहस

इतना विशद विपुल और विविध है अज्ञेय का साहित्य, कि सार-संक्षेप की तरह उन पर कुछ लिखना मुझे पता नहीं क्यों अनुचित लगता है। फिर यह भी लगता है कि अगर किसी एक या दो विधा पर ध्यान केन्द्रित करें, तो वह भी, उनके साहित्यिक प्रदेय के एक बड़े हिस्से को इग्नोर करने जैसा ही है। इससे बेहतर तो मुझे यही लगता है कि अज्ञेय के साहित्य के साथ मैं अपने रिश्ते की बात करूँ। यानी वह लिखने की कोशिश करूँ जो मेरे मन में है। लगभग 40-45 वर्षों से उनके साथ अध्ययन-अध्यापन के सन्दर्भ में जो रिश्ता बना है, वह निश्चय ही बहुत प्रेरक और सर्जनात्मक स्फूर्ति देने वाला सम्बन्ध ही रहा है। मुझे अज्ञेय हमारी आधुनिकता के और हमारी (यहाँ 'हमारी' शब्द को लेकर मेरे मन में शंकाएँ भी हैं) परम्परा के सबसे अधिक निर्मल और सार्थक उदाहरण लगते हैं। अलावा इसके, वे हिन्दी भाषा के मर्म को पहचानने वाले एक ऐसे रचनाकार हैं, जिन्होंने उसे न सिर्फ अपने समय के सन्दर्भ में एक मूल्यपरक उन्मेष दिया, बल्कि जिन्होंने इसे नये गद्य युग की ऐसी चिन्तनशीलता भी दी, जो वास्तव में सर्जनात्मक स्तर पर एक मूलगामी अन्तर्दृष्टि की तरह महसूस होती है। उनकी रचना प्रकृति और स्मृति की सप्राणता तथा समय और भूगोल की जीवन्तता—मात्र विवरणपरक अर्थ में नहीं—को एक अद्वितीय रूपाकार देती-सी लगती है। लगता है कि वह स्मृति में रच जाने की ऊर्जा से रची-बसी है और तब अपनी स्मृति को टटोलते उनके समूचे सृजन को याद करना, न सिर्फ एक प्रीतिकर अनुभव है, बल्कि विचारोत्तेजक और प्रासंगिक भी। पता नहीं क्यों, जब भी मैं उनकी कोई रचना याद करने की कोशिश करता हूँ, तो अक्सर ही मुझे उनकी यही रचना याद आती है, जो थोड़ी लम्बी होने के बावजूद (लम्बी इस अर्थ में कि अज्ञेय ने ढेर सारी बहुत छोटी कविताएँ भी लिखी हैं, जिनकी व्यंजनागर्भिता और जिनका कलात्मक सौष्ठव उन्हें कभी पुरानी नहीं पड़ने देता है) मुझे आज तक लगभग पूरी की पूरी याद है, और मुझे लगता है कि अज्ञेय पर बातचीत की शुरुआत के लिए वह कविता, शायद मेरी कुछ मदद कर सकती है—

गलियारे से जाते-जाते
उस दिन लख भंगिमा तुम्हारी
यही लगा था मुझे
खेत में छिटक रही हो बीज
किन्तु जब लौटा देखा
भटके डाँगर रौंद गये हैं सभी क्यारियाँ
भूल गया मैं

आज अरे सहसा पाता हूँ
अंकुर एक अनेक असंख्य
धरा मानो श्यामल रोमाली के प्रहर्ष से
हो रोमांचित

हाँ विस्मय विभोर सब जैसे हैं
मैं भी हूँ
मनोरंग में मेरे भी वह आने वाली
धान भरी बाली सोनाली
थिरक रही है
मैं भी आँचल तब पसार दूँगा
जब गूँजेगी उसकी पद पायल
मैं भी लूँगा बीन-छीन
कण दो कण जो भी हाथ लगेंगे
उस रसवन्ती की पुष्कल करुणा के
किन्तु जानता हूँ रहस्य मैं अन्तरतम में
धरणी सुखदा शुभदा भरणी है पर
यह प्रणाम मेरा है तुमको केवल तुमको
भूल गयी थी स्मृति दुर्बल
पर मैं, तुम्हें नहीं भूला

जहाँ तक मुझे याद है यह कविता 'अरी ओ करुणा प्रभामय' में संकलित है। मैंने बी.ए. के ठीक बाद, सन् '62 में यह कविता पहली बार सागर में पढ़ी थी। शायद अज्ञेय के साहित्य से यह मेरा पहला परिचय था। शायद तब मैं यह नहीं सोचता था, कि मनुष्यों और मनुष्येतर प्रकृति के साथ अज्ञेय के सर्जनात्मक सम्बन्ध के कुछ महत्त्वपूर्ण आयामों को इसी कविता में बीज रूप में देखा जा सकता

है। अभी जब मैं इसकी याद कर रहा हूँ, तो मुझे धरती और स्त्री के रूपक की एक दूसरी कविता भी याद आ रही है, जो अपने प्रत्यक्ष यौनावेग और अपनी ऐन्द्रिक बिम्बात्मकता के कारण, अपने समय में कुछ ज़्यादा चर्चित रही थी। 'वज्र श्वासाहत चिरातुर मेघों की याद करते, वासना के पंक-सी निर्लज्ज नंगी और समर्पित धरती को बीज के भवितव्य से उत्फुल्ल' देखती इस दूसरी कविता में, उन्होंने प्रगट आत्मपरक स्वर में यह भी कहा था कि 'धमनियों में उमड़ आयी है लहू की धार, तुम कहाँ हो नारि', तब सम्भवत: अपने उन दिनों के रूढ़ संस्कारों के कारण, या विश्वविद्यालयीन शिक्षा से अब तक बने विचारों के कारण, मुझे अज्ञेय की वह कविता, थोड़े नैतिक स्खलन की कविता लगती थी। और आज मैं अज्ञेय के समग्र सृजन के बारे में कुछ भी सोचने की कोशिश करता हूँ, तो मुझे अज्ञेय का समूचा रचना-संसार, एक स्वस्थ नैतिक वरण (और संकेतार्थ में एक राजनीतिक वरण भी) का संसार लगता है।

लेकिन अभी भी अपनी स्मृति में उद्धृत कविता को घुमड़ती देखते, मैं उन दिनों के विश्वविद्यालय की याद कर रहा हूँ। तब शायद विश्वविद्यालय के लगभग सारे अध्यापक, अज्ञेय को अहंग्रस्त, यौन कुंठाग्रस्त लेखक-कवि के रूप में ही जानते थे। पूरी नयी कविता को, प्रयोगवादी अर्थ में लेते हुए, और अज्ञेय को उसके प्रतिष्ठित नेता के रूप में लेते हुए भारत के विश्वविद्यालयों और महाविद्यालयों के हिन्दी विभागों के अधिकांश अध्यापकों ने 'अज्ञेय' का एक 'स्टीरियोटाइप' गढ़ लिया था, और मुझे लगता है कि अज्ञेय के बाद के सारे साहित्य के लिए हिन्दी के बी.ए., एम.ए. के कस्बाई विद्यार्थी आज भी मूल रूप से 'अज्ञेय' को इसी स्टीरियोटाइप पर आधारित सामग्री के आधार पर पढ़ते हैं। बेशक तब भी और आज भी, इन्हीं विश्वविद्यालयों, कॉलेजों में, अज्ञेय के साहित्य के ऐसे व्याख्याता और व्याख्याकार भी रहे हैं, जिन्होंने अज्ञेय के साहित्य को गम्भीरता से पढ़ा है। अज्ञेय तो सम्भवत: अपने पूरे जीवनकाल में अध्यापनरत समीक्षकों की सतही आलोचना से लगभग उदासीन से रहे, पर आज के एक प्रतिबद्ध और पक्षधर लेखक के लिए, और स्वतन्त्रता और स्वायत्तता की वकालत करनेवालों के लिए भी, विश्वविद्यालयों में जारी हिन्दी अध्यापन की जड़ता से मुठभेड़ करना जरूरी है। साहित्य-शिक्षा के सांस्थानिक उपक्रम के इस आधुनिक दौर में, विश्वविद्यालय ही सर्जनात्मक संघर्ष की चरितार्थता के वास्तविक मोर्चे हैं, और आधुनिक साहित्य ने, विशेषकर उस साहित्य ने जो अज्ञेय और उनके बाद विकसित हुआ है, शिक्षा जगत् के सामने एक नयी वैचारिक चुनौती सामने रखी थी। अज्ञेय का चिन्तन, उनकी कविता और उनका कथा-साहित्य, यहाँ तक कि यात्रा संस्मरण भी, साहित्य-शिक्षा के बुनियादी स्रोत साबित हो सकते हैं, जिससे कि सांस्कृतिक-साभ्यतिक

सन्दर्भों के परिप्रेक्ष्य में साहित्य की गहरी संस्कारी समझ विकसित की जा सकती थी। खासकर इसलिए भी, कि पश्चिमी तर्ज पर साहित्य शिक्षा देने और विद्यार्थियों को अधुनातन साहित्य-रूपों से, विशेषकर गद्य-लेखन और उसके नये विचारों संस्कारों से, छात्रों को परिचित कराने की परम्परा की शुरुआत संस्थाओं में हो चुकी थी। लेकिन यह दुर्भाग्यपूर्ण है कि अज्ञेय को प्रयोगवाद और नयी कविता जैसे आन्दोलनों के प्रवर्तक के पद पर प्रतिष्ठित करते हुए भी, उन्हें एक 'स्टीरियोटाइप' के रूप में बरतने का काम ही विश्वविद्यालयों ने किया है। कम-से-कम औसत पाठक के दिमाग में, जो बातें अज्ञेय के लेखन को लेकर आज भी ठूँसी जाती हैं, उन्हें जानकर तो यही लगता है कि अज्ञेय को उन बहुप्रचारित कुंजियों के द्वारा ही समझना-समझाना चाहते हैं, जो उनको लेकर पचास बरस पहले से ही काम में काम में लाई जा रही थीं। अगर महज 'साहित्य' के प्रश्नों पर, थोड़ी बारीकी से अध्ययन करने की कोशिश की गयी होती, तो अज्ञेय उनके लिए अपनी सूक्ष्म विश्लेषणात्मक पद्धति के बावजूद या कि शायद उसके कारण उनके अपने काम के लिए कहीं अधिक प्रभावशाली और फलदायी साबित हो सकते थे। अज्ञेय ने साहित्य के बुनियादी सवालों पर जो चिन्तन किया है, वह निश्चय ही विचारोत्तेजक है, और विश्वविद्यालयों के साहित्य-विभागों के लिए प्रेरणा और बहस का अजस्र स्रोत भी। साहित्य-शिक्षा के सन्दर्भ में उनके वक्तव्य का यह सामान्य-सा अंश लें। वह लिखते हैं, "यह कहना भी अनुचित न होगा कि हिन्दी भाषी समाज में कबीर की रचनाओं को सर्जनात्मक साहित्य की कोटि में रखकर उसका विचार करने की कल्पना ही बीसवीं सदी के तीसरे दशक के पहले नहीं की गयी थी, बल्कि उसके बाद भी कम-से-कम एक दशक तक विश्वविद्यालय में क्षेत्रों में कबीर को साहित्य के उच्चतर अध्ययन का विषय बनाने के प्रति प्रबल विरोध का भाव था।"

'साहित्य, संस्कृति और समाज परिवर्तन' शीर्षक से लिखे गये एक जटिल सुचिन्तित और गम्भीर निबन्ध के, इन सूचनात्मक से लगते वाक्यों को उद्धृत करने का मकसद सिर्फ इतना ही है कि विश्वविद्यालयों के काम के प्रति चौकन्ने अज्ञेय ने अपने साहित्यिक निबन्धों में, साहित्य शिक्षण के लिए ऐसे प्रासंगिक और महत्त्वपूर्ण विचार दिये हैं, जो हमारे अध्यापन-अध्ययन की परम्परा को, वास्तविक अर्थ में— और समाज व्यवहार के स्तर पर, न केवल उद्‌बुद्ध कर सकते हैं बल्कि अपनी अस्मिता की पहचान और अपने युग के प्रश्नों का सार्थक सामना कर सकने की दिशाएँ भी दे सकते हैं। मसलन इसी निबन्ध में कबीर को लेकर उन्होंने जो बातें उठायी हैं, उससे सहज ही महसूस हो सकता है कि एक लम्बे समय तक उन्हें कवि के रूप में स्वीकार ही नहीं किया जा सकता था। उनके अपने युग

में उनकी कैसी स्वीकृति थी, इसका कोई विस्तृत वर्णन हमें नहीं मिलता, लेकिन हमारे अपने युग के सांस्थानिक अध्ययन के प्राथमिक दौर में उनकी अपेक्षा और साम्प्रतिक दौर में उनकी महत्त्वपूर्ण प्रासंगिकता को रेखांकित करना वास्तव में नये युगबोध की पारिस्थितिक प्रेरणाओं की वजह से है। यह बात अज्ञेय ने समाज परिवर्तन में साहित्य की भूमिका का विश्लेषण करते हुए कही है और बताया है कि यह स्वयं कबीर द्वारा नियोजित सामाजिक दृष्टि का ही परिणाम नहीं था। इसी तरह विश्वविद्यालयों की अध्यापन परम्परा में 'संस्कृति' और 'भारतीय संस्कृति' जैसे शब्दों का जैसा विकृत और अनर्थकारी प्रयोग होता है, अज्ञेय का चिन्तन उसमें एक कारगर हस्तक्षेप रहा है, और भारतीयता की जो धारणा पढ़े-लिखों के दिमाग में आज भी, इन्हीं विश्वविद्यालयों के प्रभाव के चलते बनी हुई है, उसे भी अज्ञेय के चिन्तन के आधार पर एक अधिक सर्जनात्मक स्तर पर संस्कारित किया जा सकता है।

मजे की बात यह है कि अधिकांश वामपन्थी बुद्धिजीवियों के बीच भी, अज्ञेय एक 'स्टीरियोटाइप' के रूप में ही प्रतिष्ठित रहे हैं। बेशक शीर्षस्थ लेखक नामवर सिंह, केदारनाथ सिंह, परमानन्द श्रीवास्तव जैसे लोगों ने, अपने वैचारिक आग्रह के बावजूद अज्ञेय को गम्भीरता से पढ़ा है, पर नयी पीढ़ी के अधिकांश कवियों-समीक्षकों ने तो उन्हें पूँजीवादी, प्रतिक्रियावादी, दक्षिणपन्थी, व्यक्तिवादी जैसे रूढ़ पदों के आधार पर समझने की कोशिश ही की है। इस तरह देखें तो विश्वविद्यालय के अध्यापकों और नये उग्र तेवर के वामपन्थियों की धारणाओं में कोई ज़्यादा अन्तर नजर नहीं आएगा। मज़े की बात यह भी है कि सामाजिक बदलाव की विचारधारा के नजरिये से, अज्ञेय की राजनैतिक स्थिति (पोजिशनलिटी के अर्थ में) को 'विपक्ष' की तरह देखते हुए, उन्होंने लगभग बिना किसी बहस के यह मान लिया है कि अपनी उदारवादी दक्षिणपन्थी आग्रहों के चलते वे एक सर्जनात्मक लेखक के रूप में भी वामपन्थियों के लिए लगभग अछूत हैं, और इसीलिए उन्होंने यह भी मान लिया है कि उनको गम्भीरता से पढ़ने की भी कोई जरूरत नहीं है। यों गम्भीरता और मनोयोग के साथ पढ़ने के उदाहरण हिन्दी में वैसे भी विरल हैं, उस पर अगर रचनाकार के बारे में पहले से यह बात दिमाग में बैठ गयी हो, कि अमुक लेखक इस खेमे का है, तो फिर उसका विशद अध्ययन उसे ध्वस्त करने के लिए ही किया जा सकता है। इस तरह के वैचारिक पूर्वग्रह के साथ, मार्क्सवाद का जाप करनेवालों के लिए प्रभात पटनायक ने 'सोशल साइंटिस्ट' के अपने एक लेख में एक रोचक चुटकुला-दृष्टान्त पेश किया हैं। वे लिखते हैं, पुराने दिनों में चीन में एक चुटकुला प्रसिद्ध था कि एक विदेशी अतिथि से एक चीनी अर्थशास्त्री का परिचय कराया गया। उस अर्थशास्त्री ने बड़ी बेशर्मी

से यह दावा किया कि वह दुनिया का छठा महान अर्थशास्त्री है। उसके बाद अतिथि कवि से मिला, तो कवि ने भी उसी बेशर्मी से कहा कि वह दुनिया का छठा महान कवि है। फिर उसे एक पेंटर से मिलाया गया, तो पेंटर ने भी बताया कि वह छठा महान पेंटर है। तब तक नये मेजबानों से मुलाकातों की शेखी बखार भाषा से पैदा होने वाली ऊब अतिथि के लिए इस हैरत में बदल चुकी थी कि सभी लोगों के दावे कितने एक रूप हैं। सो उसने पूछा, लेकिन आखिर वे पाँच महान पेंटर कौन हैं? जवाब तत्काल मिला—मार्क्स, एंजेल्स, लेनिन, स्टालिन और बेशक माओ।

प्रसिद्ध मार्क्सवादी अर्थशास्त्री प्रभात पटनायक ने इस चुटकुले के पहले और बाद में बड़े विस्तार से यह बताया है कि अगर मार्क्सवादी, ग़ैर-मार्क्सवादियों के विचारों के साथ खुलेपन के साथ रिश्ता नहीं बनाते और अगर यह कठमुल्लापन नहीं छोड़ते कि मार्क्सवादियों से भिन्न विचारों के साथ उनका कोई सम्बन्ध नहीं बन सकता; तो कालान्तर में वह मार्क्सवाद का अन्ध देवरूपीकरण ही करेंगे, जो कि सिर्फ अवैज्ञानिक ही नहीं, मार्क्सवाद के अनिवार्य क्षरण का भी सीधा रास्ता होगा। अलावा इसके इस चुटकले के ठीक बाद उन्होंने यह भी जोड़ा है, कि यह सिर्फ मार्क्स का देवरूपीकरण ही नहीं, बल्कि एक कवि और चित्रकार के कामों को अवमूल्यित करने जैसा भी है।

लेकिन अज्ञेय की रचना पर अपने मन का कहने की कोशिश के दौरान, अध्यापकों और वामपन्थियों की इन अनायास स्मृति का आखिर मतलब या प्रयोजन क्या है, क्योंकि जाहिर तौर पर तो इसका अज्ञेय की सर्जनात्मकता से किसी तरह का कोई सम्बन्ध बनता नहीं दिखता। वे मानवेन्द्रनाथ राय के प्रशंसक होने के बावजूद रत्ती भर भी मार्क्सवादी नहीं थे, और विदेशी विश्वविद्यालयों में एकाधिक बार भाषण देने के बावजूद, हिन्दी के अध्यापन जगत् से उनका लगभग औपचारिक सम्बन्ध ही था। बेशक सन् '71-72 में जोधपुर विश्वविद्यालय के तुलनात्मक साहित्य विभाग में उन्होंने प्रोफेसर के पद पर काम किया था, लेकिन विश्वविद्यालय के शिक्षा-संसार के साथ उनका कोई सामान्य सम्बन्ध भी बन पाया हो, ऐसा मुझे नहीं लगता, बाजवूद इसके कि विश्वविद्यालय के कई प्राध्यापक उनके निकट रहे हैं, और उनमें से कुछ ने तो उनके कृतित्व पर महत्त्वपूर्ण काम भी किया है।

इन दोनों वर्गों की बात अज्ञेय के सम्बन्ध में इतने विस्तार से करने का एक निजी कारण भी है। मैं लगभग 31-32 साल तक कॉलेजों में हिन्दी पढ़ाता रहा हूँ, और यह भी कि अपनी रूढ़ धार्मिकता के बावजूद, मेरे मन में मार्क्सवादी विचारों के प्रति एक गहरे सम्मान का भाव है; और यह निरा धार्मिक सम्मान नहीं है, बल्कि यह मैं मानता हूँ कि आज के भयावह प्रकृति विमुख और प्रकृति

विनाशी समय में, जिस तरह अज्ञेय जैसों की सर्जना की एक अर्थवान प्रासंगिकता है, उसी तरह इस लम्पट पूँजीवाद वक्त में, मार्क्स के विचारों या कि उसके भीतर अजस्र रूप से प्रवाहित मानवीय नैतिकता की लय की भी एक जरूरी प्रासंगिकता है। चूँकि यह आलेख मूलत: अज्ञेय को पढ़ने-पढ़ाने की समस्याओं से ही सम्बन्धित है, इसलिए रचनाशीलता के गुण-धर्म की चर्चा के पहले थोड़े विस्तार से उनको 'स्टीरियोटाइप' की तरह समझनेवाले, ऐसे संगठित समुदायों की स्थिति के बारे में विचार करना मुझे इसलिए जरूरी लगा कि इसने हिन्दी पाठकों की ग्रहणशीलता को काफी हद तक कंडीशंड कर रखा है।

इसका एक ज्वलन्त उदाहरण तो यही है, कि अज्ञेय का जिक्र चलते ही उसे अप्रासंगिक मानकर खारिज कर दिया जाता है, और अगर थोड़ी जगह और थोड़ा समय उसके लिए विवशतावश जरूरी हो गया हो तो, पूरे वक्त यही कोशिश रहती है कि कैसे उनकी रचना के ऐसे पक्षों की बात की जाए जिससे भारत की साम्प्रतिक, राजनीतिक वास्तविकताओं के सन्दर्भ में उन्हें यथास्थिति की राजनीति के समर्थक के रूप में प्रस्तुत किया जा सके। किसी भी गम्भीर लेखक की सृजनाशीलता को उसके प्रदेय की समग्रता में देखने-पढ़ने की कोशिश, किसी विचारधारा की रैखिकता को मूल्य के रूप में पूर्व धारणा की तरह इस्तेमाल करते हुए सम्भवत: शुरू ही नहीं की जा सकती। पर अज्ञेय पर विचार करते हुए न सिर्फ इस तरह की पूर्वस्थापित धारणा के अनुकूल उदाहरण खोजने का उपक्रम किया जाता रहा है, बल्कि उन्हें खास तौर पर मुक्तिबोध के विलोम के रूप में देखने और पढ़ने पर इतना अधिक जोर दिया जाता रहा है, कि वह एक प्रतिमान के रूप में स्थापित हो गया-सा लगता है। मार्क्सवादी विचारों की प्रेरणा से रचित मुक्तिबोध के साहित्य के अध्ययन-अध्यापन को तो इससे गम्भीर क्षति पहुँची ही है, अज्ञेय के साहित्य को तो पढ़े बिना ही उसे प्रतिक्रियावादी और मानव-विरोधी मान लिया गया है। अज्ञेय और मुक्तिबोध दोनों ही कवि थे, या कवि-दृष्टि से सम्पन्न गद्यकार थे, उनकी प्राथमिक और बुनियादी, प्रतिबद्धता साहित्य-सृजन के प्रति थी। वे दोनों ही अपनी भाषा, भारतीय भाषाओं और वैश्विक भाषाओं के साहित्य के गम्भीर अध्येता थे। उनकी रचनाधर्मिता के वैचारिक-सन्दर्भ चाहे जितने भी भिन्न क्यों न रहे हों, लेकिन उनकी रचना, हर महत्त्वपूर्ण प्रासंगिक रचनाकार की तरह, स्मृति और कल्पना की शर्तों पर लिखी गयी रचना है। स्मृति और कल्पना महज ऊपरी संरचना या शिल्प का मामला नहीं है, बल्कि किसी साहित्यिक रचना की बुनियाद ही है वह। स्मृति, इन कवियों के लिए निजी जीवन की निजता में ही सीमित नहीं है, और कल्पना भी रोजमर्रा के ब्यौरों के यथार्थ पर नहीं टिकी है। दोनों ही कवि, यथार्थ को तथ्य-संग्रह से भिन्न प्रकृति और ब्रह्मांडीय आत्मचेतना

की भाषा में ग्रहण करते नजर आते हैं। दोनों प्रदत्त के अस्वीकार को, मध्यवर्गीय शिकायतों की भाषा में नहीं लिखते। सभ्यता की उनकी आलोचना कोरी आलोचना नहीं है, वह एक के लिए अगर आत्मोपलब्धि के रास्ते का अवरोध है, तो दूसरे के लिए यह सभ्यता उसके सृजनात्मक आत्मविस्तार को छेंकती-सी लगती है। अपनी भाषा में हिन्दी की भारतीयता को धर्म की तरह धारण करती दोनों ही कविताओं में देश के दुख दर्द की, और उसके लिखित-अलिखित इतिहास की मिथोपोयटिक पुनर्रचना है। दोनों ही कवियों का फर्क महज विचारधारा का फर्क है और निश्चय ही वह फर्क महत्त्वपूर्ण है, लेकिन उसके आधार पर दोनों को विपरीत ध्रुवों का कवि साबित करने की कोशिश करना, उस सुदीर्घ काव्य-परम्परा को दृष्टि से ओझल करना है जिसे आयत्त करने, फिर से रचने और अपने युग सन्दर्भ को जोड़ने की कोशिश, नयी कविता के इन दो महत्त्वपूर्ण कवियों ने ही नहीं बल्कि सभी महत्त्वपूर्ण आधुनिक कवियों ने की है। इसलिए इनके अध्ययन-अध्यापन के किसी भी काम में साहित्यिक रचना को, उपक्रम के केन्द्र में रखे बगैर आगे नहीं बढ़ा जा सकता। और अगर मनोयोग और सहानुभूति के साथ अज्ञेय को पढ़ने को कोशिश की जाए तो कोई कारण नहीं कि हम उनकी आत्मचेतना में गहरी सामाजिक चेतना के स्वर न सुन सकें।

अगर इसी उद्देश्य से हम उनके चिन्तन को, जो कि मूलतः काव्य-चिन्तन ही है, और बहुलांश में एक कवि की हैसियत से किया गया चिन्तन ही है, थोड़े करीब से और धैर्यपूर्वक जानने की कोशिश करें, तो हम पाएँगे कि आधुनिक युग के एक जागरूक धैर्यवान और निश्चय ही मुनष्य और मनुष्यता के पक्ष में संलग्न, एक हिन्दुस्तानी कवि की तरह ही उन्होंने ऐसे पदों-प्रत्ययों को समझने समझाने की कोशिश की है, कि जिन्हें आधुनिक समीक्षा में धड़ल्ले से इस्तेमाल में लाया जाता है, लेकिन जिनके साथ एक ठोस व्यक्ति की तरह निरन्तर उलझने, और दिशा खोजने की सर्जनात्मक विकलता ऐसे इस्तेमाल में प्रायः देखने को नहीं मिलती। कुछ चलताऊ लक्षणों के सहारे कवि की पोजिशनलिटी और उसके विचारों का दोटूक सारांश कर लिया जाता है। आधुनिकता, परम्परा, काल-बोध, सौन्दर्य, शिवत्व, स्वतन्त्रता, मुक्ति और आध्यात्मिकता जैसे शब्दों को, साहित्य-कर्म के विशिष्ट सन्दर्भ में समझने की जैसी सुविचारित और सुव्यवस्थित कोशिश अज्ञेय ने अपने चिन्तन में की है, वैसी शायद हिन्दी में किसी दूसरे कवि ने नहीं की है। इन निबन्धों की महत्त्वपूर्ण विशेषता यह है, कि सभी निबन्धों की तर्क पद्धति में एक तरह की आत्मीयता है और एक तरह की प्रगट संवादोन्मुखता। हिन्दी में प्रचलित तत्त्व-चिन्तन की भाषा से भिन्न यह एक ऐसी भाषा है, जिसके साथ सहज साझेदारी सम्भव होती है। यहाँ जानकारी दम्भ नहीं है, उसका घटाटोप

तो कहीं भी नहीं है, बल्कि उसकी जगह पर एक लय में अग्रसरित होता मनन है, जो अपनी सहजता में जितना बोधगम्य है, अपनी समग्र संरचना में उतना ही जटिल। नये युग के गद्य को, अपनी कविता का माध्यम चुनते कवि के सामने लगभग शुरुआती दिनों से ही यह बड़ी चुनौती सामने थी, कि वह नयी सभ्यता के सन्दर्भ में अपने अस्तित्व चिन्तन की काव्य-कला में अन्तर्निहित बौद्धिकता के तेज और कलात्मकता को, सपाट सरलीकरणों की व्याख्यात्मकता से कैसे बचाये, लेकिन फिर कैसे उन्हें व्यवस्था दे कि वे सम्प्रेषण की सार्थकता हासिल कर सकें। अज्ञेय के विचारों से असहमति हो सकती है, पर इस बात से शायद ही कोई असहमत होगा कि उनका समग्र चिन्तनात्मक गद्य सूक्ष्म विश्लेषण और सर्जनात्मक संश्लेषण के एक बिल्कुल ही नये रूप का परिचायक है और विचारोत्तेजक भी। पर दुर्भाग्य से हमारे अपने समय में नन्दकिशोर आचार्य, रमेशचन्द्र शाह जैसे कुछेक अपवादों को छोड़ दें, तो अधिकांश समीक्षकों ने उनकी रचना पर या दायित्ववश ही टिप्पाणियाँ की हैं, या फिर वही मान लिया, जिस बाबत मैं पहले भी एकाधिक बार कह चुका हूँ।

अज्ञेय की सामाजिक चेतना को लेकर वामपन्थी अक्सर सन्देहग्रस्त रहे हैं। यह किसी स्केप्टिक का नहीं बल्कि पार्टीजन का सन्देह ही लगता है, और सम्भवतः है भी, पर अज्ञेय का चिन्तन इतना विशद और गहरा है कि इस पर कई कोणों से एक बहस चलाये जाने की जरूरत हमारे समय के लिए प्रासंगिक है। नन्दकिशोर आचार्य ने भारत भवन में एक व्याख्यान-माला के अन्तर्गत 'अज्ञेय की सामाजिकी' शीर्षक से जो व्याख्यान दिया था, वह अज्ञेय के बारे में इरादतन फैलाए गये धुँधलके को साफ करने में न सिर्फ हमारी मदद करता है, बल्कि अज्ञेय को समझने-समझाने के लिए हमें नैतिक और सर्जनात्मक स्तर पर उद्‌बुद्ध भी करता है। अज्ञेय के चिन्तन पर ही आधारित इस आलेख में स्वतन्त्रता, समता, आधुनिकता, भारतीयता या भारतीय संस्कृति और आध्यात्मिकता को ही नहीं, बल्कि मानवीय श्रम की महत्ता और यन्त्र संस्कृति के खतरों पर, इतने सुव्यवस्थित और कन्विंसिंग ढंग से एक सारांश प्रस्तुत किया गया है, कि उसे पूरे में उद्धृत करने की इच्छा होती है। पर यहाँ वह सम्भव नहीं है। स्वतन्त्रता और व्यक्तिवादी चेतना जैसी चलताऊ आलोचना का जवाब देते हुए अज्ञेय ने और उनके आधार पर आचार्य ने स्वतन्त्रता के विस्तार के रूप में ही उनकी सामाजिकता में वैसा कोई आत्यन्तिक विरोध नहीं है, जैसा कि अक्सर समझा जाता है। दरअसल पोलेमिक्स के स्तर पर, अज्ञेय को समझने की कोशिश ही अपने आपमें एक तरह की रिडक्टिव कोशिश है। अपने समय की समस्याओं के बारे में पूरी तरह से सचेत अज्ञेय ने साहित्य को महज अखबारी सामयिकता के सन्दर्भ में नहीं देखा।

कालबोध सम्बन्धी अपने चिन्तन में 'स्मृति के अभिलेख' शीर्षक से उन्होंने जो निबन्ध लिखे हैं, उन्हें अगर ध्यान से पढ़ें तो कहीं यह नहीं लगता कि यह कालबोध, एक रचनाकार के पलायन का पर्याय है। ऐतिहासिक समय को ही, समय के रूप में लेते हुए, अगर हम उसके बन्दी हो जाते हैं, तो स्मृति और कल्पना, दोनों पराधीन हो जाती हैं, और फिर समूचा साहित्य अपने आपमें ज्ञान का एक प्रकार नहीं बल्कि इतिहास की पूर्वग्रहपूर्ण तथ्य संग्राहकता का एक पिछलग्गू भर बनकर रह जाता है। इतिहास की अपनी स्वायत्तता और अपनी विधि है, लेकिन स्वयं उसी के अध्ययन से प्राप्त नियमों को ज्ञान के विभिन्न अनुशासनों पर लागू करना न तो युक्तिसंगत है और न ही प्रासंगिक। स्वयं मार्क्स ने ग्रीक ट्रेजेडी अथवा शेक्सपियर के बारे में जो विचार व्यक्त किये हैं, उसमें इतिहास की भौतिकता दृष्टि का वैसा इकहरा इस्तेमाल नहीं है जैसा इस्तेमाल सार्वजनिक, सामाजिक सचाइयों के अन्तर्द्वन्द्व, को समझने में किया जा रहा है।

अज्ञेय की सामाजिकता पर आचार्य का निबन्ध पढ़ते हुए मैंने महसूस किया था कि उनकी स्वतन्त्रता आध्यात्मिकता या सांस्कृतिकता इत्यादि को समझने के सिलसिले के लगभग आरम्भ में ही उन्होंने कुछ दिलचस्प पूर्वग्रहों और अवरोधों की ओर इशारा करते हुए लिखा है—

"यह कोई कम विडम्बना नहीं कि लगभग दो सौ वर्षों तक औपनिवेशिक पराधीनता की यातना के अनुभवों के बावजूद एक ऐसा बौद्धिक समूह भी है, जो स्वाधीनता या स्वतन्त्रता को सामाजिकता का विरोधी मानता है। यह समूह अपने वामपन्थी और दक्षिणपन्थी दोनों ही रूपों में स्वतन्त्रता की अवधारणा मात्र से शंकित हो उठता और कभी ऐतिहासिक आवश्यकता के नाम पर उसका दमन करना चाहता है, तो कभी संस्कृति के नाम पर। इनमें हम उस समूह को भी जोड़ सकते हैं जिसने स्वतन्त्रता की अवधारणा का सीधा विरोध तो नहीं किया, लेकिन उसके लिए व्यावहारिक संघर्ष की बजाय केवल उसके अध्यात्म की भूमि पर बल दिया, जिसका व्यावहारिक नतीजा अज्ञेय के ही शब्दों में यह हुआ, कि 'कहीं भी थोड़ा दबाव पड़ने पर, कोई नैतिक साहस उन्होंने नहीं दिखाया'। संस्कृति की बात करनेवालों की सांस्कृतिक चेतना, उनकी राष्ट्र की कल्पना भी अज्ञेय के अनुसार 'संकीर्ण और थोथी' थी और इसीलिए वे संस्कृति को न केवल राजनीति से ऊपर उठा सके, बल्कि राजनीति को भी इसी तरह की रस्सी से बाँधकर छोटा करते गये। और इन दोनों पक्षों का विरोध करने वालों के लिए तो 'संस्कृति और धर्म' की परिभाषा केवल राजनीति के आधार पर ही हो सकती थी।"

आचार्य ने यहाँ जिन तीन समूहों का जिक्र किया है, वे वास्तविक अर्थ में दो समूह हैं, और ये दोनों ही समूह, अध्ययन-अध्यापन जगत् पर प्रत्यक्ष या

परोक्षतः काबिज हैं। इसलिए अब यह प्रश्न उठाना थोड़ा प्रासंगिक ही है, कि अज्ञेय के अध्ययन के सन्दर्भ में आखिर कौन-सी ऐसी तीसरी दिशा है, जो हम चुन सकते हैं! यह भी कि क्या अज्ञेय के अध्ययन के सिलसिले में अब तक प्रयुक्त की जानेवाली शब्दावली और तरीकों को पूरी तरह से खारिज कर देना ही इस तरह का कोई तीसरा रास्ता हो सकता है? क्या आध्यात्मिकता, भारतीयता, संस्कृति-चिन्तन, मूलबोध, स्वन्तत्रता, समता जैसे पदों के आधार पर अज्ञेय को पढ़ते हुए हम उन्हें केवल 'स्टीरियोटाइप' के मुहावरे में ही समझ सकते हैं? मेरा ख्याल है कि अगर हम अवधारणात्मक बन्दिशों से मुक्त होकर किसी रचना को पढ़ें तो समीक्षा-रूढ़ियों के इस्तेमाल को ही एक ऐसी दिशा दे सकते हैं, जो रचना की अपूर्वानुमेयता की समझ के रास्ते पर हमें आगे बढ़ाये। जिन कुछेक लोगों ने अज्ञेय को पूर्वग्रहरहित दृष्टि से पढ़ने समझने की कोशिश की है, उनके यहाँ इन चालू पदों के इस्तेमाल को, इतने विविध स्तरों पर क्वालीफाई किया गया है, कि ऐसे पद युगीन प्रासंगिकता और मूल्य चेतना के साथ गति करते दिखाई पड़ते हैं। अज्ञेय साहित्य के एक गम्भीर अध्येता रमेशचन्द्र शाह के एक निबन्ध की कुछ पंक्तियाँ देखें जो 'आँगन के पार द्वार' नामक उनके काव्य-संग्रह की समीक्षा के सिलसिले में उन्होंने लिखी हैं—

"इस आध्यात्मिक पीठिका के अनुसन्धान में उनकी प्रबुद्ध संवेदना पश्चिम और पूर्व की विचारधाराओं से संघर्षित होने के साथ-साथ, दोनों की कुछ चुनी हुई साधना परम्पराओं के साथ सम्पर्कित भी हुई है। यह सच है कि एतद्देशीय इतिहास की अन्धी खाइयों में झाँकने और वर्तमान परिस्थितियों के भयावह यथार्थ में सर्वधा 'निष्कवच' और 'वध्य' संवेदना के साथ डूबे होने का प्रमाण अज्ञेय का कवि अक्सर नहीं देता, तो भी उपुर्यक्त दोहरे सम्पर्क से परिपुष्ट आध्यात्मिक संवेदना के फलस्वरूप उनकी कविता में एक ऐसी गहराई आयी है जो अन्यत्र दुर्लभ है।"

'किन्तु उसके बदले हमें मिली' असाध्य वीणा जो अपनी सारी आन्तरिक समृद्धि के बावजूद हमें आश्वस्त नहीं करती। उसका 'सत्य', जैसे हमारा अपना सत्य होकर भी हमारे गले नहीं उतरता, क्योंकि वह नितान्त एकाकी और एकांगी सत्य है—असाध्यता का एक ही स्तर कवि ने देखना और दिखाना चाहा है, किन्तु अपने इतिहासबोध की असह्य यन्त्रणा में छटपटाती हमारी उच्छिन्न चेतना के सामने उस असाध्यता के जाने कितने एक से एक पहलू वास्तविक हो उठे हैं।

शाह की इन टिप्पणियों में अज्ञेय की कविता को लेकर थोड़ा एम्बीवैलेंस है। एक मूलतः उनके काव्य-विकास के पूरे परिप्रेक्ष्य में, शाह की अपनी अपेक्षाओं के पूरा न हो पाने की एक बहुत गम्भीर शिकायत के रूप में ही उभरी है। ऐसा

लगता है कि अज्ञेय के काव्य में ही कोई बात है जो 'भाव' से संवेदित होने, उसकी अर्थवत्ता को सराहने और आत्मसातीकरण के स्तर पर उसकी मूल्यचेतना को महसूस करने का सर्जनात्मक अवकाश रचती हुई, बार-बार मन को किसी अभाव की ओर धकेलती- सी लगती है। कविता में जो है, उससे ज़्यादा आवश्यक, कविता में जो नहीं है वह लगने लगता है। अज्ञेय की रचना के बारे में स्वयं मेरे मन में। इसी तरह की शिकायत बहुत पहले से आती रही है। मुझे लगता रहा है, कि एक बहुत बड़े घमासान से इत्मीनान की दूरी पर स्थित रहकर, अज्ञेय की रचनानुभूति अपना-अपना विन्यास रच रही है। विशेषकर उनकी भारतीयता पर सोचते हुए मैंने अक्सर यह सोचा है, कि भारतीय संस्कृति के सन्दर्भ में अज्ञेय ने वर्णाश्रमधर्मी संस्कृति और जातिवादी की संस्कृति पर सोचने की जरूरत क्यों नहीं महसूस की? वर्णाश्रमधर्मी जातिवादी क्रूरता आज भी केवल इतिहास का विषय ही नहीं है, आज उसी के चलते भारतीय राजनीति में एक अजीब-सी अतिवादिता को खुलकर खेलने का मौका मिल गया है। ब्राह्मण वर्चस्व की चुनौती देती समकालीन राजनीति अन्ततः एक सांस्कृतिक प्रक्रिया की ही परिणति है। अज्ञेय ने अपनी किंचित् कविता जैसी एक रचना में 'जाट रे जाट तेरे सिर पर खाट परजान्तर की' कह कर इस तरफ अपनी निगाह भी डाली है, लेकिन भारतीयता की अपनी धारणा में संस्कृति के इस जीते-जागते कोढ़ से वे अलग-थलग ही बने रहे हैं।

मज़े की बात यह है कि बहुत से वामपन्थियों की शिकायत भी, इसी अभाव को लेकर है। आज की तारीख में अपनी पुरानी शिकायत मुझे, अज्ञेय की काव्य-रचना की सीमा जरूर लगती है, पर फिर मुझे लगता है कि किसी एक ही कविता में सारा कुछ तो विन्यस्त कर सकना कठिन है। युगानुभवों के रूप में अपनी विकराल विविधता के साथ हमारे चारों तरफ जो समय मौजूद है, उसे अज्ञेय की यह महत्त्वाकांक्षी रचना में नहीं समो पाई है। हो सकता है कि अज्ञेय की कविता सम्बन्धी पूर्वधारणा या उनके ऑटोसेंसर्स इसके कारण रहे हों। एक स्तर पर तो शाह की यह बात ठीक लगती है, कि 'इत्यलम्' और उससे भी ज्यादा 'अरी ओ करुणा प्रभामय' तक, जिस आवयविक हिस्सेदारी के साथ अज्ञेय ने अपने को व्यापक समाज के साथ जोड़ते हुए, अपनी आस्तित्विक चिन्ताओं की दार्शनिकता और कलात्मकता को एकमेक कर देने की कोशिश की थी, वह अज्ञेय के उत्तर-काव्य में कुछ अधिक अन्तर्मुख होती गयी है। मसलन इस वक्तव्य के शुरू में, 'रोपयित्री' शीर्षक से जो कविता मैंने उद्धृत की थी, उसे ही अगर पूर्व-अज्ञेय की रचनात्मकता के एक उदाहरण के रूप में लें, तो हम यह सहज ही महसूस कर सकते हैं कि उक्त कविता में जो ऋजु आस्तिकता है, उसी का सहज सम्बन्ध, भावात्मक स्तर पर, उस वास्तविकता से बन रहा है, जो रोपयित्री है और अज्ञेय

के सारे कौशल के बावजूद यह निरे प्रतीक की तरह व्यवहृत नहीं हुई है। यही नहीं, इस संकलन की दूसरी कविताएँ, जैसे 'हवाई यात्रा ऊँची उड़ान', 'हिरोशिमा' या 'साम्राज्ञी का नैवेद्य दान', पढ़ते हुए भी हम, अज्ञेय के काव्य में उस तरह की अन्तर्मुखता नहीं देखते, जो कि उनके उत्तर-काव्य में एक तरह का स्थायी भाव का रूप लेती दिखाई देती है।

लेकिन मुझे लगता है कि कविता में जो नहीं है, उसकी ओर बहुत ज़्यादा ध्यान देना, काव्य पाठ के सार्थक अनुभवों के लोकव्यापीकरण की कोशिशों के सन्दर्भ कोई ज़्यादा काम का नहीं है। खासकर इसलिए कि शाह ने यह तो माना ही है कि दोहरे सम्पर्क से परिपुष्ट आध्यात्मिक संवेदना के फलस्वरूप उनकी कविता में यह गहराई आई है। वास्तव में अज्ञेय का काव्य उनकी अभिरुचि, उनके वरण, उनकी मूल्यचेतना और व्यक्तिगत इडियोसिंक्रेटिक खासियतों की परिणति है। वहाँ उनकी बौद्धिक ऊर्जा, उनकी कल्पनाशीलता के साथ सक्रिय होकर, आस्तिक संस्कारों की वैश्विक विरासत के साथ संयुक्त होती दिखती है। उनकी आध्यात्मिक संवेदना, लोक जीवन में सर्वत्र-व्याप्त आस्तिकता के संस्कार को, एक ओर तो आधुनिक प्रश्नाकुलता और जिज्ञासा के साथ जोड़ती है, दूसरी ओर कविता की बनावट के साथ। इस अर्थ में वह छायावाद के बाद की अधिकांश आधुनिक कविता का सार्थक प्रतिपक्ष है, और गहरे अर्थ में साम्प्रतिक कविता की मुख्यधारा का एक जरूरी पूरक भी है। 'इमोशन ऑव मल्टीट्यूड' को एड्रेस करने के लिए, आस्तिक संस्कारों की इस धार्मिकता को काव्य-विन्यास में ढालने का जोखिम उठाना अज्ञेय को सम्भवत: इसलिए भी जरूरी लगा होगा, कि स्वतन्त्रता और मुक्ति की उनकी बेचैन खोज का रास्ता भी यही हो सकता था।

अलावा इसके मुझे यह भी लगता है कि हिन्दी भाषा में ही अन्तर्निहित भारतीय मूल्य-चेतना के वैशिष्ट्य को अनुभूति और आत्मचिन्तन के स्तर पर रूप देने की यह काव्य-चेष्टा भी कहीं अधिक अनुकूल और ग्राह्य है, क्योंकि इसके आत्मदान, आत्मसमर्पण और आत्मविसर्जन के जाहिर स्वर ही नहीं, बल्कि आत्मसंघर्ष के ऐसे स्वर भी हैं, जो सांगठनिक और साम्प्रदायिक धार्मिकता को एक नयी चुनौती देते प्रतीत होते हैं। व्यक्ति के स्तर पर ही नहीं, बल्कि विशाल जनसमूह के विविध लोगों की आत्मचेतना में भी, अस्ति-चिन्तन के ऐसे क्षण आते ही हैं जबकि व्यक्ति जीवन की बुनियादी सचाइयों के रूबरू होता है। मृत्यु-चिन्तन महज किसी औपनिषदिक स्मृति का पुनर्लेखन भर नहीं है, बल्कि आत्म-सजग मनुष्यों के जीवन की बार-बार दुहरती एक ऐसी सचाई है, जो उनके जीवन में, मूल्यबोध की एक लौ लगाए रखती है। इस गहरी आध्यात्मिक चेतना की जरूरत को, आज हम पहले से कहीं ज्यादा महसूस करते हैं, तो इस वजह से ही कि हमारा समय

एक वीभत्स पदार्थीकरण और यान्त्रिकीकरण का समय है। ऐसे समय में इस तरह की धार्मिकता का एक रैटिकल अर्थ भी हो सकता है कि—

लहर पर लहर पर लहर
कहाँ है वह संगीत
जिसके लिए प्रजापति की वाणी काँपी
वह अमृत
जिसके लिए सुरों असुरों ने तुझे मथा?
चुक गयी क्या
पुराणों की रूपकथा?
तू क्या सदा से केवल भाप में जमता हुआ जल का कोष रहा
तू क्या अग्नि, रत्नों की, सुखों की
प्रकाश के रहस्यों की खनि, देवत्व की योनि
कभी न था, न था?

प्रथमतः और अन्ततः यही कि शब्द कर्म में आधुनिक लोकतान्त्रिक स्वतन्त्रता और भारतीय आस्तिकता को विन्यस्त करने की कोशिश ही, अज्ञेय के साहित्य की प्रमुख उपलब्धि है। वे अपनी ही नहीं, बल्कि समाज में रहनेवाले हर व्यक्ति की मुक्ति के सर्जनात्मक प्रयत्नों के कवि हैं, लेकिन उनका स्वर, मुख्य रूप से उस जाहिर और मुखर और किसी हद तक वाचाल संघर्ष का स्वर नहीं, बल्कि आत्म-मन्थन और मनन का है, जो सृजन के लिए हमेशा जरूरी और अर्थवान रहा है, और अगर आधुनिक विकास के लालचों के चलते, इस धरती का अस्तित्व ही खत्म न हो जाए, तो आगे भी रहेगा। मेरा अपना ख्याल है, कि 'असाध्य वीणा' जैसी कविता और 'अपने अपने अजनबी' जैसा उपन्यास, उनकी कला-चेतना के ही नहीं, बल्कि उनकी मूल्य चेतना और उनकी स्वतन्त्रता के भी उत्कृष्ट उदाहरण हैं।

अज्ञेय का आत्मबोध

हिन्दी कविता में अज्ञेय की उपस्थिति एक बेहद विवादास्पद घटना की तरह याद की जाती रही है, खासकर 'तारसप्तक' के प्रकाशन के बाद। लगभग दस-पन्द्रह बरसों तक तो अज्ञेय जैसे कोई स्वतन्त्र रचनाशील व्यक्ति न रहकर, एक ऐसे प्रतीक हो गये थे कि जिसे समझने-समझाने में ही सारे नये को समझने-समझाने का मकसद पूरा होता दिखाई पड़ता था। अभी भी ढेरों विश्वविद्यालयों के अनेक अध्यापक आधुनिकता या नवीनता का सही-गलत जो भी अर्थ निकालते हैं, उसके लिए वे अज्ञेय की याद को भरोसे-दिलासे की तरह अपने पास तैयार रखते हैं कि नये करने के सिलसिले में जिस तरह कभी अध्यापकों के दल ने अज्ञेय का सहारा लिया था; उसी तरह आज ढेर सारे लोग प्रगतिशीलता को समझने-समझाने के लिए अज्ञेय को गरियाने और मुक्तिबोध का गुण गाने की लगभग अकादमिक कसरत के सहारे ही साहित्य के बाज़ार में अपना धन्धा चला रहे हैं। केवल वही नहीं बल्कि जिन्हें प्रगतिशीलता से कुछ लेना-देना नहीं है, वे भी अज्ञेय को समझने का एक ऐसा रास्ता भर सुझा रहे हैं, जहाँ से अज्ञेय विलक्षण अध्यात्मवादी दार्शनिक की तरह के एक ऐसे रचनाकार नज़र आएँ, जिनकी कविता की सार्थकता का आज की कला-चेतना के लिए निरा कामचलाऊ महत्त्व रह गया हो या फिर उनमें से बहुत से सूक्ष्म चिन्तक यह तक मान रहे हैं कि अज्ञेय का उत्तर-काव्य एक तरह से कविता का अभ्यास भर कहा जा सकता है। स्वयं अज्ञेय अपने जीवन के आखिरी क्षण तक रचनारत रहे और इस तरह की सरलीकृत व्याख्या, स्तुति-निन्दा वगैरह से कभी-कभार दुखी जरूर हुए, पर अपनी सृजन यात्रा की बुनियादी प्रतिज्ञा उन्हें कभी विस्मृत नहीं हुई। उन्होंने लगभग विनम्र ज़िद के साथ अन्त तक अपने कवि से यह कहा कि—

उड़ चल हारिल लिये हाथ में यही अकेला ओछा तिनका
ऊषा जाग उठी प्राची में, कैसी बाट, भरोसा किनका

कहना न होगा कि अज्ञेय के लिए कवि कर्म का अर्थ 'तारसप्तक' से

सम्बन्धित किसी आन्दोलन तक सीमित नहीं था, जिसे वे किसी और नाम से सन् '63 में या '73 में चलाते। वास्तव में 'तारसप्तक' के प्रकाशन के बहुत पहले लिखी गयी उनकी कविताओं में ही, उनके कवि व्यक्तित्व की विशिष्टता की झलक हमें मिल जाती है और हम जानते हैं कि प्रारम्भिक अनुरकण के बावजूद लगभग एकदम शुरू से ही उनमें यह अनुभव करने की सृजनात्मक व्याकुलता थी कि परम्परा निरे अनुकरण की धारणा या रुचि मात्र नहीं है, बल्कि व्यक्ति के लिए वह एक चुनौती है कि कैसे वह उसकी विशाल विविधता के बीच, अपनी इयत्ता को पहचान सके, कि कैसे वह सब लोगों के सृजन में अपने सृजन का स्वर मिला सके। और इसके लिए उन्होंने कोई जल्दबाजी नहीं की। 'तारसप्तक' के प्रकाशन के पहले लिखी गयी अनेक कविताओं में उन्होंने 'आत्मबोध' जैसे शब्द के निकट आनेवाले अभिप्रायों को अपनी कविता पंक्तियों में गूँथा था, पर उनसे तब वह भाषा नहीं सधी थी जिसमें वे एक ऐसे व्यक्ति की अन्दरूनी पहचान को लिखते, जिसने आधुनिक विज्ञान की चुनौतियों को समझा था, जिसने नये जनतन्त्रात्मक मूल्यों के सौन्दर्य और उसकी पीड़ा को पहचानने की कोशिश की थी और सबसे बढ़कर यह कि जिसने परम्परागत काव्य में निहित आस्तिकता के मूल्यों को, एक छटपटाते समाज में आस्था के स्वर की तरह झंकृत करने की कोशिश भी की थी। यह आस्था बदलते समाज में मध्यमवर्गीय व्यक्ति की आन्तरिक उथल-पुथल को किन रूपों में और किन स्तरों पर अभिव्यक्त कर सकती है, इसके लिए उन्होंने अपने ढंग से एक ईमानदार प्रयास किया था। अपनी पहचान निर्मित करने की इस चेष्टा में या अपने आत्मबोध को, परात्मबोध की तरह विन्यस्त कर सकने की यात्रा में, उन्होंने जो कुछ किया, उसको व्यवस्थित ढंग से समझने की कोशिश करते हुए ही हिन्दी कविता में उनके योगदान का सार्थक मूल्यांकन किया जा सकता है। जाहिर है कि ऐसा कोई भी मूल्यांकन मूल्य निर्णय की जुबान में सम्भव नहीं होगा और इसके लिए उनके साथ थोड़ा आत्मीय अन्तरंग और संवेदनशील रिश्ता बनाना होग। बिना ऐसे किसी रिश्ते के उनके 'आत्मबोध' के स्वरूप को अपने न्यस्त स्वार्थों के चलते हम विकृत ही कर सकते हैं और यह इसलिए दुखदायी बात होगी कि ऐसा करके हम हिन्दी कविता की विविधरंगी दुनिया को समझने की एक बहुत बड़ी और बड़े काम की कुंजी खो देंगे।

ऐसी किसी कोशिश को अगर अप्रचलित मगर हिन्दुस्तानी सन्दर्भ में काफी अर्थगर्भ समीक्षा-रूढ़ि में घटाने की कोशिश की जाए, तो सबसे पहले जो शब्द याद आता है वह है रहस्यवाद। आज भी अनेक पुराने नये पंडित अज्ञेय को रहस्यवादी कवि कहते हैं, मानते हैं और कुछ तो मनवाने की चेष्टा ही नहीं, अनेक कुचेष्टाएँ भी करते हैं। इन चेष्टाओं-कुचेष्टाओं के बावजूद अज्ञेय को

रहस्यवादी कवि की तरह जानकर इस शब्द सूत्र के सहारे उनकी कविता में निहित आत्मबोध को समझना एकदम निरर्थक तो नहीं है, खासकर तब जबकि हमारी अपनी जातीय परम्परा की सृजनात्मक अन्तर्धाराओं में निहित इस शब्द की सार्थक सम्भावनाएँ अभी भी हमारे जनमानस तक में जीवित हैं। यह आकस्मिक ही नहीं है कि स्वयं अज्ञेय को इस शब्द से परहेज़ नहीं था, बल्कि यह आकस्मिक नहीं, सुचिन्तित जीवन-आलोचन का परिणाम था कि उन्होंने हमारी धार्मिक परम्परा में गूँजती जीवन्त शब्दावली के व्यवहार की प्रासंगिकता को समझने में ज़रा भी गफलत नहीं की थी। बेशक शुरू में उनकी कोशिश लगभग सपाट थी, जो या तो परम्परा को धोंखने की-सी प्रक्रिया से आयी थी या उससे बौद्धिक विद्रोह की प्रक्रिया से। दोनों ही प्रक्रियाएँ आरम्भिक कच्चेपन के बावजूद एक जीवित व्यक्ति की सचेत प्रचेष्टा के कारण आकर्षित करती थीं। मैं कुछ ऐसी ही पंक्तियाँ उद्धृत करना चाहूँगा—

इस अपूर्ण जग में कब किसने
प्रिय तेरा रहस्य पहचाना
क्यों न हाथ फिर मेरा काँपे
छू माला का अन्तिम दाना

1934

मैं भी एक प्रवाह में हूँ
लेकिन मेरा रहस्यवाद ईश्वर की ओर उन्मुख नहीं है
मैं उस असीम शक्ति से सम्बन्ध जोड़ना चाहता हूँ
अभिभूत होना चाहता हूँ
जो मेरे भीतर है

1937

काव्य-यात्रा के लगभग आरम्भिक चरण में लिखी गयी इन पंक्तियों से यह स्पष्ट होता है कि कवि के मन में अपने पहले की जा चुकी सर्जना की गूँज है। ऐसी गूँज जिसमें वह अनन्तरूपा प्रकृति की दिव्य रहस्यात्मकता को जानता है और जिसे लिखने में पाता है कि वह उसी शैली के अनुकरण से अपनी बात कहना चाह रहा है, जिसमें प्रसाद ने 'हे अनन्त रमणीय कौन तुम यह मैं कैसे कह सकता' जैसे वाक्य से अनन्त प्रकृति में निहित रहस्य के बोध को वाणी देने की कोशिश की थी। पर रहस्य को भेदने के लिए विचार का भार न सह पाने की अपनी सीमाओं को पहचान कर भी उन्होंने कामायनी के मनु की अन्तर्यात्रा को उन दबावों से बचाने की कोशिश नहीं की थी, जो आधुनिक विज्ञान के मारक दबाव थे, जिनके चलते प्रसाद ने 'मनु' के माध्यम से व्यक्त होने वाले इस

रहस्यबोध को, यानी सर्जनात्मक स्तर पर अपनी आत्मचेतना में उठते सवालों और जिज्ञासाओं को, इस 'रहस्य' के समक्ष निष्कवच होने और बने रहने की विवशता में ही नहीं जाना था। इसका कारण यह है कि प्रसाद या उसी अर्थ में अस्तित्व के गहन प्रसंगों पर वैचारिक दृष्टिपात करनेवाले लगभग सारे महत्त्वपूर्ण भारतीय कवियों ने दिव्यता के स्वीकार को इहलौकिक अनुभवों के विरोध में नहीं देखा था। अज्ञेय—जो अपनी पूर्व काव्य परम्परा में स्वीकृत 'रहस्यबोध' की थीम को स्वयं एक बौद्धिक व्यक्ति के प्रश्नाकुल अनुभव की तरह मानते थे और उस समय एक युवा कवि की सरल भावुकता और उतनी ही सरल बौद्धिकता के माध्यम से भी जानते थे—इस तरह के प्रश्नों का सामना करते रहने की कविता से कतरा नहीं सकते थे। यह और बात है कि इन प्रश्नों का सामना करने की जो शक्ति आगे चलकर उन्होंने विकसित की, वह प्रसाद के मनु की दृष्टि का अनुकरण मात्र नहीं थी।

इस बात को बेहतर ढंग से समझने के लिए हमें उनकी आरम्भिक कविता के दूसरे गद्यात्मक उद्धरण को थोड़ा गौर से देखना चाहिए। गौर करने की पहली बात तो यही है कि इसमें उन्होंने सपाट गद्य में एक बात भर कही है, एक ऐसी बात जिसमें उन्होंने यह सूत्र छोड़ दिया है कि उनकी खोज अपने भीतर की शक्ति की है। शक्ति के विद्युतकणों के बिखरे हुए होने की परिस्थिति को प्रसाद ने भी महसूस किया था और उसके समन्वय की बात उन्होंने भी की थी, पर यह बात उन्होंने दिव्य शक्ति के रहस्यात्मक अवबोध की तरह नहीं कही थी। अज्ञेय बहुत शुरू में जब निहायत गद्यात्मक ढंग से यह बात कह रहे हैं, तो सम्भवतः उस बौद्धिकता के तहत ही कह रहे हैं, जिस बौद्धिकता के चलते नये युग के प्रायः हर कवि ने 'ईश्वर' जैसे शब्द के सन्दर्भ में आत्मसजग मध्यवर्गीय व्यक्ति की तद्‌युगीन नास्तिकता को वाणी देने की कोशिश की थी। नयी परिस्थिति के दबाव में सहज सरल संस्कार-वत धार्मिक आस्तिकता को बनाये रखने की गुंजाइश नहीं रह गयी थी, पर अज्ञेय इतने सजग बौद्धिक कवि थे कि वे अपने अनुभव के स्तर पर भासित होने वाले सत्य की व्याख्यातीत छवि को जानबूझकर अनदेखा नहीं कर सकते थे। एक विशिष्ट भूखंड के विशाल मानव समुदाय के विश्वासों की जो अन्तर्धारा हमारी परम्परागत कविता में प्रवाहित थी, अज्ञेय ने उसके महत्त्व को अपने निजी अनुभवों में जाना था। इसलिए ही उनकी काव्य-यात्रा के हर चरण में कभी विश्वसनीय काव्य सम्भवता से सम्पन्न होकर और कभी काव्याभ्यास के कौशल और चारुत्व से सम्पन्न होकर कुछ ऐसे शब्द आते हैं, जो उनकी कविता के आत्मबोध को इहलौकिक ऐन्द्रिकता से थोड़ा ऊपर उठाकर एक तरह की रहस्यानुभूति की शक्ल में हमारे सामने रहते हैं—

शून्य को भजता हुआ भी मैं
पराजय को बरजता हूँ
चेतना मेरी बिना जाने
प्रभा में निमजती है
मैं स्वयं
उस ज्योति से अभिषिक्त
सजता हूँ।

एक नज़र पढ़ने पर ही कोई भी पाठक यह कह सकता है कि यह अनुभव रहस्यवादी अनुभव है, भले ही उसके सामने रहस्यवाद या अनुभव दोनों शब्द का कोई निश्चित अर्थ किसी बिम्ब की तरह रखा हुआ न हो। शब्दों का यह विन्यास एक आधुनिक कवि के आत्मबोध के लिए बिल्कुल ही अप्रासंगिक है और शायद अविश्वसनीय भी, लेकिन जैसा कि मैंने पहले भी संकेत किया कि अज्ञेय आधुनिक कवि उस अर्थ में नहीं हैं जिस अर्थ में हममें से अधिकांश इस शब्द को ग्रहण करते हैं। उनकी आधुनिकता को अगर परिभाषित ही करना हो तो हम कहेंगे कि वह आधुनिकतम नाभिकीय भौतिकी की निकट पड़ती है। पर ऐसा कहना भी एक उदाहरण से उस आत्मा की हलचल की ओर संकेत करने की कोशिश करने से ज्यादा कुछ नहीं है, जिसने शुरू से ही मन की विराटता में छिपे शब्दों को, अर्थ प्रतीति के एक लगभग अब तक अछूते आयाम के सन्दर्भ में विन्यस्त करने की कोशिश की है। 'चक्रान्त शिला और सागर मुद्रा' की अनेक कविताओं में कवि इस तरह की अनेक पंक्तियाँ लिखता है, जिसे हम 'अनुभव' और 'कल्पना' दोनों ही शब्द के भीतर नहीं बाँध पाते पर जिसके चलते हम शब्द-ब्रह्म या नाद-ब्रह्म जैसे शब्दों में निहित अर्थ- संकेत को थोड़ा गहराई से समझने के लिए उद्‌बुद्ध हो सकते हैं या जिसके संवेदनशील पाठ से हमें अनुभव हो सकता है कि अज्ञेय ने आत्ममन्थन को कवि कर्म के लिए जरूरी प्रक्रिया की तरह स्वीकार किया, तो लगातार इस सचाई से उनका सामना होता रहा कि 'शब्द' केवल सामाजिक सम्बन्धों की सूचनाओं को धारण नहीं करते, वे उस नाद को धारण करते हैं, जिसकी ब्रह्मांडीय गति से परिचित होते रहने और उसकी लपेट में आकर उसे खोजते रहने की निरन्तरता से मानवीय चेतना को कोई मुक्ति नहीं है। पर अज्ञेय के यहाँ इस तरह की खोज में एक तरह का तर्काश्रित शब्द-विन्यास है, जिसमें कई बार लगता है कि इस आत्मा के बोध को वे महज चमकदार अर्थ संगति बिठाने के लिए कह रहे हैं, और इसलिए उनकी इस तरह की आध्यात्मिकता की साधना को शब्द-कर्म के स्तर पर नहीं जानते हों, तब तक हमें लगता है, लग सकता है, कि यह एक तरह की सुरक्षाभिमुखता है। आधुनिक जीवन की

विसंगतियों से बचकर अपने लिए एक आयवरी टॉवर बनाने जैसी चीज है यह। कुछ हद तक यह बात सही हो सकती है, क्योंकि 'मम' और 'ममेतर'—फिर चाहे वह रहस्यानुभूति द्योतित करती दिव्यशक्ति ही क्यों न हो—के बीच का सम्पर्क खोजते अज्ञेय अपनी आत्मा में कई बार कोई खरोंच तक नहीं लगने देते, खासकर ऐसी कविताओं में जहाँ वे या तो व्याख्या के शिल्प का सहारा लेते हैं, या तत्सम शब्दों की नाद गति को एक तर्कप्राण संरचना में बाँधने की कोशिश करते हैं। यद्यपि तब भी उस अनुभव को पूरी तरह नकार पाना सम्भव नहीं है, क्योंकि उन शब्दों में ही पुरखों के चिन्तन मनन और उनकी समूची साधना की बेहद क्षीण ही सही, लेकिन अर्थवान ध्वनि है, पर बीसवीं सदी का विष झेलतू आज के हिन्दुस्तानी को इस पंक्तियों से शिकायत तो होगी ही, जब वह सुनेगा—

सब कुछ हममें खो गया
हम भी
हममें खो गये
सागर
कुहरा
सागर
शं
या फिर
तू काव्य
सदा—वेष्टित यथार्थ
चिर-तनित
भारहीन, गुरु
अव्यय

इस तरह की पंक्तियाँ अज्ञेय के आत्मबोध का ऐसा सन्दर्भ खोलती हैं, जिससे लगता है कि शब्द के मर्म में ही उनकी आत्मसम्भवा अभिव्यक्ति छिपी है। उसी को टटोलते टमरते, उसे सोखते घोपते वे बढ़ते जा रहे हैं, यानी उन्होंने कविता की यह मूलभूत प्रतिज्ञा याद रखी है, कि प्रथमत: और अन्ततः कविता शब्द है। अगर आत्म या बोध, अपनी पहचान, या दूसरों का कल्याण अकल्याण कोई भी उद्देश्य या रास्ता, कवि के जीवन का रास्ता हो सकता है, तो उसे शब्द के मर्म के बीचोंबीच गुजरना होगा। जिसे मुक्तिबोध ने थिंक ऑव द थिंग्ज़ कहा, वह भी क्या अन्ततः शब्दों के मर्म की पहचान, उसकी शक्ति में निहित रहस्यात्मकता से तादात्म्य की एक कोशिश नहीं थी? बेशक इस पहचान के लिए या तादात्म्य

के लिए दोनों के रास्ते अलग थे। मैं यह बिल्कुल नहीं सुझा रहा हूँ दोनों को एक तरह के किसी 'वाद' में फिट कर दिया जाए, बल्कि इस ओर संकेत करना चाह रहा हूँ कि जाने-अनजाने दोनों, पहले अपने काव्य के आरम्भिक चरण में और बाद में अपने प्रौढ़ काव्य में भी, अपनी सृजनात्मक परम्परा के सुझाए रास्ते पर अस्तित्व के रहस्यमय प्रदेशों की यात्रा करने की चरम उत्सुकता के कवि है। इस यात्रा में मुक्तिबोध के शब्द सामाजिक संघर्ष के विस्तार में विस्तारित होते हैं। शायद इसी वजह से एक तरह से उनकी कविता बहुत ज्यादा बोलने वाली कविता हो जाती है, जबकि अज्ञेय 'मौन' की ओर मुड़ते हैं। कितना दिलचस्प है इस तरह का झुकाव कि एक ओर तो परम्परागत शब्दावली की मार्मिता के पुनर्वास के लिए अनथक और सजग और कई बार अर्थ में गैरजरूरी प्रयत्न, दूसरी ओर मौन का 'ऐपोथिएसिस' या 'डेइफिकेशन'।

मेरा ख्याल है कि अपने भीतर के सच के लिए भाषा की तलाश की कोशिश के चलते भाषा की अपर्याप्तता का एक तीखा एहसास अज्ञेय के यहाँ शुरू से ही मौजूद था। साधना के स्तर पर ही नहीं, दूसरों से संवाद करते हुए महज शिष्टाचार के स्तर पर और कभी वास्तविक ज़रूरत के स्तर पर भी, मौन की मुखरता को रेखांकित करना उन्हें लगातार जरूरी लगता रहा। शायद यह उस बुनियादी और नैसर्गिक द्वैत को पाटने की एक कोशिश भी थी जिसके कारण उन्होंने लगातार यह महसूस किया था, कि न सिर्फ वे सबके साथ हैं बल्कि सिर्फ हैं, और अपने होने में ही सबके होने के सामीप्य को अधिक गहराई से जान सकते हैं। एक लम्बी कविता के अन्त में उनकी कुछ निष्कर्षात्मक पंक्तियाँ हैं—

कि अपने को देख सकें
अपने से अलग होकर
अपनी इयत्ता माप सकें
और सह सकें

कहना न होगा कि अपने को, अपने से अलग करने, अपनी सीमा को जानने के लिए ही कवि ने 'मौन' शब्द को इतना वजनी बनाकर इतनी बार लिखा है, कि वह एक तरह से नानार्थता या रूढ़ प्रतीकात्मकता के शिकंजे में जकड़ गया-सा भी लगता है। और इस कारण पाठक के मन में यह असमंजस जागता है कि वह मौन के इस्तेमाल से आखिर क्या ज़ाहिर करना चाहते हैं—

एक चिकना मौन
जिसमें मुखर तपती वासनाएँ
दाह खोती

लीन होती हैं
उसी में रवहीन
तेरा
गूँजता है छन्द
ऋत विज्ञप्त होता है

मुखर तपती वासनाओं के कवि हैं अज्ञेय, पर जानते हैं कि काव्य यात्रा या जीवन साधना को अन्तत: उस जगह पर जाना है जहाँ ऋत विज्ञापित होता हो। यह इच्छा कि अपनी इच्छा और कामना की चरम लौकिकता को, और अधिक नुकीले ढंग से कहें तो अपनी उद्दाम प्रेमानुभूति को, उदात्त में पर्यवसित कर सकने की काव्यचेष्टा के चलते अज्ञेय ने चिकने मौन को महामौन जैसे शब्द बिम्बों में ढाला। ऐसी संरचना में जहाँ अनिर्वनीय होने के सुख को वे कह सकें। इसका मनोवैज्ञानिक कारण चाहे और जो भी रहा हो, एक तो बिल्कुल स्पष्ट है, कि अज्ञेय अपने अनुभव में प्रतिबिम्बित स्त्री-पुरुष सम्पर्क को, अपने संस्कार, अपनी परम्परा में मौजूद दिव्यता के सिरे तक ले जाना चाहते थे। कई बार जबरन भी। जिस अनुभव ने उन्हें इस कठिन काम को साधने में मदद दी, वह अनुभव शुरू के दिनों से ही उनके साथ था, जिसके चलते उन्होंने गाया था—

तुम्हारी देह
मुझको कनक चम्पे की कली है
दूर से ही स्मरण में भी गन्ध देती है
(रूप स्पर्शातीत वह जिसकी लुनाई
कुहासे-सी चेतना को मोह ले)

इस गहरे ऐन्द्रिक अनुभव को, स्पर्शातीत रूप की तरह जानने की यह शब्द-केलि, वास्तव में अज्ञेय के शब्द संसार की एक महत्त्वपूर्ण गूँज है। उनके उत्तर-काव्य में इसकी विरलता जरूर है, लेकिन एक दूसरी तरह का आत्म स्थैर्य उसकी जगह लेता दिखाई पड़ता है, जबकि उनके प्रारम्भिक काव्य में यह 'इरॉटिक एक्सपीरियंस' अपनी समग्र उद्दामता के साथ जीवित है—

आह मेरा श्वास है उत्तप्त
धमनियों में उमड़ आयी है
लहू की धार
प्यार है अभिशप्त, तुम कहाँ हो नारि!

और इस उद्दाम आवेग-स्नात पुकार की परिणति में लिखते हैं अज्ञेय—

जबकि सहसा तड़ित के आघात से घिरकर
फूट निकला स्वर्ग का आलोक। बाध्य देखा
स्नेह से आलिप्त, बीज के भवितव्य से उत्फुल्ल
बद्ध वासना के पंक-सी फैली हुई थी
धारयित्री—सत्य-सी निर्लज्ज नंगी औ' समर्पित

धारण करने के अभिप्राय को समोये वासनापंक की यह कथा अज्ञेय के एकान्त वरण का भी एक कारण हो सकती है। और इस एकान्त के भीतर सारे लोगों को शामिल करने की इच्छा भी उसी चाह के 'पैशन' से जनमती है। वयस्क अज्ञेय में यह पैशन थिराने लगता है, और तब कविता की संरचना को थामे रहने के लिए लगभग हिकमतों के स्तर पर दार्शनिकता या आध्यात्मिकता का इस्तेमाल करने लगते हैं। वहाँ वे बहुत दूर के कवि लगते हैं, और तब यह नहीं लगता कि मौन में लीन होती वासना ही अन्ततः उस विराट के छन्द में ऋत बनकर गूँज रही है।

पर इसके अलावा एक और आयाम है अज्ञेय के आत्मस्थ काव्य जीवन का। और वह आयाम आत्मविस्तार का आयाम है, बल्कि एक बहुत गहरे स्तर पर भारतीय जन की वास्तविकता के साथ उनके अपने सम्पर्क को परिभाषित करता आयाम है, जिसमें 'जन' की ठेकेदारी किये बगैर वे उसे अपनी करुणा की दुनिया में शामिल करना चाहते हैं। शुरू में आत्म विस्तार की इस आकांक्षा में एक तरह की सरलरैखिक बौद्धिकता का दबाव था, जिसके चलते वे अपने को, सब में गूँजता हुआ पाते थे और कहते थे—

मैं ही हूँ वह पदाक्रान्त रिरियाता कुत्ता
मैं ही वह मीनार शिखर का प्रार्थी मुल्ला
मैं वह छप्पर तल का अहंलीन शिशुभिक्षुक

और ऐसा क्यों, इसलिए कि—

मैं हूँ ये सब, ये सब मुझमें जीवित
मेरे कारण अवगत, मेरे चेतन में अस्तित्व प्राप्त।

सबके साथ होने की चाह इसमें नहीं है, ऐसी बात नहीं, पर जो इस चाह के भी केन्द्र में है वह कवि की अपनी चेतना है, और उस चेतना में सभी के होने की बौद्धिक युक्ति के सहारे पूरी कविता खड़ी की गयी है। जाहिर है कि यह आत्मदान नहीं है, जिसके चलते बाद में अज्ञेय ने 'रोपयित्री' या 'साम्राज्ञी का नैवेद्यदान' जैसी महत्त्वपूर्ण कविताएँ लिखीं। वैसा गहन आत्मविस्तार भी नहीं है

जो अज्ञेय ने 'असाध्य वीणा' जैसी हिन्दी की अत्यन्त महत्त्वपूर्ण कविता में सम्भव कर दिखाया है। कुछ पंक्तियाँ उद्धृत करने का लोभ संवरण मैं नहीं कर पा रहा हूँ—

सबने भी अलग-अलग संगीत सुना
इसको
वह कृपा वाक्य था प्रभुओं का
उसको
आतंक मुक्ति का आश्वासन
इसको
वह भरी तिजोरी में सोने की खनक
उसे
बटुली में बहुत दिनों के बाद अन्न की सोंधी खुशबू।

बेशक इन पुरअसर पंक्तियों की परिणति भी अज्ञेय सबकुछ की तथता में, महामौन में करते है, पर शब्द जो कि उनके लिए आत्म में समूचे आत्मेतर का साक्षात् कराने वाले जीवन्त रूपाकार हैं, आत्म को सुरक्षित रखने, उसको विसर्जित नहीं करने के जिद्दी स्वभाव से उनकी 'प्राइवेट' जिन्दगी के बद्धमूल विश्वासों और संवेदनाओं से बाहर ले जाते हैं, और हमें याद दिलाते हैं कि अरसा पहले उन्होंने सपाट अभिधा में यह भी लिखा था—

जो राज करें
उन्हें यह गुमान भी नहीं
कि उनके अधिकार पर
किसी को शक है
और जिन्हें मुक्त जीना चाहिए
उन्हें अपनी कारा में
इस बात की खबर ही नहीं
कि यह उनका हक है।

जाहिर है कि अब अज्ञेय, बटुली में अन्न की सोंधी खुशबू जैसी बात लिख रहे थे, तो यह हक, यह कारा, उनको संयमित करती रही थी। आशय यह है कि जाहिराना तौर पर अपनी कविता को उदार-प्रजातन्त्र के मूल्यों से मंडित करते हुए भी, वे उसके यानी नये राज्यतन्त्र के देसी विन्यास के बारे में काफी सचेत थे। यही वह बिन्दु है जहाँ पर अज्ञेय के आत्मबोध के इहलौकिक सन्दर्भ को समझा जा सकता है। विशेषकर इसलिए भी, कि उन्हें आत्मा, मौन, प्रकृतिक में

मुग्ध रमने वाले कवि की तरह बहुत ज्यादा जाना गया है, पर इस बात की ओर ध्यान थोड़ा कम गया है कि वे लगातार चौकस होकर राष्ट्र और समाज को लेकर भी टिप्पणियाँ करते रहे हैं और वह भी कविता में इस तरह की प्रतिक्रिया को जानकर ही अस्तित्व के गहन प्रश्नों पर चिन्तन करने वाले कवि की आत्मा के बारे में हम यह जानते हैं कि वह महज 'शून्य के साथ भाँवर ही नहीं रचाती' बल्कि उस बीहड़ता को भी टोहती है, जिसे नया समाज कहा जा सकता है—

जाट रे जाट
तेरे सिर पर खाट
परजान्ततर की

देस रे देस
तेरे सिर पर कोल्हू
इसका भार तू कैसे ढोएगा
जिसे पेरेंगे जाट बाम्हण बनिया तेली खत्री

क्या ऐसी भाषा का इस्तेमाल कवि सिर्फ स्वाद बदलने के लिए करता है या उसके इस व्यंग्यबाण का उस अनुभव से भी कोई नाता जुड़ता है, जिसके चलते उसने सर्वसत्तावादी राज-समाज के खौफ को बहुत पहले से जानकर लिखा था—

अच्छी कुंठा रहित इकाई
साँचे ढले समाज से

बेशक जुड़ता है, क्योंकि राज्य के बढ़ते वर्चस्व को—उसके तथाकथित समाजवादी और गणतन्त्रवादी हो रूपों में—उन्होंने लगातार महसूस किया है। चूँकि वे कवि के दायित्वबोध के मामले में अति आधुनिकों की तरह 'कलावादी' नहीं थे, इसलिए ही उन्होंने अपने अनिर्वचनीय मौन को, अपनी प्रखर मुखरता के साथ जिया और लिखा। हो सकता है कि इस वजह से जहाँ-तहाँ उनमें शहीदाना मुद्राएँ हों, पर नेतागिरी की अहम्मन्यता से वे भरसक मुक्त रहे। उनकी सर्जना की मुख्य चिन्ता के केन्द्र में उनकी अपनी दुनिया थी पर यह बन्द नहीं थी क्योंकि इसने एक खुली दुनिया की समूची परम्परा के साथ रिश्ता बनाने के मामले में तदर्थ समझौते नहीं किये थे। उनका आत्मबोध, प्रथमत: और अन्तत: हमारी सृजनात्मक परम्परा में उनके अद्वितीय स्वर को मिलानेवाला काव्य लोक है, जहाँ वर्जित कुछ भी नहीं है लेकिन जहाँ प्रवेश करते हुए यह सोचना जरूरी है कि हर आदमी दूसरे आदमी जैसा एक आदमी है, और उससे बिल्कुल भिन्न भी।

हेमन्त का गीत

अज्ञेय की प्रस्तुत कविता पर मेरा ध्यान पहले कभी नहीं गया था। अभी कुछ दिनों पहले, उनके अध्ययन-अध्यापन की समस्या पर एक लेख लिखने के सिलसिले में, जब मैंने नन्दकिशोर आचार्य द्वारा सम्पादित 'अज्ञेय : संचयिता' के पन्ने पलटे थे, तो थोड़ी देर के लिए इस कविता पर ध्यान अटका था। तब मुझे लगा था कि शुरू की कुछ पंक्तियों को आखिर तक दुहराती यह कविता थोड़ी अजीब है। बेशक भाषा, शैली, आत्मान्वेषण और आत्मशोध की प्रक्रिया और अनुभूति का उदात्तीकरण जैसी बातों को लक्ष्य करके यह सोचा जा सकता है, कि अज्ञेय-गुणों की कोई जाहिर कमी इस कविता में नहीं है। पर फिर भी मुझे लगा था, कि एक तरह की गम्भीर ऋजुता और ईषत् सूक्तिपरकता, जो अज्ञेय की कई लम्बी कविताओं तक में लक्ष्य की जा सकती है, और जिसके चलते किसी एक केन्द्रीय अर्थ को थामकर पाठक आगे बढ़ने का रास्ता खोजता है, वह बात यहाँ नहीं है। एक तरह का उद्विग्न लेकिन संयमित बिखराव है। किसी निश्चित शुरुआत से एक व्यवस्थित अन्त तक पहुँचती कविता की तरह इसे पढ़ना थोड़ा अनुचित और थोड़ा मुश्किल भी लगता है। लगता है जैसे कविता बार-बार वहीं लौट आती है, जहाँ वह शुरुआत के लिए सुगबुगा रही थी। यहाँ शुरुआती पंक्तियों की बार-बार पुनरुक्ति है और उसी पुनरुक्ति से कविता का अन्त भी होता है। कालबोध का सम्बन्ध भी साभ्यतिक सन्दर्भों से बहुत प्रत्यक्ष नहीं है, बल्कि प्राकृतिक दृश्यों से ही जैसे कवि, अपनी कविता की भाषा पा रहा है। अगर सारांशीकरण की कोई कोशिश करें, तो लगता है कि व्यतीत के सुख और वर्तमान के दुख के बीच के तनाव को ही काव्य-संरचना में आयत्त करने की कोशिश की गयी है, लेकिन इसे (ही) कविता के मूल-भाव या मूल अर्थ की तरह पढ़ना और सन्तुष्ट हो पाना सम्भव नहीं लगता।

ऐसे में महसूस होता है कि कविता में एक तरह की जटिलता है। ऐसी जटिलता जो महज आध्यात्मिकता रहस्योन्मुखता से नहीं जुड़ी है। आध्यात्मिक सम्भाव्य के संकेत कविता में हैं जरूर, लेकिन इसका पैशन और इसके ब्यौरे,

इसकी ऐन्द्रिकता और इसकी स्मृति-केन्द्रित, बल्कि स्मृति-सीमित कल्पना, यह सुझाती लगती है, कि प्राकृतिक परिवेश का यह दुहरावपूर्ण स्मरण कविताई की हिकमत भर नहीं है, बल्कि निजी स्तर पर कवि को हांट करती स्मृति है यह, जिसे अपने काव्यात्मक संयम के सिद्ध मुहावरे में, और नाटकीयता में कहने के बावजूद, वह उसे इस अर्थ में ढाँप- मूँद नहीं पा रहा है, कि अनुभूति के स्तर पर सालती इस कविता में मौजूद आत्मकथात्मक स्मृति के प्रसंग विशेष को उसकी ऐन्द्रिक इहलौकिकता से अलगा सकें।

शायद इस तरह की कोशिश ही अज्ञेय इस कविता में करते नजर नहीं आते। शायद यह आवेगाश्रित दबाव ही है, जो उन्हें खुलकर कहने की दिशा में आगे बढ़ाता है। कविता के मामले में प्रसिद्ध उनका बौद्धिक संयम यहाँ रोक-टोक नहीं करता। वे अन्तर्भाव की गतिकी से ही परिचालित होते हैं, और दृश्य बिम्बों में व्यवहृत शब्दों को किसी या किन्हीं निश्चित प्रतीकों की तरह बरतने में संकोच करते हैं। इस अर्थ में वे पाठक को यह अवकाश देते हैं कि वह शब्दों में अन्तर्निहित संकेतार्थ को, आस्वाद की अपनी अनुभूति के रास्ते पा सके, या खोजने की चेष्टा कर सके या महज उन्हें उसके जाहिर अभिधार्थ में ही सहज भाव से पढ़ सके।

लेकिन मुश्किल यही है, खासकर मेरे लिए यह मुश्किल रही है, कि इसे पढ़ते हुए मैं बार-बार अटकता रहा हूँ। इस अटकाव की वजह से कोई रसाभास नहीं हुआ है पर यह जरूर लगा है कि सहज स्मृति के प्रवाह में बहता हुआ काव्य नायक, उससे अलग क्यों हो जाता है! सम्भवत: यही कारण है कि इसे इसकी समग्रता में पंक्ति- दर-पंक्ति, व्याख्या के रास्ते पढ़ने का रास्ता मैंने चुना है। मुख्यत: इस कारण कि इस कविता में अज्ञेय ने बार-बार कविता की इस पंक्तियों को दुहराया है, शुरू में बगैर कोष्ठक के और बाद में हर जगह कोष्ठक के भीतर आती इन पंक्तियों से आखिर अज्ञेय पूरी कविता को कौन-सा अर्थ देना चाहते हैं। ये पंक्तियाँ हैं—

भर ली गयी हैं पुआलें खलिहानों में
तोड़ लिये गये हैं सब सेब : सूनी हैं डालें
उतर चुके अंगूर गुच्छे के गुच्छे,
हो चुके पहली पेराई के मेले :
लाल होकर काली भी पड़ गयीं बगीचों में कतारें
सूख चलीं बेलें।

झील की कोखों से जहाँ झाँकते थे
धूप से सोना मढ़े भाप के छल्ले

वहाँ अब मँडराता है घना नीला कुहरा
मनहूस बाँझ सन्नाटे को करता और गहरा।...

यह कविता अज्ञेय ने अपने यूगोस्लाविया प्रवास के दौरान लिखी थी। पहली पंक्तियों से ही हम अर्थ और अनुभूति की रुक-रुक कर चलती लय में धीमे-धीमे उभरते बिम्बों का साक्षात् करते, सहज भाव से सोचते हैं कि यह बीत गये के नैसर्गिक और स्वाभाविक विछोह से उपजा दुख है। यह भी लगता है कि फसल-कटाई, पेराई के मेलों के समापन के बाद, गुच्छे-गुच्छे अंगूरों और सेबों के तोड़ लिये जाने के बाद, कृषि-कर्म से जुड़े किसान के मन में जो रीतापन आता है, और इस रीतेपन को हेमन्त के शीत के बाहरी उजाड़पन में जिस तकलीफ के साथ वह अनुभव करता है, ये पंक्तियाँ वही लिख रही हैं। पर शुरू में ही जिस तरह वे शब्दों के अलावा विभिन्न संकेत चिह्नों का प्रयोग करते हैं, उसी से लगता है, कि यह महज ऋतुक्रम के सहज स्वाभाविक परिवर्तन से उपजा दुख भर नहीं है, और इस दुख के स्वीकार में, कोई दार्शनिक वैराग्य की अभिव्यक्ति भर नहीं है, बल्कि इसके विपरीत एक तरह की भावुकता इस अर्थ में कि स्वाभाविक परिवर्तन से ऐसी शिकायत क्यों? फिर किसान जीवन के रूपक में, अपने निजी दुख को इस तरह विन्यस्त करने का काव्य-प्रयोजन क्या हो सकता है, क्योंकि इसके अलग-अलग शब्दों को प्रतीक की तरह देखना तो मुमकिन नहीं लगता? अगर यह कविता अज्ञेय यहीं खत्म कर देते, तो क्या पाठक को निरे वर्णन का बोध होता?

इस तरह की जिज्ञासाओं के साथ कविता को पढ़ने का मेरा यह तरीका शायद बहुतों को नागवार गुजरे, पर कई बार इसे पढ़ने के बाद भी मुझे लगता रहा है, कि अज्ञेय इस कविता में महज सहज प्रेम और विछोह की कोई सरल कथा भर नहीं लिखना चाह रहे हैं। हम देखते हैं कि इसके ठीक बाद की पंक्तियों में वे काल की गली छानते एक कबाड़ी द्वारा कितना कुछ ले जाने के ब्यौरों के माध्यम से जो कहना चाहते हैं, उसका शस्य-सम्पदा और उत्सव के साथ कोई सीधा सम्बन्ध बनता नहीं दिखता। तोड़े गये सेब और अंगूर और नयी फसल के छिन जाने के दुख से कहीं ज्यादा सालती हैं, काली पड़ गयी बगीचों की कतारें, सूनी डालें और झील की कोख पर छा गया घना नीला कुहरा, जो मनहूस बाँझ सन्नाटे को और भी गहराता है। पर चतुर्दिक् व्याप्त इस बाँझ सन्नाटे को महसूस करता काव्य नायक काल के कबाड़ी के जिक्र से ही नहीं, बल्कि स्मृति के ब्यौरों से भी यह संकेत करता लगता है, कि कविता का सम्बन्ध शस्य-समय के बीत जाने के सहज सामान्य कृषक-जीवन के रीतेपन से ही नहीं, बलिक आत्ममग्न जीते एक व्यक्ति के आन्तरिक रीतेपन से है, जिसके अनुभव के कारण

वह याद करता है उस आन्तरिक समृद्धि और उत्सव की, जो अभी-अभी थी और अब नहीं हैं। और याद के ब्यौरों की शुरुआत में ही कहता है—

अनदेखे लाद ले गया है अपनी झोली में
काल की गली छानता हुआ कबाड़ी
न जाने कितने दिन, कितने क्षण
कितनी अन्तहीन अनकही और अधूरी कही बातें
कितने संकेत, कितने स्पर्श हर्ष
उमंगें अकुलाहटें
सिहरनों में घुलती और साँसों से नापी हुई रातें
ठिठकने आहटें
कितने कल्पना की आग में रूपायित किये हुए सपने

और इन पंक्तियों से गुजरते हुए लगता है कि काव्य नायक के मन में, अतीत जिस तरह घुमड़ रहा है, वहाँ सिर्फ शस्य और उत्सव की ओट में किया गया प्यार है, अपनी मांसलता और ऐन्द्रिकता में इतना जीवन्त की वह महसूस करता है कि महज फसल ही नहीं चली गयी कबाड़ के हाथ, बल्कि वह पूरा समय चला गया, जब कल्पना की आग में रूपायित सपने लिये, रातों को अपनी साँसों से नापता हुए वह था। पर उसके उस होने की इस अत्यन्त निजी स्मृति को, या कल्पना से उद्‌बुद्ध होती स्वयं अपनी मांसल ऐन्द्रिक तन्मय स्मृति को, अज्ञेय इस तरह क्यों लिखना चाहते हैं, कि उसकी जाहिर निजता के ये अन्तरंग ब्यौरे, केवल उस परिवेश और उसी समय के सन्दर्भ में कुछ इस तरह दिखें, कि वे परिवेश वर्णन के इस नाटकीय दुहराव से जोड़कर ही पढ़े जा सकें। सेबों और अंगूरों के फले-फूले शस्य समय के उत्सव के बीच जो अनुभव हुआ था, क्या उसमें यह पूरा परिवेश मात्र उद्दीपक की तरह मौजूद था, जबकि भीतर रूपायित हो रही थी कल्पना की आग? आग जो हेमन्ती शीत के इस समय में महज एक सालती स्मृति रह गयी है। इसके ठीक बाद की पंक्तियों में कहते हैं—

क्योंकि नहीं तो कहाँ है वह प्यार, कहाँ हो तुम
ओ मेरे अपने
कहाँ हैं वे हम, जिनका निरन्तर अपने को भूलना ही
जीना और होना था
जहाँ अपने को राख-सा फूँक कर उड़ाते जाना
दोनों को पाना था

अशेष समर्पण, आत्मदान, आत्महोम और सबकुछ देकर निःस्व हो जाने की कल्पना और विचार, अज्ञेय की कविता के प्रमुख थीमों में से एक हैं। यहाँ इन पक्तियों में भी 'अपने को राख-सा फूँककर उड़ाते जाना ही', 'दोनों' को पाने का- अनुभव देता रहा है, पर इसे उस कसक और अभाव की स्मृति से जोड़कर पढ़ें, जहाँ काव्य-नायक को लगता है कि कहीं हम ठगे तो नहीं गये, तो लगता है कि यहाँ अपने को निःशेष कर दे देने की प्रक्रिया की परणति को लेकर, काव्य नायक के मन में किसी अन्तरंग अभाव का दुख ही ज्यादा साल रहा है। ऐसा लगता है कि ऋतुक्रम के साथ आये स्वाभाविक बदलाव का सन्दर्भ ही मानो उनके ठगे जाने का प्रमाण है। इसलिए ही इन पंक्तियों में वे फिर दुहराते हैं, कि 'दोनों' के 'पाने' को सम्भव करता, 'प्यार' ही जैसे बीत गया है। और कुछ इस तरह कि इस व्यतीत की कल्पना भी अब सम्भव नहीं लगती। क्या इसीलिए यह दुहराव है?

(भर ली गयी हैं पुआलें
खलिहानों में
तोड़ लिये गये सेब सब सूनी हैं डालें)
रूपायित सपने तो गये ही (आखिर सपने थे हम गये जाग)
पर क्या हुई वह रूपकल्पी आग?

यहाँ से कोष्ठक का प्रयोग शुरू हो जाता है, और कविता के अन्त तक जारी रहता है। रूपकल्पी आग की जगह पर अब आधी रात की राख में कभी-कभार सुलग जाती सपने की परछाइयाँ भर हैं और फसल कटने, सेब और अंगूर तोड़ लिये जाने के दुहरते सन्दर्भ के बीच विकसती स्मृति की कथा है, जो प्रेमी युगल की कामनाओं को, हेमन्त पूर्व की ऊष्मा को, ऐन्द्रिकता और तन्मयता को ही, रूप देती लगती है। इसके बाद तो जैसे काव्य नायक की स्मृति समूची प्रकृति को, सान्निध्य और सहवास के संस्मरण की भाषा बनाती हुई कविता रचती है। और तब काव्य-नायक, जैस ठगे जाने के अभाव भरे वर्तमान को विसार कर, एकदम ही निजी स्तर पर घटी घटनाओं के विवरण देता हुआ, उस प्रसंग को याद करता है, जहाँ प्रिया झरने पर स्नान कर रही है, उसकी स्वर्ण देह की चमक को प्रातःकालीन प्रकृति के दृश्यों से जोड़ता काव्य नायक जैसे उस दृश्य में आत्मविस्मृत होकर डूब गया है, और अनुभव कर रहा है—

एक लय है ऊपर पत्तियों के मर्मर की
एक लय भीतर घनी तीव्रतर साँसों की
कैसा है यह संगीत, जो पहले कभी सुना नहीं
सुनो! नहीं अभी नहीं—सुना तो

सब दूसरा हो जाएगा।

तीव्रतर साँसों की लय का जो अनुभव काव्य-नायक कर रहा है, वह जैसे उसी पल 'दूसरा' हो चुका है, क्योंकि दोनों वही नहीं रहे हैं, जो इस अनुभव में डूबकर थे, लेकिन स्मृति उसे फिर जिला रही है। नायक फिर याद कर रहा है—

पीछे झुटपुटे ने झुरमुट से
न जाने क्या कही या नहीं कही
पर हिमशिखर हमारे साथ आया
बल्कि चाँदनी का एक मौर लाया
जो उसने तुम्हारे गले डाल दिया
जिसे मैं ताका किया ताका किया
भोर तक :
जिसे छूने बढ़ीं मेरी उँगलियाँ तो सकुचीं
फिर रोमावली के साथ बह आईं
भुजा से तुम्हारी उँगलियों के हाथ तक
फिर गूँथे हाथ
दुर्निवार

प्रणय-केलि का यह दृश्य इतनी जाहिर ऐन्द्रिकता में उभारा गया है, और इतनी 'नाइविटी' से उसका रोमांटिक उदात्तीकरण-सा किया गया है, कि लगता है जैसे काव्य-नायक की उँगलियाँ देह स्पर्श के दौरान सकुच रही थीं, वैसे ही स्वयं कवि के मन में भी मर्यादा का संकोच है, जबकि काव्यानुभव तो आदिम आवेग के दबावों से जारी दो देहों के निकटतम सान्निध्य की दुर्निवारता का सौन्दर्य है। प्रकृति की इस बिम्बात्मकता के बीच, सभी अन्यान्य संकेतों को परे ठेलते सौन्दर्य और सहवास का एक अन्तरंग बिम्ब, जो कहे से अधिक अनकहे की कल्पना के लिए पाठक को उकसाता है। लेकिन तभी, जैसे मूल आवेग से छिटककर, कविता फिर शस्य-समय के बीच जाने के थोड़े संक्षिप्त जिक्र के साथ, थोड़ी सामान्य दार्शनिकता की-सी मुद्रा में, आग के विभिन्न रूपों के बीच की कल्पना से गुजरती है। आग की यह स्मृति भी नायक की स्मृति का ही हिस्सा है। अग्नि के इन सभी रूपों को, प्रेमी युगल ने अन्तरतम में जाना था और महसूस किया था कि—

हमारे मिले हाथों के सम्पुट में
हमने देखा जीवन को पनपते

कन्धे से कन्धा जोड़, हाथ गहे
हमने सहा
ओठों पर अन्तिम साँसों को कँपते
आग का साक्ष्य? कितने साक्ष्य
हमारा निजी अनुभव का साक्ष्य
जीवन मरण का

इन पंक्तियों के आरम्भ में तो केलि का प्रसंग लगभग जाहिर है, लेकिन थोड़ी ही देर बाद नायक को 'ओठों पर अन्तिम साँसों के कँपने' का अनुभव होता है, और आग का साक्ष्य, जो अनुभव की तीव्रतम निजता का ही सूचक है, जीवन-मरण का प्रसंग सूचित करने लगता है। फिर बाद की पंक्तियों में काली पड़ जाती हैं आग। समग्र शस्य के बटोर लिये जाने की बात इसके ठीक पहले फिर कोष्टक में ही दुहर चुकी होती है। और अन्त में आती हैं ये पंक्तियाँ—

काली पड़ गयी आग। धुँधली पड़ गयी साख
उसकी और हमारी
थक जाती है याद भी ढोते उड़ाते, परत पर परत राख
जब तक कि मिले कहीं सुलगती चिनगारी

झील की कोख से उमड़कर फैल जाता है कुहरा
मनहूस बाँझ सन्नाटा होता जाता है और गहरा
...
रात, रात, रात, रात,
ठिठुरन-संवत्सर के मरने की कालिमा
सबकुछ ढँक गयी

आखिर में फिर ये पंक्तियाँ कोष्ठक में नहीं हैं। बिल्कुल वही भी नहीं हैं जो शुरू में थीं, और जिन्हें ऊष्म स्मृति के बीच पिरोता कवि, कविता को 'आगे' बढ़ा रहा था। पर यहाँ तक आते-आते लगता है कि कविता की गति का कोई लक्ष्य ही नहीं है। जाहिर आख्यानकता के बावजूद, उसके शुरुआती बिम्ब, उसे किसी सार्थक और तार्किक परिणति की ओर ले जाते नहीं दिखते। कविता जैसे विमूढ़-सी होकर इन्हीं बिम्बों को निहारती रहती है। और काव्य नायक की इस निरन्तर मौजूदगी के दौरान, हम उसकी स्मृति की सुन्दरता में शामिल होते हुए बार-बार लौटते हैं, शस्यहीन शीत के इस निष्ठुर क्रूर समय में और सोचते हैं, कि आखिर किसान जीवन के इन बिम्बों का यह दुहराव क्या निरा आलंकारिक

है? क्या इसका उस ऐन्द्रिक अनुभव के साथ कोई सम्बन्ध है, जिसे यह कविता पूरी तन्मयता के साथ सम्प्रेषित करती है? शस्य-समापन के उत्सव और मेले के बाद, कृषक-मन के रीतेपन को लिखता कवि, क्या सुख-दुख के सनातन चक्र को लिख रहा है? शुरू से ही काल के कबाड़ी द्वारा ठगे जाने से लेकर, ओठों पर काँपते अन्तिम साँसों के बीच, प्रेम और सान्निध्य की सुखद स्मृति को लिखती, आखिर यह कविता संवत्सर के मरने की कल्पना पर क्यों समाप्त होती है? और वियोग के इस पल को चरम-अन्त की तरह देखने, सन्नाटे को बाँझ कहने, तथा शस्य के बटोर लिये जाने की इस अभिव्यक्ति में रची बसी आत्मगत निजता से पगे सान्निध्य को परिवेश के इन दुहरते बिम्बों के साथ जोड़ने का प्रयोजन क्या है? इसलिए मुझे लगता है कि सरल सहज प्रेमानुभूति की कविता को, उतने ही सरल सहज ढंग को कहने के बजाय, कवि उसे थोड़ा ढाँप मूँद रहे हैं, और इरादतन उसमें थोड़ी वक्रता लाने की कोशिश कर रहे हैं। तो हो सकता है कि 'सम्प्रेष्य' थोड़ा जटिल हो, और उसे किसी नितान्त एकरैखिक लाक्षणिक अर्थ में लिखना कवि को जँच नहीं रहा हो? पता नहीं, क्या है कवि का अपना अर्थ और अभिप्राय? इसके बारे में दो टूक कह पाना सम्भव नहीं।

पर यह कविता दुराव-छिपाव की इस सांकेतिकता के बावजूद, अपनी ऐन्द्रिकता से और रमणीय प्रकृति से आंगिक रूप से सन्दर्भित होने की वजह से, अपने खुलेपन की वजह से, और प्रेमानुभूति के माध्यम से, पूरे जीवन-संघर्ष के सुख-दुख को लिख पाने की वजह से भी, मार्मिक लगती है। और यह भी लगता है कि हम यहाँ महज मिलन और वियोग को ही नहीं पढ़ रहे हैं, बल्कि प्रेम और मृत्यु के युगल संगीत को सहज आदिमता के साथ स्वीकार कर रहे हैं। यह भी कि इसमें सहज एक साधारण किसान के अनुभवों की भाषा है, लेकिन एक ऐसे किसान की भी, जो प्रेमानुभूति की ऊष्मा के सन्दर्भ में अपनी सृजनात्मकता को पहचानता है। कवि की अनुभूति, परिवेश और कृषक जीवन के सन्दर्भ, इस कविता में जैसे एकमेक हो गये हैं, और एक सार्थक आत्मानुभूति के शाब्दिक विन्यास के भीतर, उन्हें देखते हुए मानो हम स्वयं उन्हें खोजने, पाने, खोने की प्रक्रिया में शमिल हो गये हैं।

रमन्ते तत्र देवता

अज्ञेय की यह कहानी 'रमन्ते तत्र देवता' एक विचारोत्तेजक और शिल्प-संयम से सधी कहानी है, पर जिस तरह 'रोज़', 'हीली बोन की बत्तखें' और 'मेजर चौधरी की वापसी' जैसी कहानियाँ चर्चित रही हैं, वैसी यह कहानी नहीं रही। विभिन्न विश्वविद्यालयों में पढ़ाये जानेवाले संकलनों में भी, इसे शायद ही जगह दी गयी है। अभी अरसे बाद जब मैंने इसे पढ़ा, तो मुझे लगा कथा-शिल्प के लिहाज से ही नहीं, बल्कि वैचारिकता और समस्यामूलकता की वजह से भी, यह एक मर्मस्पर्शी कहानी है, और कलात्मक स्तर पर बेहद संयमित और सुन्दर भी। दूसरे प्रगट सामाजिक या राष्ट्रीय समस्या से जुड़ी हुई होने के कारण, इसके प्रयोजन में एक मार्मिक स्पष्टता और दो-टूकपन है। सबसे प्रमुख बात तो यह कि आज के इस उग्र साम्प्रदायिक और हिंसक समय में यह बहुत प्रासंगिक है, और लगता है कि इसके विचारों पर एक लम्बी बहस की जरूरत आज पहले से कहीं ज्यादा है।

यों तो यह एक सीधी सादी सरल-कथा है, जिसमें किसी तरह का कोई चौंकानेवाला नवाचार या प्रयोग नहीं है, पर यह किसी घटना के तात्कालिक यथार्थ में सीमित कथा भी नहीं है। मुख्यत: इस कारण कि लेखक इसे 'महज' किस्से की तरह नहीं, या समस्या की ही तरह नहीं प्रस्तुत कर रहा है। इसके आरम्भिक वर्णन से ही हम यह महसूस कर सकते हैं, कि यह महज परिवेश चित्रण की कथा-रूढ़ि भर नहीं है, बल्कि परिवेश और शहरी मध्यवर्ग के आत्म के बीच, लगातार भोथरे और जड़ होते जाते अन्तस्सम्बन्ध को व्यंजित करता यह वर्णन, मध्यवर्ग के आत्मकेन्द्रित और सर्वस्वीकारी चरित्र को झीनी आयरनी और आत्मलोचन की भाषा में सामने रखता है। सन् '46 के कलकत्ते की हालत को जो अपनी स्मृतियों में जानते हैं, वैसे बहुत से लोग तो शायद अब नहीं रहे, लेकिन जिन्होंने उसे महज घटनात्मक इतिहास की तरह जाना है, उनके लिए यह एक संकेत है कि वे आज के दंगा, आंतक और हिंसाग्रस्त इस समय में, इस वर्णन को अपने मन की टोह लेते हुए पढ़ें और सोचें कि बाहर की व्यापक हिंसा के प्रति, आज

उनके मन में, आत्मरक्षा की कोशिशों के बावजूद, कितनी उदासीनता और यह तो 'हो ही रहा है', 'या होगा ही' जैसा स्वीकारी भाव आता जा रहा है, और इसमें ऐसी ही राष्ट्रीयता का जोश है, जहाँ स्वयं और अन्य के बीच एक अनैतिक और स्वार्थ पर फर्क की प्रेरणा मौजूद है, और हिंसा के विवश स्वीकार की नियति भी। अपने 'वर्णन' के शुरू में ही अज्ञेय लिखते है—

"अक्तूबर सन् 1946 का कलकत्ता। तब हम लोग दंगे के आदी हो गये थे। अखबार में इक्के-दुक्के खून और लूटपाट की घटनाएँ पढ़कर तन नहीं सिहरता था, इतने से यह भी नहीं लगता था कि शहर की शान्ति भंग हो गयी। शहर बहुत से छोटे-छोटे हिन्दुस्तान पाकिस्तानों में बँट गया था, जिनकी सीमाओं की रक्षा पहरेदार नहीं करते थे, लेकिन जो फिर भी अनुल्लंघ्य हो गये थे।"

ये कहानी की एकदम आरम्भिक पंक्तियाँ हैं, और कथावाचक के द्वारा मूल घटना पर आधारित कथा का परिवेश निर्माण के लिए ही कही जा रही हैं, पर यहाँ परिवेश-निर्माण की यह कोशिश, कथा-रूढ़ि की औपचारिकता का निर्वाह करना, या उसे यथार्थवादी स्तर पर पाठक के लिए प्रामाणिक बनाने के लिए ही नहीं है, जिसकी झलकियाँ हम अनेक कहानियों में जाने कब से देखते आ रहे हैं। कथावाचक के माध्यम से लेखक हमें आज की हालत में भी यह सोचते के लिए उकसा रहा है कि हम दंगे से आदी हो गये हैं। सामान्य खून-खराबे की घटनाओं को खबरों की तरह जानकर हममें कोई भावुक या वैचारिक प्रतिक्रिया भी नहीं होती, या अगर होती है तो वह वाग्विलास की प्रतिक्रिया भर होती है। हम सभी अपने-अपने शहरों में मुसलमानों और अनेक अतिशूद्रों या जन-जातियों की 'घेटोआइज्ड' बसावट और रिहाइश को भी जानते हैं, पर शहर के कितने-कितने हिन्दुस्तान और पाकिस्तान में बँटे होने की बात पर हम कोई प्रतिक्रया नहीं करते। कर्म के स्तर पर न सही विचार के स्तर पर भी हम किसी नैतिक स्खलन का अनुभव नहीं करते।

पर इस कथा के इस आरम्भिक नैरेशन में अज्ञेय यह भी बताते हैं कि उस बार जब दंगा हुआ—"हठात् एक दिन कई मुहल्लों में आतंक छा गया। ये ऐसे मुहल्ले थे जिनमें पाकिस्तान की सीमाएँ नहीं बाँधी जा सकती थीं, क्योंकि प्याज की परतों की तरह एक के अन्दर एक जमा हुआ था।"

एकदम शुरू में पूरे शहर को कई हिन्दुस्तान पाकिस्तान में बँटा हुआ देखना और फिर कुछ ही पलों में इन दोनों को प्याज की परतों की तरह एक के अन्दर दूसरे को जमा हुआ पाना निरा वर्णन नहीं है। दोनों ही बातें सच हैं कि हम कुछ ऐतिहासिक कारणों से एक-दूसरे से एकदम अलग हो गये हैं, पर उसी इतिहास में दोनों के एक होने की नजीरें भी है।

'कथा' के नाम पर, यह कलकत्ते के दंगे में अपने पति से बिछड़ गयी एक हिन्दू स्त्री, और सरदार बिशन सिंह की कथा है। दंगे के कारण पति से बिछड़ गयी स्त्री को, सरदार बिशन सिंह अपने पड़ोस के गुरुद्वारे में रात भर की शरण देते हैं। सवेरे उसे पति के घर छोड़ने जाते हैं। रात भर घर से बाहर रहने के कारण पति उसे घर में घुसने की इजाजत नहीं देता। सरदार बिशन सिंह, फिर दूसरे दिन कुछ और सरदारों की मदद से, उसे उसके घर छोड़ जाते हैं।

पूरी कथा, वाचक के पड़ोसी बिशन सिंह के साथ गुजरी कहानी है। वाचक और सरदार जी की बातचीत के माध्यम से ही यह कहानी कही गयी है। बातचीत की रोचकता और प्रवाह कुछ ऐसा है कि हम इसे एक दिलचस्प और मार्मिक कहानी की तरह पढ़ सकते हैं, लेकिन अगर हम मर्म पर पड़ती इसकी चोट से पूरी तरह बेखबर न रहें, तो हम सहज ही महसूस करते हैं कि लेखक ने इसमें मर्द की मर्दानगी की ऐसी कथा लिखी है, जो स्त्री के प्रति हमारे अमानवीय रुख का एक ज्वलन्त प्रमाण है। अपमानित होने, और अन्याय सहने के बावजूद पति परमेश्वर है। स्त्री उसी के साथ रहने की चरम नियति से बँधी है। वह कलंकिता है, इस वजह से कि रात भर बाहर रही, पर पुरुष का चरित्र अपनी कापुरुषता और कायरता के बावजूद उज्ज्वल है।

अज्ञेय इसे एक जटिल बनावट की कथा के रूप में विकसित करते हैं, और बिल्कुल आज की साम्प्रदायिकता की समस्या पर भी हमें उद्‌बुद्ध करते हुए लिखते हैं—

"सारे मुसलमान अरब और फारस और तातार से नहीं आये थे, सौ में एक होगा जिसको हम आज अरब या फारस तातार नस्ल कह सकें। और मेरा तो ख्याल है, ख्याल नहीं तजरुबा है कि अरब या ईरानी बड़ा नेक और ईमानदार और अमनपसन्द होता है। तातारियों से साबका नहीं पड़ा। बाकी सारे मुसलमान कौन हैं? हमारे भाई, हमारे मजलूम जिनका मुँह हम हजारों सालों से मिट्टी में रगड़ते आये हैं।"

और इसके ठीक पहले उन्होंने लिखा—

"मैं तो कहता हूँ कि दंगा और खून खराबा न हो, तो कैसे न हो जबकि हम रोज़ नयी जगह उसकी जड़ें रोप आते हैं।"

सोचने की बात यह है कि यह 'हम' कौन हैं, जो दंगे की जड़ें आज भी रोप रहे हैं।

अज्ञेय की प्रासंगिकता का पुनराविष्कार

हिन्दी में अज्ञेय का सृजन-कर्म हमेशा से ही प्रेरक और निरर्थक दोनों किस्म के विवादों को जन्म देता रहा है। विश्वविद्यालयों और प्रगतिशील बुद्धिजीवियों के बीच तो वे एक सरलीकृत धारणा या रूढ़ प्रतीक की तरह ही विद्यमान हैं। और यह इस अर्थ में दुर्भाग्यपूर्ण है कि हिन्दी साहित्य के छात्रों के किशोर दिमागों में न सिर्फ आधुनिक सृजन को लेकर बड़ी हद तक विकृत और सरलीकृत धारणा है, बल्कि अपनी संस्कृति और आधुनिक सभ्यता के प्रश्नों पर भी, एक कामचलाऊ और नितान्त तदर्थवादी सोच का नक्शा है। नयी कविता की व्याख्या के सिलसिले में हिन्दी अध्यापन से जुड़े अधिकांश लोग, जिस तरह उन्हें आज भी याद करते हैं, उससे तो यही लगता है कि अज्ञेय को पढ़ने-सुनने की जरूरत से उदासीन, वे महज उन्हें घिसे-पिटे सूत्रों के जरिए, अपने छात्रों के सामने परोस भर रहे हैं। ऐसे समय में महात्मा गाँधी अन्तर्राष्ट्रीय हिन्दी विश्वविद्यालय के सहयोग से छपे अज्ञेय की रचनाओं के संचयन (अज्ञेय संचयिता का विशेष महत्त्व है। यह अज्ञेय के सृजन और चिन्तन की गहरी समझ रखने वाले, संवेदनशील कवि आलोचक नन्दकिशोर आचार्य द्वारा सम्पादित, एक गम्भीर और विचारोत्तेजक संचयन है।

आचार्य ने एक संयमित और विश्लेषणधर्मी भूमिका भी लिखी है, जो तर्कसम्मत ही नहीं, संवेदनात्मक सौष्ठव से भी सम्पन्न है। यह प्रथमतः तो अज्ञेय की प्रखर प्रासंगिकता को उजागर करने वाली एक सुचिन्तित और जरूरी भूमिका की तरह हमें उद्बुद्ध करती है, पर इसे पढ़कर हम यह भी महसूस करते हैं कि अज्ञेय शायद अकेले लेखक थे, जो साहित्य के शाश्वत समय और स्वायात्त लोक की रचना में रत रहते हुए भी, आधुनिक विज्ञान और टेक्नोलॉजी के इस विशिष्ट समय की बारीकियों को, एक रचनाधर्मी की तरह पहचानते थे। आचार्य का चयन तो निश्चय ही, पाठकों को अज्ञेय के सृजनशील व्यक्तित्व की विशालता और गहराई से परिचित कराएगा, लेकिन उनकी भूमिका शायद वह रास्ता है, जिस पर चलकर मुझ जैसा पाठक कुछ ऐसे मुद्दों के बारे में सोच सकता है, जो

सम्भवत: हमारी कालबद्धता की सीमित समझ आस्तित्विक प्रश्नों की तरह जरूरी हो गयी है। वे मुद्दे हैं—भारतीयता, वैश्विकता और सृजन-कर्म का सांस्कृतिक स्वरूप।

यह सुखद है कि प्रासंगिकता को आचार्य निरे प्रसंगसीमित प्रश्न की तरह नहीं देखते और हमें याद दिलाते हैं कि सृजन की भाषा का मुद्दा, जटिल वास्तव के संवेदनात्मक साक्षात्काार से जुड़ा है। सिर्फ जोड़-तोड़ के अर्थ में नहीं, बल्कि अभिव्यक्ति की बेचैनी के उस सार्थक सम्प्रेषण के अर्थ में भी, जिसके अभाव में कोई भी रचना महज गतानुगतिक सम्प्रेषण का नमूना भर बन पाती है। जाहिर है कि अज्ञेय को समझने की शुरुआत में ही, आचार्य, उनकी उत्कट संवादोन्मुखता को रेखांकित करते हैं, पर इस जोर के साथ कि संवाद के रास्ते अब आसान नहीं रहे।

'तारसप्तक' के दिनों में लिखे गये कवि-वक्तव्य का हवाला देते हुए, जब अज्ञेय के उस समय के विचारों में निहित 'साधारणीकरण' और 'सम्प्रेषण' की नयी परिस्थिति का जिक्र वे करते हैं, तब वे भारतीय काव्यशास्त्र के विवादित पद की पुनर्व्याख्या की माँग भर नहीं कर रहे होते। और न ही उसके सम्भाव्य व्यापक स्वरूप के बारे में भावुक निष्ठा प्रदर्शित कर रहे होते हैं, बल्कि परिस्थिति की अनिवार्यता जैसे पद को, यन्त्र-सभ्यता और आधुनिक राष्ट्र राज्य के विशिष्ट सन्दर्भ में जोड़कर सृजनकर्मी के सम्मुख उपस्थित चुनौती के आन्तरिक स्वरूप की ओर हमारा ध्यान खींच रहे होते हैं। अज्ञेय ने लिखा था, ''बहुत से लोग इस बात को भूल गये कि कवि आधुनिक जीवन की एक बहुत बड़ी समस्या का सामना कर रहा है—भाषा की क्रमश: संकुचित होती हुई सार्थकता की केंचुल फाड़कर, उसमें नया, अधिक व्यापक, अधिक सारगर्भित अर्थ भरना चाहता है। और अहंकार के कारण नहीं, इसलिए कि उसके भीतर इसकी गहरी माँग स्पन्दित है, इसलिए कि वह व्यक्ति सत्य को व्यापक बनाने का उत्तरदायित्व अब भी निभाना चाहता है। पर देखता है कि साधारणीकरण की पुरानी प्रणालियाँ, जीवन के ज्वालामुखी से भरकर और जमकर रुद्ध हो गयी हैं, प्राण संचार का मार्ग उनमें नहीं है।'' गौर करें कि ये पंक्तियाँ कवि-वक्तव्य के रूप में तब लिखी गयी थीं, जब दुनिया पर दूसरे महायुद्ध की विकराल छाया पसर चुकी थी। यह वह वक्त था, जब उदार प्रजातन्त्र और समाजवादी मूल्यों की रक्षा के लिए ब्रिटेन, अमेरिका तथा मित्र राष्ट्रों के दूसरे देशों के साथ, रूस भी शामिल हो चुका था और भारत का स्वतन्त्रता संघर्ष अपने अन्तिम चरण पर पहुँच रहा था।

एक सर्जक की तरह अज्ञेय जानते थे कि तब की चुनौती इतिहास की इससे पहले की अनेक चुनौतियों से भिन्न एक कठिन चुनौती थी। नयी यन्त्र-सभ्यता, भाषा के स्वभाव पर ही सख्त दबाव डाल रही थी। कवि-कर्म आत्मानुभव और

प्राप्त भाषा के ऋजु और प्रशस्त पथ पर बेखौफ चलने का कर्म नहीं रह गया था। वाचिक से मुद्रित तक आकर यह समय, जैसे हमारे साथ और हमारे भीतर मौजूद कालबोध को ही बदल रहा था। गहरे अर्थ में यह आधुनिक विज्ञान की कठिन चुनौती थी और शायद इसे ही गहराई से समझते हुए अज्ञेय में इसकी अधिक परिपक्व परिणति को लक्ष्य करके आचार्य बड़ी सूक्ष्मता के साथ वह मन्तव्य देते हैं कि 'विज्ञान की बजाय पुराण और ऐतिहासिक विकास की बजाय समानता पर अज्ञेय का यह आग्रह क्या प्रगति की अवधारणा का निषेध नहीं है? क्या पौराणिक चिन्तन को, वैज्ञानिक चिन्तन पर वरीयता देना वांछनीय है? इन आरोपों पर विचार करते समय प्लेटो के इस कथन को स्मरण रखना उपयोगी होगा कि हम क्या उत्तर प्राप्त करते हैं, यह इस बात पर निर्भर करता है कि हम सवाल क्या पूछते हैं!' अज्ञेय के कालबोध तथा उनके सृजन-वैशिष्ट्य को, परम्परा और भारतीयता के गहरे अर्थों से जोड़ते हुए, हमारे अपने समय की चिन्ताओं के जटिल सन्दर्भों में, वे न सिर्फ अज्ञेय की सार्थक समझ का रास्ता सुझाते हैं, बल्कि स्पर्शनीय ठोसपन के साथ इस सवाल को, नये कालबोध से ही नहीं, इस विशिष्ट भू-भाग की सृजन-चिन्ताओं की बहुविध परम्पराओं से जोड़कर कहते हैं, 'क्या वैज्ञानिक चिन्तन को सांस्कृतिक दृष्टि से निरपेक्ष रखा जा सकता है? प्रकृति को मनुष्य का उपभोग्य मानने वाली दृष्टि और एक समग्र अस्तित्व में प्रकृति की अपनी स्वतन्त्र इयत्ता को स्वीकार करने वाली दृष्टि द्वारा पूछे गये सवालों और पाये जाने वाले उत्तरों में भेद होना स्वाभाविक है, बल्कि स्वयं एकरेखीय ऐतिहासिकता के प्रत्यय में विश्वास करनेवाली दृष्टि से प्रस्तुत विज्ञान में भी, अब अपनी सीमा की पहचान के साथ ही पौराणिक कल्पनाओं के ओर झुकाव के संकेत दिखाई देने लगे हैं।'

आचार्य जब आधुनिक विज्ञान और पौराणिक कल्पना से उलझती काव्य-दृष्टि की बात कर रहे हैं, तो उनके सामने अज्ञेय का सम्पूर्ण सृजन है। उसे एकदम समकालीन परिस्थिति में पढ़ते हुए काल की रैखिक अवधारणा के दार्शनिक-सांस्कृतिक प्रश्नों से वे उलझते हैं और फिर इसी प्रश्न को, काव्यानुभव के विन्यास में रचते अज्ञेय के कवि की भारतीयता से जोड़ते हैं। एक कवि, लेखक और चिन्तक के रूप में अज्ञेय की यह भारतीयता कुछ ज्यादा मानीखेज है। प्रकृति के भीषण विनाश में विकास का रास्ता खोजती सभ्यता के सन्दर्भ में तो यह जीने-मरने के बीच चुनाव जैसा एक कठिन प्रश्न होता जा रहा है। खालिस देसी परिस्थिति और स्थूल ऐतिहासिक समय में यह एक खतरनाक अस्मितावादी राजनीतिक प्रश्न की तरह भी पढ़ा जा सकता है। शायद ऐसे किसी खतरे को थोड़ा नजरअन्दाज करते हुए, आचार्य, अज्ञेय को पढ़ते से लगते हैं। शायद बहुत सोच-समझकर वे पुराण,

कविता, चक्रीय काल और भारतीयता के सन्दर्भों से अपने साहित्य-बोध, विशेषकर अज्ञेय के पाठ से सम्बद्ध साहित्य बोध को, जोड़ने का खतरा उठाते हैं, ताकि हम अपनी अस्मिता में अन्तर्निहित अन्तर्दृष्टि की ऊर्जस्वित बौद्धिकता और विवेक को थोड़ा ठीक से पहचान सकें।

अज्ञेय इस अधिक गहरी पहचान के लिए अर्थवान रूपक की तरह हमारे सामने मौजूद रहते हैं, क्योंकि वे कालबद्ध और कालातीत के तनाव को भाषा के लोकजीवन तथा अस्तित्व के सहज चिन्तन के हमेशा जोड़े रखते हैं। और आचार्य सही कहते हैं कि ऐसी स्थिति में भी अज्ञेय के यहाँ, एक आधुनिक व्यक्ति की आत्मसजगता है। वे अपने समय को ओझल करके भारतीयता का कोई पुराण नहीं रचना चाहते, न ही अस्मिता के राजनैतिक सरलीकरण से किसी तरह का समझौता करते हैं। वे लगातार प्रश्न करते हैं, और उनकी अपनी भारतीयता तक, उनकी प्रश्नाकुलता से अनबिद्ध नहीं हैं। इसे ही लक्ष्य करके आचार्य कहते हैं, ''यही कारण है कि अज्ञेय के लेखन में आलोचनात्मक चेतना या प्रश्नात्मकता सबकुछ पर प्रश्नचिह्न लगाकर उसे दुबारा अपने लिए आविष्कृत करने की प्रवृत्ति बराबर मिलती है।''

इस कथन में यह जोड़ना उचित होगा कि इस प्रश्नात्मकता के घेरे में, परम्परा और भारतीयता जैसे पद भी शामिल हैं। ऐसे शब्द जिनका उपयोग अज्ञेय को समझने-समझाने के लिए अक्सर किया जाता रहा है, पर अक्सर जिन पर अज्ञेय द्वारा लगाये गये प्रश्नों को अनदेखा किया जाता रहा है। प्राय: ही इस आशय की टिप्पणी के साथ कि अज्ञेय की भारतीयता, या उनका परम्परा-बोध, समकालीन जीवन संघर्ष से विमुख है, या वे भारतीयता को एक हवाई या हद से हद निरापद या आँचरहित पद की तरह ले रहे हैं। वास्तविकता यह नहीं है। अपनी कविता, उपन्यास और चिन्तन में अज्ञेय उसे, रचनानुभव की जरूरी आंगिकता के रूप में ही स्वीकार करते हैं। भाषा और साधारणीकरण को लेकर जिस तरह की अर्थवान वाग्मिता में, उन्होंने शुरुआती दौर में ही सम्प्रेषण की नयी चुनौती का सामना किया था, वह 'दूसरा सप्तक' की उनकी भूमिका में, एक अधिक वयस्क मन्तव्य का रूप लेती है, और हम महसूस करते हैं कि इकहरे कालबोध की समस्या से जूझते अज्ञेय ने, भाषा की खोज का रास्ता, शैल्पिक अद्वितीयता के दबावों के चलते नहीं चुना था। आचार्य सही जगह पर उँगली रखते हैं, जब वे कहते हैं, कि यथार्थ के एकरैखिक अधिग्रहण की समस्या को उत्तीर्ण करते, अज्ञेय के कालबोध को समझकर ही उनकी भारतीयता की सार्थक समझ सम्भव हो सकती है। काल या समय तब उपस्थित या सम्मुख समय ही नहीं होता। भारतीयता तब विविधता से पूर्ण रिवाजों का उल्लेख या घटनाओं की प्रतिक्रिया में ही विन्यस्त नहीं होती।

बेशक इन्हें टालने की कोई साभिप्राय चेष्टा भी अज्ञेय के यहाँ नहीं है। लेकिन तब परम्परा या भारतीयता भी, किन्हीं निर्दिष्ट और परिवर्तन रहित ब्यौरों या धारणाओं में सीमित नहीं रहती। अपने अनुभव की गहराई और उसकी व्याप्ति को रचने के लिए ही वे परिस्थिति की चुनौती को स्वीकार करते हुए, बल्कि उससे भिड़ते हुए, काल की चक्रीय धारणा के रास्ते अपनी भारतीयता की खोज करते हैं। यह उनके लिए नयी सभ्यता से मुठभेड़ का ही रास्ता है। वह शरण्य नहीं है, बल्कि हर तरफ से वेध्य है। आकस्मिक नहीं कि चयन में संकलित अपनी एक कविता में वे दो टूक शब्दों में कहते हैं—

मुकुर उत्तर नहीं देता
न दे, मुकुर उत्तरदायी नहीं है
इतिहास उत्तर नहीं देता, इतिहास भी उत्तरदायी नहीं है
परम्परा भी उत्तरदायी नहीं है, चेहरा भी उत्तरदायी नहीं
पर झरोखे से इतराता हुआ बहकी हवा का झोंका पूछता है
मैं, मैं क्या मैं भी उत्तरदायी नहीं हूँ?

गौर करें कि अज्ञेय उत्तर देने या दे सकने के दम्भ से अपने को नहीं जोड़ते, प्रश्न से जोड़ते हैं। शायद इसलिए ही, अभी और आज के समय में, आधुनिक राज्य और विश्व बाजार के आपसी तालमेल के चलते उगे, निरे राजनीतिक प्रत्यय की तरह, अज्ञेय को नहीं, किसी भी अच्छी कविता की संरचना में अन्तर्निहित भारतीयता के बोध को समझ पाना मुश्किल है।

नन्दकिशोर आचार्य द्वारा अज्ञेय की चुनी हुई रचनाओं के इस संकलन में, सम्भवतः इस वृहत्तर वैचारिक परिप्रेक्ष्य को सामने रखा गया है कि संस्कृतियों की तीव्र टकराहट से जुड़ी अस्मिता के संकट का सवाल, और विश्व बाजार तथा टेक्नोलॉजी की लगभग मुकम्मल एकता और एकरूपता के व्यापक सन्दर्भ में, अज्ञेय का सृजन आत्मबोध और आत्मशोध की नयी दिशाएँ सुझा सकता है। ऐसी दिशाएँ जिन पर चलकर हम समकालीन यथार्थ को आत्मसाक्षात्कार के अधिक आनुभविक स्तर पर देख और रच सकते हैं। और शायद इसलिए ही आचार्य का यह चयन, सम्पादक या लेखक की प्रदर्शनात्मक अद्वितीयता से भिन्न सह-अनुभूति का एक मार्मिक साक्ष्य है। उनका आग्रह या जोर इस बात पर भी नहीं है कि हम उन्हें उसी तरह जानें जिस तरह उन्होंने जाना है। उनकी भाषा पोलेमिक्स की भाषा नहीं है। इसे पढ़कर हम अज्ञेय को, अपने समय के कठिन प्रश्नों के बीच एक संस्कारवन्त अन्तर्ध्वनि की तरह पाते हैं। शब्द-कर्म में अन्तर्ध्वनि की जो सम्भावनाएँ छिपी रहती हैं या कि हैं, उसे उस मूल्यचेतना के बिना रच पाना मुश्किल है,

जो संस्कृति की बहुलता में 'सत' की तरह मौजूद रहती है। इस चयन की अनेक कविताओं में, जिस व्यक्ति के अनुभव को अज्ञेय ने रचा है, वह सृजन की अनिवार्य शर्त अपूर्वानुमेयता से रचित है। इस अर्थ में वह किसी 'इंडिविजुअल' की रचना नहीं है, बल्कि साहित्य-कर्म की सुदीर्घ परम्परा की स्मृति का ही साक्ष्य है। इसी अर्थ में वह समाज और संस्कृति की ऐसी चिन्ताओं से हमें जोड़ता है, जो सतह के आचार-व्यवहार से जुड़ी चिन्ताएँ भर नहीं हैं। संचयन की अधिकांश रचनाओं को पढ़ते हुए हम महसूस करते हैं कि लय-गति की अद्वितीयता के बावजूद, वे आत्मदान और आत्मान्वेषण को, स्वतन्त्रता और मुक्ति को, कला-संवेदना की सहज साधारण भाषा में लिखते हैं, जिसे अज्ञेय के ही शब्दों में इस तरह भी कहा जा सकता है—

इसको, वह कृपा वाक्य था प्रभुओं का
उसको, आतंक मुक्ति का आश्वासन
इसको, वह भरी तिजोरी में सोने की खनक
उसे
बटुली में बहुत दिनों के बाद अन्न की सोंधी खुशबू

उपन्यासों का जिक्र करते हुए आचार्य जब अज्ञेय के केन्द्रीय मूल्य की तरह उनकी स्वतन्त्रता की व्याख्या करते हैं, तब उन्हें अपने अहंकार को विसर्जित करते, अपने को तथता में विलीन करते इस साधक की याद भी है। माध्यम और वास्तविक परिस्थिति की भिन्नता के बावजूद अपने को निःस्व कर देने की सहज आस्तिकता हम, केशकम्बली और सेल्मा दोनों में देखते हैं। हम याद करते हैं कि लगभग सहज आत्मदान के ऐसे गीत रवि ठाकुर ने भी गाये थे। मुमकिन है कि भारतीयता की ऐसी सृजन-कल्पना को, उसके अर्थवान रूपकत्व में न पढ़कर, समाजशास्त्रीय चश्मे से पढ़ा जाए, और शायद पढ़ा भी जाता रहा है। पर तब यह महज इकहरे अर्थ की खोज का रास्ता होगा। हो सकता है कि आज की जरूरत के चलते, हमारे मन में संस्कृति की यह कल्पना, वर्चस्व तथा प्रतिरोध के द्वन्द्व से रहित निरापद कल्पना की तरह आये, लेकिन तब हमें यह भी सोचना होगा कि यथार्थ को सामाजिक व्यवहार की ही तरह देखते हुए हम कई बार व्यक्ति की अन्तश्चेतना से जुड़े मार्मिक प्रश्नों को ओझल भी कर देते हैं।

यह पुस्तक विश्वविद्यालय की मदद से छपी है, सो यह बात जोड़ना भी जरूरी है कि विश्वविद्यालयों के छात्रों के बीच साहित्य और संस्कृति को लेकर जिस तरह का सरल-दिमागीपन आज हर कहीं व्याप्त है, उसे देखते हुए यह चयन या कि अज्ञेय का साहित्य, प्रतिरोध का ही साहित्य है।

अदम्य ऊर्जा के अद्वितीय कवि मुक्तिबोध

मुक्तिबोध असीम आत्मविस्तार के जटिल कवि हैं। अन्तस्तल की समूची हलचल को शब्द में दर्ज करने की जटिलता और विराट जनसमुद्र में अपने को मिला देने की असीमता। सम्भवतः ऐसे ही अनुभवों के कारण उन्होंने कहा होगा कि 'नहीं होती कहीं भी खत्म कविता नहीं होती, कि वह आवेग त्वरिता काल-यात्री है।' पर एक पाठक के रूप में भी, उन्हें पढ़ते हुए हम यही महसूस करते हैं कि उनकी समग्र रचनात्मकता की सम्पूर्ण और अन्तिम व्याख्या कतई सम्भव नहीं है। हर युग और पाठक इन कविताओं में अपनी सृजनात्मकता की बहुविध छवियाँ देख सकता है। उनकी कविताओं को पढ़ना इस अर्थ में अपने विराट अन्तस्तल की उस दुनिया से गुजरना है, कि जो दुनिया, जितनी हमारे बाहर है, उतनी ही भीतर भी। दरअसल कविता का जोखिम, इस समूचे बाहर को भीतर कर लेने का जोखिम ही है। ऐसे असम्भव विस्तार और अथाह गहराई की कविता पढ़ते हुए हम केवल यही कर सकते हैं, कि पाठ-प्रक्रिया के अपने अनुभवों को दर्ज करने की कोशिश करें। यथासम्भव यह कोशिश करें कि हमारी आत्मपरकता, उनकी कविता पर आरोपित न हो जाए। अपने मन पर पड़नेवाले प्रभावों और कविता के गतिशील विन्यास के बीच संगति बनाये रखने का रास्ता, सम्भवतः मुक्तिबोध की कविता पढ़ने का एक सहज सार्थक रास्ता है, लेकिन यह हमेशा ध्यान में रखना होगा कि यह एकमात्र रास्ता नहीं है, क्योंकि मुक्तिबोध की कोई भी कविता, अपनी (प्र)गतिशीलता में, अनुभव, स्मृति, कल्पना, विचार और सूक्ष्म पर्यवेक्षण की ऐसी दुनिया रचती है, जिसमें आदिम मनुष्यों के आस्तित्विक संघर्ष से लेकर, आधुनिक सभ्यता के जानलेवा संघर्षों की पूरी ऐतिहासिक प्रक्रिया, एक अद्‌भुत कल्पनाशील विन्यास में धड़कती रहती है, और उसकी कोई एकमात्र व्याख्या कभी सम्भव नहीं हो सकती। वास्तव में मुक्तिबोध अदम्य ऊर्जा के अद्वितीय कवि हैं।

उनके विलक्षण आत्मविस्तार को, उद्धृत पंक्तियों के आधार पर इस तरह भी समझा जा सकता है कि सृजनात्मक प्रयत्नों का कभी अन्त नहीं हो सकता। रचने की प्रक्रिया किसी एक व्यक्ति या युग या पीढ़ी तक सीमित नहीं रह सकती।

सृजनात्मक जिजीविषा इस अर्थ में कभी व्यक्ति-सीमित या व्यक्ति-केन्द्रित तो हो ही नहीं सकती, वह कालबद्ध भी नहीं होती। कविता के कालबोध में कालातीत जिजीविषा के सैकड़ों रूप सक्रिय रहते हैं। शायद इसीलिए मुक्तिबोध कहते हैं कि, 'मैं उसका नहीं कर्ता, पिता धाता/कि वह कभी दुहिता नहीं होती/परम स्वाधीन है वह विश्वशास्त्री है/गहन गम्भीर छाया आगमिष्यत् की लिए/वह जन चरित्री है।' इस कथन को उनकी एकरैखिक सैद्धान्तिक अवधारणा की तरह पढ़ना नाकाफी होगा। गहरे और उद्दाम आवेग के साथ, यह कविता उन्होंने अपने ही भीतर जारी संघर्ष को वाणी देने के लिए ही लिखी है। यह कविता मुखर ढंग से यह संकेत भी करती है कि कविता का उनका आदर्श, निजी जीवन के अनुभवों को, अपने वक्त में प्रचलित-सम्मानित भाषा में लिख देना भर नहीं है। कविता उनके लिए प्रथमतः और अन्ततः जन-चरित्री ही है। इमोशन ऑव द मल्टीट्यूड को, गहरी अन्तरात्मिकता के साथ काव्य के मूल प्रयोजन के रूप में स्वीकार करनेवाले, मुक्तिबोध जैसे कवि की कविता की समझ के लिए इसलिए ही उस आत्मसंघर्ष को समझना जरूरी है, जिसके चलते वे व्यक्तिकेन्द्रिक कलात्मकता को तरह-तरह से तोड़ने की कोशिश करते हैं और विशाल जन-समुदाय के नैतिक और राजनीतिक संघर्ष से अपने आपको एकमेक कर देने की असम्भव काव्य-चेष्टा भी करते हैं।

उनकी कविता के जन-चरित्री रूप की समझ के लिए यह जानना भी जरूरी है कि कविता की रचना उनके लिए एक बेचैन, संघर्षयुक्त और श्रमसाध्य प्रक्रिया थी। वे अपने महत् काव्य-प्रयोजन को उस खरी और ईमानदार अनुभूति से निरन्तर थामे रहते थे, जो आत्मचेतस् मध्यवर्ग की अन्दरूनी उथल-पुथल में रूप लेती, एक नयी और प्रासंगिक नैतिकता के वरण से आवयविक स्तरों पर संग्रन्थित थी। वे जनता के साथ होने के सरलीकृत रैटॉरिक के बदले, एक ऐसे विन्यास में अपनी कविता लिखना चाहते थे, जो महज रिझाऊ सम्बन्ध या सम्बोधन या उद्बोधन की लोकप्रिय परम्परा से भिन्न तो हो, पर जो सामुदायिक संघर्ष से मध्यवर्ग को जोड़ने की आभ्यन्तरिक प्रक्रियाओं को, पाठक की अपनी अनुभूति के स्तर पर जगा सके। जाहिर है कि उनकी कविता की प्रतिबद्धता या पक्षधरता महज अपनी नहीं थी कि वे शोषित वर्ग के संघर्ष से जुड़ी कविता लिखना चाहते थे, बल्कि यह भी थी कि वे एक ऐसी कविता लिखना चाहते थे, जिसके भीतर इस प्रतिबद्धता की बेचैन खोज की समूची प्रक्रिया को जगह मिल सके।

मुक्तिबोध अपने देश, अपने परिवेश अपनी प्रकृति और अपनी संघर्षरत जनता से प्यार करते थे। यह सपाट या भावुक या रोमानी कथन मात्र नहीं है, हालाँकि खुद मुक्तिबोध को सपाटता, भावुकता या कि रोमानियत से ऐसा परहेज कभी नहीं रहा कि वे इन्हें अपनी कविता के लिए अछूत मानें। कई बार तो लगता है कि

अपने बेहद निजी संघर्ष को उत्तीर्ण करने के लिए, उन्होंने व्यापक सामुदायिक संघर्ष में शामिल होने के जिस विचार का रास्ता चुना था, वह विचार भी प्रथमत: और अन्तत:, अशेष सौहार्द्र से भरे उनके हृदय के स्वत:स्फूर्त प्रेम का सहोदर ही है। मार्क्सवाद ने निश्चय ही उन्हें दुनिया को समझने की अन्तर्दृष्टि दी, और अपने काव्य में उन्होंने उसका अत्यन्त सार्थक इस्तेमाल भी किया, लेकिन उनकी कविता, निरी वैचारिक कविता नहीं है, क्योंकि कोई भी कविता निरा विचार हो ही नहीं सकती। कविता को, परम स्वाधीन और आगमिष्यत् की गहन गम्भीर छाया की तरह, अपने अन्तर में निरन्तर उमड़ती- घुमड़ती देखने की इस प्रक्रिया में ही, वे महसूस करते थे, कि उसका जन-चरित्री होना, न सिर्फ अपने होने की सार्थकता के लिए बल्कि कविता मात्र की किसी भी तरह की सार्थकता के लिए अनिवार्य है। पर अपनी कविता को, अस्तित्व रक्षा के लिए संघर्षरत जन से जोड़ते हुए, उन्होंने विचार और विवेक का साथ कभी नहीं छोड़ा। वे उस सरल रास्ते की ओर नहीं बढ़े जिस पर लोकरिझाऊ कविता का पूरा कारवाँ तेजी से बढ़ रहा था। उन्हें वह जटिल सूक्ष्म मसृण कलात्मकता भी रास नहीं आई, जो उन्हें अभिजन-वर्गीय प्रतिष्ठा के सिंहासन पर बिठा सकती थी। गहन अर्थ में अपने को 'डि-क्लास' करने का उनका यह रास्ता, चुनौतियों से भरा रास्ता था। सबसे पहले तो उनके सामने, उनके अपने अन्तर्विरोध, आर्थिक मजबूरियाँ और साहित्यिक महत्त्वाकांक्षाएँ थीं। आजीविका के लिए किये जानेवाले समझौतों के आन्तरिक अवरोध थे। सबसे बढ़कर एक ऐसी कविता लिखने की चुनौती थी, जिसमें उनका अन्तर्मन— विचारों, संस्कारों और भावनाओं के स्तर पर—जनमन के साथ एकमेक होकर विन्यस्त हो सके। इस त्रिस्तरीय संघर्ष को साधने के लिए जो रास्ता उन्होंने चुना, उसमें दो टूक ढंग से जनता को सम्प्रेषित किये जा सकने और उसकी वाहवाही लूटने की कोई दूरस्थ सम्भावना तक नहीं थी, लेकिन इस संघर्षपूर्ण जटिलता के रास्ते को छोड़कर, लोकरिझाऊ आसान रास्ते पर बढ़ना तो, उनके स्वभाव, संस्कार और विचार के लिए और भी अधिक असम्भव था। शायद इसलिए ही उनकी कविता में बेचैनी और उद्वेग स्थाई भाव की तरह सक्रिय रहे आये, और शायद इसीलिए ही उन्होंने अपनी सुदीर्घ कविताओं में, इस बेचैनी और उद्वेग के जाहिर निजी प्रसंगों को भी व्यापक जन-संघर्ष से जोड़ने की कोशिश की। परम्परागत हिन्दी कविता में सुविन्यस्त, सभ्यता-समीक्षा और आन्तरिक आवेग की अभिव्यक्ति के तरीकों से भिन्न होते हुए भी, उनकी कविता, प्रकृति के बिम्बों को गहरी अन्तरात्मिक लय के स्तर पर ग्रहण करती है और उसे नवाचार की अपनी कोशिशों से जोड़ती रहती है। एक उदाहरण लें—

रे, स्वयं अगरबत्ती से जल
सुगन्ध फैला जिन लोगों ने

अपने अन्तर में घिरे हुए
गहरी ममता के अगरु धूम के बादल-सी
मुझको अथाह मस्ती प्रदान की,
वह हुलसी, वह अकुलायी
इस हृदय दान की बेला में मेरे भीतर
जिनके स्वभाव के गंगाजल ने
युगों-युगों को तारा है
जिनके कारण यह हिन्दुस्तान हमारा है
कल्याण व्यथाओं में घुलकर
जिन लाखों हाथों पैरों ने / यह दुनिया पार लगाई है
जिनके कि पूत पावन चरणों पर
हुलसे मन से किये निछावर जा सकते
सौ सौ जीवन / उन जन-जन का दुर्दान्त रुधिर
मेरे भीतर, मेरे भीतर

निश्चय ही मुक्तिबोध की इस पंक्तियों में, एक रोमानी आदर्श भी सक्रिय है। शमशेर के शब्दों में यह रोमान एक गहरा रोमान है। उनकी कल्पना यहाँ अन्तर्वैयक्तिक मानव-सम्बन्धों की उदात्तता और गहराई को थामने और थाहने की कोशिश करती है। वे जिस जनसत्ता की प्रतिष्ठा की यूटोपिया के गहरे आन्तरिक दबाव में अपनी कविता लिख रहे थे, उसके लिए निरे तथ्यधर्मी यथार्थ की भाषा कतई नाकाफी थी। पर यह रोमानी अतिकल्पना महज उनकी शैली की विशेषता है, उनकी विश्वदृष्टि तो समसामयिक यथार्थ की जटिलता से ही उद्भूत है। उनकी प्रख्यात कविता 'अँधेरे में' इसका ज्वलन्त प्रमाण है। पचास बरस पहले लिखी गयी उनकी रचना, समकालीन भारत के राजनीतिक परिदृश्य पर काबिज फासिस्टी खतरे का मार्मिक और लोमहर्षक व्याख्यान है और व्यक्ति के आस्तित्विक संघर्ष का अविस्मरणीय दस्तावेज भी।

मुक्तिबोध की कला, समसामयिक और प्रतिष्ठित कलात्मकता का सार्थक और जरूरी प्रतिपक्ष है। वह एक कम्पोजिट आर्ट फॉर्म है। उसे एक समग्र काव्य-स्रोत के रूप में पढ़ा जाना चाहिए। वह भारतीय काव्य-परम्परा के उन्मेष का विरल उदाहरण है। अपनी स्थानिकता और वैश्विकता में उनकी कला में शब्द-कला के सभी माध्यमों के अतिरिक्त चित्रकला और संगीत के गुण भी सर्वत्र सक्रिय हैं। उनके मित्र प्रमोद वर्मा अक्सर कहते थे कि मुक्तिबोध जैसी कविता कोई भी लिख सकता है, बशर्ते की वह मुक्तिबोध जैसी जिन्दगी भी जिये।

लेकिन क्या आज कोई कवि ऐसी कला का जोखिम उठाना चाहेगा?

शमशेर की आवाज

शाम का बहता हुआ दरिया कहाँ ठहरा
साँवली पलकें नशीली नींद में जैसे झुकें
चाँदनी से भरी भारी बदलियाँ हैं
खाब में गीत पेंग लेते हैं
प्रेम की गुइयाँ झुलाती हैं उन्हें
उस तरह का गीत वैसी नींद वैसी शाम-सा है
वह सलोना जिस्म

जब मैं शमशेर पर लिखने की सोच रहा था, और लगातार कई दिनों तक सोचने और दूसरों का लिखा थोड़ा-बहुत पढ़ने के बाद भी लिखने की हिम्मत नहीं जुटा पा रहा था, तब मेरे दिमाग में ये पंक्तियाँ नहीं थीं। दूसरी पंक्तियाँ थीं, जो अभी भी मेरे दिल-दिमाग में बज रही हैं, मानो कहती हों कि पहले हमें सोचा था, सो हमीं से शुरू करो। मैं उनकी बात नहीं मान रहा तो सिर्फ इस कारण कि लिखने के लिए किताब खोलने पर ये पंक्तियाँ आ गयीं और जैसे मुझे रास्ता मिल गया हो कि बहुत नीचे, पाताल के अँधेरे में, दुख के करीब भी, वहीं कहीं पास एक साँवला-सलोना जिस्म, जिसको लेकर कविता के बारे में सोचने समझने के दौरान, बिना किसी दुविधा और अटकाव के मैं जाऊँगा अपने शब्दों के पास। जैसे अभी जा रहा हूँ शमशेर की कविता के पास, पंडितों के प्रशस्त राजपथ से होकर नहीं, एक सँकरी पगडंडी से, जो मेरे मन और उनकी कविता के बीच बिल्कुल अभी-अभी बन गयी है।

किसने बनायी वह पगडंडी? क्या हर कविता के पास इसी तरह की किसी निजी पगडंडी से गुजरकर जाना होता है? क्या मैंने पहले सोचा था कि शमशेर की कविता पर लिखने के दौरान मैं उनके काव्य के रहस्यदीपित स्थापत्य की मुग्धता से मुक्त होकर, कुछ ऐसी बातें कहने लगूँगा, जो बिम्ब लोक और भाषा के ऐन्द्रजालिक चारुत्व के लिए विख्यात, इस कवि के सन्दर्भ में बहुत हल्की-सी बात हो जाएगी? विद्वज्जनों की सभा में धृष्टता करने के पाप की जब शुरुआत

ही हो चुकी है, तो मैं याद करूँ कि तुम मेरे लिए एक सवाल की हद हो।

साही ने भी लिखा था कि शमशेर के यहाँ मैं तुम वाला मामला, या सवाल-जवाब वाला मामला, महादेवी के यहाँ से भिन्न है। फिर उन्होंने उसकी व्याख्या की थी, जो ठीक-ठीक मेरे पल्ले नहीं पड़ी थी और अभी अगर उसकी याद आ रही है तो इसे एक स्वत:स्फूर्त संयोग ही मानना चाहिए कि मैं इस कविता के इस पंक्ति के 'तुम' पर या 'सवाल' पर नहीं, हद पर अटका था, और वहीं से शुरू करके सोचना चाहता था, कि वह पहली वाली पंक्तियाँ दिख गयीं, जैसे के यही कह रही हों कि अगर सचमुच 'हद' में समाये 'बेहद' की कविता के जिस्म के रूह को आसपास देखना चाहते हो, तो यह सोचो कि एक कविता के 'वह सलोना जिस्म' और दूसरी कविता के लिए 'तुम मेरे लिए एक सवाल की हद' पर जोड़-तोड़ के बगैर, उस आवाज को सुन सको, जो शब्द को अर्थ की एकायामिता से मुक्त करने के लिए कला की बारीकियों को किसी तयशुदा व्याकरण में नहीं, बल्कि एक अनाकार और इसलिए ही असंख्य रूपाकार की नैसर्गिक मांसलता में खोजती है। शमशेर की आवाज सचमुच एक ऐसी आवाज है, जिसमें शब्द में निहित सौन्दर्य-चेतना का एक अद्‌भुत भाव-संसार है, जिसकी वजह से यह आवाज कभी रंग, कभी गन्ध और कभी शब्द की तरह लगती है। पर पता नहीं चलता कि इस कविता के पाठ से होने वाले अनुभवों को किसी भी तरह की नुकीली पारिभाषिकता में किस तरह घटाया जा सकता है। मुक्तिबोध और अज्ञेय जी के बारे में इस तरह की दिक्कत इतनी शिद्दत के साथ पेश नहीं आती, क्योंकि आलोचना के रिवाजों में रूप और कथ्य के विश्लेषण का जो तौर-तरीका विकसित हो चुका है, उसका अपेक्षाकृत कुशल इस्तेमाल उनके काव्य के सन्दर्भ में किया जा सकता हैं, पर शमशेर के बारे में बिम्ब, या संगीत या चित्रकला के प्रभाव या मार्क्सवादी आग्रहों की विडम्बनापूर्ण स्थिति जैसे सूत्रों के सहारे कुछ ऐसी बातें ही कही जा सकती है, जो उन्हें नुमाइन्दी महत्त्वपूर्णता देती नजर आती है, पर जिनकी वजह से वह जादू कहीं ओझल होता-सा लगता है, कि जिस जादू ने उनकी कविता को कला के सिंहासन पर ही नहीं बिठाया, बल्कि एक ऐसा स्वर दिया है, जो निविड़ कला-चेतना के एक अद्‌भुत धरातल पर हमारी भावना कल्पना की निपट साधारणता के साथ एक बेहद आत्मीय रिश्ता कायम करता है। कुछ ऐसा जिसे हम अपने मन में जैसा जानते हैं, ठीक वैसा ही गद्यानुवाद कर सकने में अपने को हमेशा अक्षम पाते हैं। मुझे एक कविता की याद आ रही है, जिसके सहारे शायद मैं अपनी बात थोड़ा और स्पष्ट कर सकूँ—

कठिन प्रस्तर में अग्नि सूराख
मौन परतों में हिला मैं कीट

(ढीठ कितनी रीढ़ है तन की तनी है!)

आत्मा है भाव
भाव दीठ झुक रही है
अगम अन्तर में
अनगिनत सूराख-सी करती

शमशेर की कविता में सक्रिय भाव-ऊर्जा को समझने के लिए ही नहीं, बल्कि उनके समूचे काव्य-परिवेश में मौजूद गझिन बिम्बलोक के रहस्य की जिजीविषा के बीच जीने के लिए भी इस कविता की पकड़ में आनेवाले अर्थ संकेत और अर्थातीत वेदना के भी भीतर से गुजरकर एक पगडंडी के रास्ते मैं उनकी कविता के संसार में प्रवेश करने की कोशिश करना चाहता हूँ। और इस कोशिश के दौरान मैं पाता हूँ कि उनकी उदासी, बेचैनी या उनकी सूफियाना मस्ती या उनके निपट इहलौकिक पैशन के पीछे सौन्दर्य की लीला का साक्षात् करने की भी इच्छा है, वह इच्छा, 'सौन्दर्य' की बौद्धिक मूल्यवत्ता की वकालत करने की नहीं है। दरअसल उनके यहाँ बिम्बों से निर्मित प्राकृतिक परिवेश में, एक अजब-सी पुकार है, जो मानो कभी विलम्बित लय या आलाप है, और कभी द्रुत में और कभी एक ऐसी स्थिति में कि लगे जैसे यह आवाज ही वस्तुमत्ता में रूपाकार ले चुकी हो। यानी शब्द तक लिखे गये न होकर, एक अपारदर्शी चीजपन की वास्तविकता प्राप्त कर लेते दीखते हैं। शायद साही ने ही इस तरह अपारदर्शी बिम्बों के सन्दर्भ में उनकी दुरूहता को रेखांकित करते हुए यह बात कही है कि ऐसी स्थिति में बिम्ब अपनी बिम्बलौकिकता खो देते हैं और प्रतीक में बदल जाते हैं और प्रतीक भी किसके—कुछ नहीं के, अक्षरशः कुछ नहीं के।

यह बात, उन्होंने 'शिला का खून पीती थी वह जड़' नामक कविता को, तेज बहाव वाली 'अमन का राग' जैसी मुखर कविता की गतिमयता के बरक्स रखकर कही है। पहले असर से यह बात ठीक लगती है, पर फिर लगता है कि अगर इस संघर्ष को न कुछ के शुद्ध चित्रपन से निजात पाने की शमशेर की कोशिश के रूप में ले लिया जाए और उसे लगभग केन्द्रीय गति की स्थिति दे दी जाए, तो शमशेर के काव्य लोक का कुछ ज्यादा ही सूत्रीकरण-सा हो जाएगा। मेरा खयाल है कि शमशेर के बिम्ब-बोध और भाव-बोध के बीच जैसी एकतानता मौजूद है, (बेशक उनकी अच्छी कविताओं में या कई बार कविताओं में अधिक संख्या में मौजूद उनकी काव्य पंक्तियों में) उसका कारण उनकी शब्द-संवेदना और कुछ हद तक उनका शब्द संस्कार है। शमशेर एक ऐसे कवि हैं, जो कतई बौद्धिकता के तहत शब्द का इस्तेमाल करते नजर नहीं आते। आधुनिक कवि वे

इसके बावजूद हैं। इस अर्थ में कि उन्होंने अपनी सृजनात्मक परम्परा के औदार्य और उसमें मौजूद परिष्कार की धारणा को कभी दकियानूसी या पिछड़ेपन की तरह नहीं लिया। आधुनिक चित्रकला से, वे प्रभावित प्रेरित जरूर होते रहे, लेकिन कहीं गहरे में वे उस लोक-संस्कार के भी करीब रहे, जिसने सम्भवतः समकालीन हिन्दी कविता के सभी महत्त्वपूर्ण कवि अज्ञेय, मुक्तिबोध, नागार्जुन, त्रिलोचन के व्यक्तित्व के निर्माण में महत्त्वपूर्ण भूमिका अदा की है। पर उनकी उपलब्धि का महत्त्व इस मायने में कुछ अलग भी हो जाता है कि इस लोक-संस्कार और अपने निहायत निजी संघर्ष के बीच का रिश्ता बनाने में उन्होंने कोई सरलीकरण का नुस्खा नहीं अपनाया है।

हालाँकि लोक-स्वर या संस्कारवाली बात शमशेर के सन्दर्भ में थोड़ी अटपटी लगती है। जिस अतियथार्थवादी बिम्बात्मक मुहावरे के चलते उन्हें, आधुनिक कविता में एक अनोखे फनकार की तरह देखा जाता है, उसकी संगति लोक स्वर से सीधे-सीधे तो नहीं ही बैठती। कविता के बारे में इस तरह की कोई बात कहना, उदाहरण ढूँढ़कर, अपना मन्तव्य चिपकाने जैसी बात ही लगेगी। पर असल में ऐसा है नहीं। किसी भिन्न सन्दर्भ में रमेशचन्द्र शाह ने कहीं पर आधुनिक हिन्दी कविता के सिलसिले में लोक और अभिजात के बीच की अन्तर्क्रिया वाले मुद्दे पर उँगली रखी है। वह बात याद आ गयी तो इस कारण कि शमशेर की बहुत पर्सनल कविताओं में एक मासूमियत है, और उसमें ही रची बसी एक जिद भी कि उनके 'सृजन' को फार्म के अर्थ में एक सुगठित रूपाकार की तरह होना है, अर्जित अभिजात और प्राप्त तथा अन्तःसलिल लोक-स्वर का सत निचोड़कर, जैसे शब्द या तो बहें या फिर थिर होकर रहें। इसके पीछे जो कारण है उसमें एक तरफ तो कल्पना और भावना का खिलन्दड़ापन है, जिसके चलते वे जैसे शब्दों की यति गति को टोहते से नजर आते हैं, या उनके स्वरारोह पर रीझते से, लेकिन दूसरी तरफ उनके यहाँ सान्द्र अवसाद और अकेलापन है, जो शब्दों की अपनी सहज गति में विराम क्षण की सृष्टि करता-सा विलम जाता है।

मैंने जब शमशेर के बारे में लिखने की शुरुआत की थी तब मेरे मन जो पंक्तियाँ थीं—

लौट आ ओ धार
टूट मत ओ साँझ के पत्थर
हृदय पर
(मैं समय की एक लम्बी आह मौन लम्बी आह)
लौट आ ओ फूल की पंखुड़ी
फिर

फूल में लग जा
चूमता है, धूल का फूल
कोई, हाय।

यह निजी अवसाद की एक मार्मिक कविता है, और बावजूद इसके कि इसके गठन में बिम्बात्मक सुघड़ता है, यह बिम्बसीमित कविता की आधुनिकता के रास्ते चोट करती नहीं लगती। थिरायी हुई भावना के कण, जैसे कहीं भीतर से चमकते हैं और सचमुच कवि के अवसाद को एक देसी आत्मसजग आधुनिकता का ऐसा आयाम देते हैं, जो हिन्दी कविता में प्राय: दुर्लभ है।

सिर्फ यह नहीं कि प्रगाढ़ अवसाद को लिखने रचने के लिए उन्होंने 'प्रिसाइज' कविता को एकमात्र रूपाकार की तरह लिया है। कलात्मक धारणा की स्थिरता पर टिके इस अभिजन वर्गीय विश्वास पर भी उन्होंने चोट की है कि भावुकता की पेंगो का सार्थक सृजनात्मक इस्तेमाल सम्भव नहीं है। या इसका कि ऐसे प्रयोगों से कविता का आवयविक संगठन बिखर जाता है। इसका श्रेष्ठ उदाहरण उनकी अद्वितीय प्रेम कविता 'टूटी हुई बिखरी हुई' है जिसमें 'मैं समय की एक लम्बी आह' के समूचे दर्द को धारण करने वाला कवि, जैसे मुक्त होकर मुखरता है। जैसे मौन लम्बी आह! की कविता की समाप्ति पर कोई हाय। जैसे निपट संकेतधर्मी शब्द के पीछे मौजूद लहूलुहान आदमी अपने इश्क की इबारत तलाश करने के लिए छटपटा रहा हो। थोड़ा ठहरकर इन छोटी और लम्बी वेदनामूलक प्रेम कविताओं के साथ अगर चीज याने थिंग जैसी कविता में निहित आत्मीय आयरनी को सामने रखें, तो इसी विलक्षण सचाई से सामना होता है कि शमशेर के यहाँ एक ऐसा उदार समावेशीपन है, जो अपने टटके रूप में भारतीय लोकगीतों की धरोहर है। मुझे तो कभी-कभी यह भी लगता है कि कलाधारणा के स्तर पर बिम्बात्मक सुघड़ता और यथार्थ के पार जाने के आग्रहों से कहीं ज्यादा क्रियाशील और इसी अर्थ में ज्यादा महत्त्वपूर्ण सबकुछ को या कम-से-कम बहुत सारे ऐसे कुछ को, जो काव्य-विषय के लिए उपयुक्त नहीं माने जाते—अपनी कविता में थाम लेने की कोशिश के कारण, शमशेर आधुनिक युग के सबसे ज्यादा बेचैन कवि हैं। इस अर्थ में और भी ज्यादा कि उन्होंने आधुनिक समय में 'कला' की हैसियत और जरूरत में निहित द्वन्द्व को कलारूप में ही पाने की कोशिश की। यह नामुमकिन को मुमकिन कर सकने जैसी एक जिद थी, जो उनकी पर्सनल कविताओं में तो आवेग की उष्मा को संरचनात्मक समग्र के भीतर आयत्त कर सकी, लेकिन बहुत कुछ ऐसा भी रह गया, जो जिद की मासूम पवित्रता का ही प्रतीक या उदाहरण बन सका।

सजग शिल्पी की हैसियत से शमशेर की ख्याति कुछ अधिक ही है, पर

इस बात पर बहस शायद कम ही हुई है कि उनके काव्य के शिल्प वैविध्य में अपनी सर्जनात्मक परम्परा के साथ उनके उत्कट लगाव का एक गहरा परिचय मिलता है। अगर संकेत में निहित सार्थकता सम्प्रेषित की जा सकती, तो मैं यह कहना चाहता कि शिल्प के मामले में शमशेर अपनी समकालीनों में सबसे ज्यादा चौकन्ने होकर छायावादी कविता के साथ एक रिश्ता बनाते हैं और उर्दू कविता के साथ भी। अपने 'कथ्य' की अमूर्त वेदना के निजीपन को कहने के लिए वे एक ओर तो फक्कड़ किस्म में और अर्थ के पार जाने वाले खिलन्दड़ेपन को कविता में विनियोजित करने का जोखिम उठाते हैं, दूसरी ओर कवि के 'सपाटपन' की उजागर मूर्तता को नाटकीय बाँकपन और लिरिकल गति में विन्यस्त करने का नैतिक साहस भी उनके यहाँ है। मम और ममेतर के बीच कविता का एक पुल बनाने के लिए वे काम में आ सकनेवाली हर चीज का इस्तेमाल, निश्शंक और दुविधा रहित होकर करते है। शब्द-सम्पदा के ऐसे विनियोग के श्रेष्ठतम उदाहरण निराला हैं। मुँहफटपने वाली तेज जुबान से लेकर सान्द्र आराधना गीतों की-सी पवित्रता तक की याद निराला, अनन्तरूपा वाणी की साधना के दौरान करते हैं। शमशेर का रास्ता भी लगभग यही है, सिर्फ एक फर्क के साथ जो निराला और शमशेर के युग का फर्क है। याने उस युग का, जिसके प्रति अपनी प्रतिबद्धता की घोषणा शमशेर प्रगट मुखरता के साथ कई बार करते रहे हैं, लेकिन सारी कोशिश के बावजूद यह जानते रहे हैं कि 'मैं समाज तो नहीं न मैं कुल जीवन।' यह आत्मस्वीकृति हताशा नहीं है, बल्कि एक तरह से देखा जाए तो 'पर्सनल' के पार जाने के संघर्ष का प्रस्थान बिन्दु है और शायद वहीं पर लौट आने की मध्यवर्गीय नियति में निहित प्रगाढ़ अवसाद भी। समूचे कथ्य में निहित संघर्ष और अवसाद की इस गझिनता को रचने के लिए फॉर्म की तलाश में, शमशेर सबसे ज्यादा यकीन शबें के इस्तेमाल के मुक्त और पुरअसर स्वीकार पर करते हैं। इस लिहाज से अपने कलात्मक संयम के बावजूद, उन्हें परहेज के शिल्पी के रूप में देखना उचित नहीं जान पड़ता। काफी बाद की कविताओं में भी शिल्प-सजगता का यह औदार्य देखा जा सकता है। मसलन 'इतने पास अपने' जैसी पारम्परिक गति वाली लगभग छन्दोबद्ध कविता में हिन्दी-उर्दू के सामीप्य सान्निध्य का जो स्वर सुनाई पड़ता है, वह इसी कोशिश का नतीजा है। उर्दू के शब्दों का ही नहीं, बल्कि उसकी काव्य सम्पदा में निहित लयगति का उपयोग भी शमशेर के यहाँ स्वतःस्फूर्त है। उनकी लम्बी कविताओं की रवानगी में उर्दू नज़्मों का स्मरण हो आता है, और उनके लहजे की सम्बोधन मुखरता में भी इस शिल्प का प्रयोग है। उदाहरण के लिए 'चाँद के साथ गप्पे' जैसी कविता ली जा सकती है। सचाई तो यह है कि शमशेर के शिल्प में 'बात बोलेगी' जैसी बात की इतनी सारी छवियाँ हैं, कि

इसके लिए उनके भाषिक संसार का विस्तृत विश्लेषण बहुत जरूरी है। चूँकि मैं अपने को चाहता हूँ कि शमशेर की काव्य-कला का स्रोत उनके इस यकीन में है कि—

चुका भी नहीं हूँ मैं
कहाँ किया मैंने प्रेम अभी
... ...
सरल से भी गूढ़ गूढ़तर
तत्त्व निकलेंगे
अमित विषमय
जब मथेगा प्रेम सागर
हृदय

इस सिलसिले में एक और बात का जिक्र करने का मन होता है कि शमशेर ने अगर विषय-वस्तु के चुनाव में यह उदारता न बरती होती, सम्भवत: उनकी कविता बहुत हद तक ऐसी कविता हो जा सकती थी, जिसे संरचनावादी आग्रहों से जुड़ी आधुनिकता के एक बेहतर नमूने के रूप में ही पेश किया जा सकता था। लेकिन सम्भवत: किसी भी अच्छे भारतीय कवि के यहाँ ऐसा होने का खतरा कम है। शमशेर के यहाँ तो और भी कम। पर अतियथार्थवादी शिल्पाग्रह के सन्दर्भ में ऐसे किसी निहायत हाइपोथिटिकल स्थिति पर विचार करने की इच्छा होती है, याने अतियथार्थवादी धारणा को शमशेर के यहाँ जो विशिष्ट रूपाकार प्राप्त हुआ, उसको जानने महसूस करने की इच्छा होती है। इसका एक तरीका तो तकनीकी पक्ष पर विचार वाला हो सकता है, पर दूसरा तरीका यह भी है, कि यह देखा जाए कि उनके राग जगत् में प्रकृति की मौजूदगी तथा उनके प्रणय-बोध में सदैव सक्रिय काम-भाव की मौजूदगी में, एक खालिस किस्म का देसीपन है। यह देसीपन अवसाद और अकेलेपन के अभिव्यक्ति में तो दीखता ही है, अवसाद यहाँ कम गझिन है और सौन्दर्य की सृष्टि के प्रति अनुराग का भाव जहाँ प्रमुख है, वहाँ उनके हृदय की निष्कपटता में इसकी अभिव्यक्ति देखी जा सकती है। मसलन यह एक कविता है—

किरण रेखा
तिलक
रश्मि बादल
बाल
सजे घने

श्वास में है
एक स्वर्णिम जाल
स्वप्न अलकापुरी

स्त्री सौन्दर्य के प्रति अनुराग भाव का यह उदात्तीकरण शमशेर की कई कविताओं में देखने को मिल सकता है, लेकिन इस तरह की बिम्बात्मक कविता को साधारण अनुभव की दैनिकता से जोड़कर पाठकीय स्तर पर पुनरुपलब्ध करने में जो बात सहायक होती है, वह यही है कि लगभग संस्कार के स्तर पर हम प्रकृति और स्त्री के प्रति निवेदित इस भाव और इस दृष्टि के साथ साझा करते हैं। इसलिए छायावादी काव्य संस्कार के सार्थक स्मरण की तरह जब शमशेर, 'धरोशिर हृदय पर वक्षवह्नि से, तुम्हें, मैं सुहाग दूँ' जैसा गीत लिखते हैं, या 'गीली मुलायम लटें' जैसी अपेक्षाकृत आधुनिक लगनेवाली कविता, तो दोनों ही तरीकों से वे हमें हमारी असलियत के बीच से घेरते हैं और इस तरह की आत्मीयता के इस प्रवाह के कारण ही, उनके काव्य को 'ओ सुदूरपन ओ केवल लय गति' की तरह जानते हुए भी हमें लगता है—कि वे इस तरह से भी हमारे साथ हैं मानो कह रहे हों—

तारों-सी है मेरी बातें
दुबोध अति सरल अति दूर अति निकट
पलकों में
बच्चों-सा है मेरा दुख जो खोये गये हों
दुनिया के महामरु में
जिसको अपनाने काफिले आँधी के
उठते हों केवल।

होली : दिशाएँ और रंग

(एक एब्स्ट्रैक्ट पेंटिंग)

व्याख्या करना और वह भी कविता की व्याख्या एक मुश्किल काम है, बल्कि लगता है कि यह एक अकादमिक जिद है कि उसकी अर्थकेन्द्रित व्याख्या की जाए। शायद यह सांस्थानिक जरूरतों के चलते संस्कृतिकर्मियों और निर्माताओं के लिए एक अनिवार्यता भी हो। या कि शब्द में रूपायित या अधिगृहीत किसी निर्मिति की प्रक्रिया में ही यह अन्तर्निहित हो, कि आप अपने को व्याख्या की सूक्ष्म सुरंग से, बल्कि सूक्ष्म अँधेरी सुरंग से गुजरता हुआ महसूस करें। पर कविता पढ़ते हुए, खासकर ऐसी कविता जिसे पढ़ते हुए—उसे खोजने की एक विकलता शुरू हो आती है, कि शायद इसमें कुछ और हो, जो अर्थ की ओट हो, बिम्ब की ओट हो, उस समूचे सन्दर्भ की ओट हो, जो कविता में रूपायित दृश्य से सुदूर हो, स्थितर और गतिमान—तब परम्परागत अर्थ में, याने कि प्रचलित अर्थ में व्याख्या का काम काफी बोझिल लगने लगता है। अन्य कई कविताओं के बारे में आप इसे एक मुश्किल काम की तरह ही लेते हैं, पर शमशेर की कविता के भीतर तो व्याख्या के रास्ते जाया ही नहीं जा सकता। चाहे उमड़ती हुई लय में लिखी गयी, सब कुछ को अपने में समोती हुई 'अमन का राग' या 'टूटी हुई बिखरी हुई' जैसी प्रवाहपूर्ण कविता हो, चाहे 'लौट आओ' या 'शिला का खून पीती थी वह जड़' जैसी बिम्ब से, किसी स्थिर प्रतीक में बदलती कविताएँ, हर जगह हम पाते हैं, कि उसकी व्यंजकता को उसकी लय गति में, उसके भाव प्रवाह में, उसके विशिष्ट स्थापत्य में, उसके बुनियादी इरॉटिक अर्थ में जानकर ही हम उसे पा सकते हैं, याने महसूस कर सकते हैं, कि शब्दों को पढ़ने, देखने-सुनने, जानने, समझने की हमारी कोशिशों में, हम कहीं-न-कहीं यह महसूस कर रहे हैं, कि जो हम पढ़ रहे हैं वह 'अर्थ' की निश्चित एकरैखिकता से नहीं बँधा है। बेशक कुछेक कविताएँ ऐसी भी हैं, जहाँ 'अभिप्रेत' उद्घोषणापूर्ण ढंग से जाहिर है, पर वहाँ भी, एक तरह का खिलन्दड़ापन तो है ही, जो जितना रिझाता है, उतना ही यह भी सुझाता है कि शमशेर अपनी कविता में एक तरफ

तो सुदूर की मासूमियत को जिलाए रखते हैं, दूसरी तरफ सजग स्थपति की तरह शब्दों की गति-प्रकृति को इस तरह मुक्त बनाये रखते हैं, कि उनके निविड़ अन्तरतम की लहरियों को उनकी विविधता में देखा जा सके।

यह सब लिखने हुए मैं खास तौर पर शमशेर की उसी कविता को याद कर रहा हूँ जो मैंने 'व्याख्या' के लिए चुनी है। वह कविता है 'होली : रंग और दिशाएँ' फिर नीचे यह भी छपा है छोटे अक्षरों में 'एक एब्स्ट्रैक्ट पेंटिंग'। पर पढ़ते हुए बहुत- सी दूसरी कविताओं की याद भी आती रही है, और यह भी लगता रहा है कि जैसे इसे पढ़ते हुए, एकदम इसी कविता पर अर्जुन-दृष्टि जमाये रखकर पढ़ पाना मेरे लिए सम्भव नहीं होगा। शायद यह इस कारण भी हो कि शमशेर की कविता, बिल्कुल एक-सी कहीं नहीं होती। शायद इसलिए भी कि इसके अलगपन में कोई ऐसी बात है जो महज शैल्पिक बिम्ब संयोजन की अन्तरंग उदात्तता का उदाहरण ही नहीं है। मुमकिन है कि कुछ और कविताओं की याद इसलिए भी आ रही हो कि मैं उनकी समग्र रचनाशीलता के व्यापक सन्दर्भ में रखकर इसे देख सकूँ।

जब मैंने शमशेर की इस कविता का चुनाव किया, तो यह सोचकर बिल्कुल नहीं किया था, कि यह किसी भी अर्थ में उनकी प्रतिनिधि कविता है, बल्कि महज शीर्षक देखकर मैंने यह तय कर लिया था, क्योंकि मुझे लगा था कि शमशेर इस कविता को 'पढ़ने पढ़ाने' के लिए नहीं, बल्कि देखने-दिखाने के लिए ही लिख रहे हैं। चुनाव के पीछे का एक दूसरा और निजी कारण यह भी था कि बहुत पहले सन् '71 में, अशोक वाजपेयी ने अम्बिकापुर में 'जातीय स्मृति' पर एक विचार गोष्ठी का आयोजन किया था, जहाँ शमशेर भी थे। गोष्ठी में विद्वानों की बहस के दौरान तो शमशेर ने ज्यादा टीका-टिप्पणी नहीं की थी, बल्कि इधर-उधर घूमते ही रहे थे। पर लगभग समापन के वक्त उन्होंने कहा था कि 'यहाँ हम कमरे में जातीय स्मृति की प्रासंगिकता पर बहस कर रहे हैं और वहाँ बाहर दशहरे के पर्व में लोग, इसी स्मृति को, अपने मग्न उत्सवों में रच रहे हैं।' कुछ बातें और भी उन्होंने कही थीं, पर वह मुझे याद नहीं। लेकिन जब मैंने 'होली : एब्स्ट्रैक्ट पेंटिग' शीर्षक से यह कविता देखी तो मुझे अनायास ही यह बात याद आ गयी कि लोक-पर्वों को शमशेर किस नजदीकी अन्तरंगता की कवि-दृष्टि से देखते रहे हैं। पूरी तरह से आत्मस्थ होकर, सुन्दर स्थापत्य में कविता सिरजने वाले कवि की तरह 'यह लोकस्थता' शायद उनके स्वभाव का ही हिस्सा है, जो अलग-अलग कविताओं में अलग-अलग ढंग से व्यक्त होती रही है।

कविता की पाठ-प्रक्रिया से अपने जुड़ाव की यह थोड़ी लम्बी-सी भूमिका कइयों को फिजूल लग सकती है, पर मुझे लगता है, सीधे इसी कविता के रू-

ब-रू होकर मैं वह सब बातें नहीं कह सकता था, जो इस कविता के निरन्तर पाठ के दौरान मेरे मन में आती रही हैं। मुझे यह भी लगता है कि काव्यास्वाद के अपने निजी अनुभवों को देखने जानने की प्रक्रिया में ही, मैं इसकी किसी व्याख्या के रास्ते में बढ़ सकता हूँ, हालाँकि तब भी यह कहना मुश्किल होगा कि व्याख्या की यही अकेली दिशा है। पर तब यह तो महसूस होगा कि ये बातें मैंने केवल 'मनमाने की बात' की जिद पर ही नहीं लिख दी है, बल्कि कागज पर छपी कविता देख पढ़कर ही लिख रहा हूँ। मसलन शमशेर की कविता के सिलसिले में देखने की बात साही, श्रीकान्त जी तथा अन्य कई लोगों ने भी की है, और मैं वहीं से शुरू कर रहा हूँ, तो कहीं यह महज एक समीक्षा रूढ़ि का इस्तेमाल भर तो नहीं है? जहाँ तक मेरा ख्याल है कि जब मुझे यह 'देखने दिखाने' वाली बात सूझी थी, तब मुझे साही, श्रीकान्त के इस कथन की कोई प्रत्यक्ष या जाहिर स्मृति नहीं थी। कविता के उपशीर्षक ने मुझे यह सुझाया था—एक एब्स्ट्रैक्ट पेंटिंग। यह सच है कि किसी कवि की वैचारिक उद्घोषणा और उसके शीर्षक से तत्काल सूझने वाले संकेत को किसी केन्द्रीय स्थाई भाव की तरह लेने के अपने खतरे हैं, जो आपको अपने आस्वाद की लगभग ठोस आनुभाविकता से और कविता की शब्दगत वस्तुमत्ता से अनायास ही दूर कर सकते हैं। और ऐसे में कविता की व्याख्या भी कुछ अधिक स्वतन्त्र हो जा सकती है, और कवि-कथन या शीर्षक जैसे उस व्याख्या का निर्देशक बन जा सकता है।

वास्तव में जब मैंने शमशेर की इस कविता के सिलसिले में देखने-दिखाने की बात की, तो इसलिए कि यह कविता, अपने मुद्रित आकार में भी, सतह के दृश्य में ही, एक विचित्र चित्र की तरह लगती है। इसमें बमुश्किल, तीन या चार लकीरें ऐसी होंगी जिनमें पाँच से ज्यादा शब्द हों, बाकी सारे शब्द ऐसे क्रम में संयोजित-मुद्रित हैं, जैसे आकार रचने के लिए विकल हो रहे हों, या ऐसे चुप बैठे हों, जैसे सोच रहे हों कि अगला स्ट्रोक किस रंग का, किस रूपाकृति का होगा। दूसरे, जब मैंने देखने के साथ दिखाने जोड़ा था, तो इस अर्थ में नहीं कि अपनी रचना-प्रक्रिया के दौरान शमशेर किसी प्रयोजन की तरह अपने को दिखा रहे हैं। मेरा आशय यह था, कि शमशेर यह चाह रहे हैं, कि हम इसे 'देखने' की तरह पढ़ें। याने इस शब्दों में 'कहने' की आतुरता इतनी नहीं है, जितना 'दृश्य' बन जाने की है। पर यह मामला कांक्रीट पोएट्री जैसा प्रयोगधर्मी मामला भर नहीं। इसका उत्स कहीं उस अन्तस् में है, जहाँ से शमशेर के शब्द स्फुरित होते हैं। क्या इन शब्दों का स्रोत उस कल्पनाशीलता में है जिसमें देखना, सुनना, कहना, बहना, सोचना तक शामिल है? यों बिन सोचे कोई कविता नहीं होती, शायद बिन बहे भी। पर इस कविता में जो 'देखन' है वह मानो शब्द को ही देखना

है। अर्थ और उसके पार जाती इसकी दृष्टि, कवि दृष्टि है, जहाँ कल्पना की सक्रिया सम्भवत: केन्द्रीय है। निजी अनुभूति और स्मृति को समाहित करती इस कल्पना की आँख से ही शमशेर शब्दों को देख रहे हैं, या एक विशिष्ट क्षण में अनाहूत अकस्मात् दिख गये शब्दों ने ही उनकी कल्पना को गति दी है, यह कहना मुश्किल है। पर हम स्वयं शब्दों की दृश्यात्मकता और कल्पना की गति-प्रकृति को लगभग एकमेक महसूस करते हैं।

लेकिन शब्द को या शब्द में देखने की एक सीमा यह भी है, कि उससे अर्थ छवियाँ भी बनती हैं याने शमशेर के देखे को हम हू-ब-हू उसी तरह नहीं देख पाते, बल्कि एक सहारे की तरह उसके अतिप्राचीन रूढ़ शब्दकोषीय अर्थ का इस्तेमाल करते, उसे दुबारा अपने लिए गढ़ते हैं। और पाते हैं कि इस छवि में एक गति है, जो इसकी आर्थी निश्चितता को तोड़ती-सी लगती है। और अगर मनोयोग से इसे पूरा पढ़ने के बाद हम आरम्भिक पंक्तियों से इस पर सोचना शुरू कर रहे हों, तो सहज ही महसूस कर सकते हैं कि अपने देखे की रचना में शमशेर कितना कुछ को शामिल करते हुए, जैसे किसी जिद की हदों से गुजरते, एक आख्यान को महज कविता ही नहीं, चित्र के रूप में भी रचने की लगभग असम्भव रचनाकांक्षा से शब्द में यह एब्स्ट्रैक्ट पेंटिंग बना रहे हैं। और शब्द में हम उसे रूढ़ अर्थ में एक कविता की तरह पढ़ने के लिए विवश हैं, पर इतने नहीं कि हम 'कविता' को किसी पूर्व निर्धारित प्रदत्त परिभाषा में बाँधकर ही पढ़ने को विवश रहें। हर अच्छी कविता की तरह, शमशेर की यह कविता भी, हमें थोड़ा मुक्त करती है। हम महसूस करते हैं कि एक खुले रास्ते पर चलकर ही हम इन शब्दों से निर्मित होती अमूर्त्त फिर भी ठोस आनुभविक सामयिक और अन्तरात्मिक दुनिया में प्रवेश कर सकते हैं। मैं अभी इस तरह की किसी कोशिश की शुरुआत ही कर रहा हूँ। जितनी कविता मेरी स्मृति में बची रह गयी है, आस्वाद के जिस अवशेष को लिखने की अपनी इस प्रक्रिया में पहचान पाया हूँ, वही लिखने की कोशिश ही मैं अब तक करता रहा हूँ, और सोच रहा हूँ कि अपने लगभग वर्णनात्मक स्वरूप के बावजूद शुरू की इन पंक्तियों में आखिर है क्या—शायद देखे गये शब्द ही यह बेहतर बता सकें।

जँगले जालियाँ
स्तम्भ
धूप के संगमरमर के
ठोस तम के।
कँटीले तार हैं
गुलाब बाड़ियाँ।

हो सकता है कि अदीक्षित और काव्य-संस्कार-विहीन पाठक, इन पंक्तियों को महज साधारण वर्णन की तरह पढ़े और हो सकता है कि इसमें कुछ भी न पाकर वह आगे ही न बढ़े, लेकिन जो कविता में शब्दार्थ की ओट में छिपे 'कुछ' तक जाने के लिए कविता पढ़ते हैं, जो काव्यानुरागी संस्कार के भीतरी दबाव से कविता को 'देखना' चाहते हैं, उन्हें तो इन आरम्भिक पंक्तियों से ही यह महसूस हो जाएगा कि कविता के शब्दों के भीतर से उनके अपने अन्तस् की ओर आती एक सड़क हैं, और तब अनजाने ही, अपने अन्तस में बनते इस साधारण से बिम्ब की पहली झलक उसे दिख जाएगी, कि उजले और स्याह रंगों के इस्तेमाल से बनते इस चित्र का स्वभाव महज दो रंगी नहीं है। कँटीले तारवाली गुलाब बाड़ियाँ, जँगले जालियाँ और धूप और संगमरमर के साथ ठोस तम के स्तम्भों को देखता, एक कोई और है, जो व्यक्तिशः कवि न भी हो, तो कल्पक तो है ही, और वह महज जँगलों-जालियों के बाहर की वर्ण-लीला भर नहीं देख रहा है, घुस रहा है अपनी स्मृतियों के अतल में, और हमको भी आमन्त्रित कर रहा है कि हम इस 'एब्स्ट्रैक्ट पेंटिंग को, इस रंग पर्व में अन्तर्निहित अन्तरंगता को, अपने अन्तरंग में भी देखें, और कोशिश करें महसूस करने की, कि आखिर मस्ती के इस विचित्र पारम्परिक त्यौहार को कवि, इतनी शान्त लय, और इतनी संयत कामना की भाषा में, चित्र की तरह ही क्यों देखना चाहता है और अगर यही उसे करना था तो वह सीधे-सीधे रंग और तूलि का इस्तेमाल ही क्यों नहीं करता?

लेकिन इस तरह के सवाल किसी कवि से, खास तौर पर शमशेर जैसे किसी कवि से पूछना शायद हिमाकत होगी।

एक जेनुइन और खरा कवि अपनी किसी कविता की रचना, किसी बिल्कुल निर्दिष्ट प्रयोजन के तहत करता है—इस बात पर मेरा यकीन नहीं। फिर शमशेर तो निरन्तर प्रयोग करते रहनेवाले कवि थे। कवि ही नहीं, बल्कि बाकायदे दीक्षित चित्रकार भी थे और सम्भव है कि शब्दों में रंगों और अमूर्त आकृतियों का रूपाकार देखने के लिए उन्होंने कविता को ही 'एब्स्ट्रैक्ट पेंटिंग' के रूप में रचना चाहा हो। रचने के पीछे के प्रामाणिक अर्ज को, उसके बेहद पर्सनल कॉन्टेक्स्ट को पढ़कर जान पाना मुश्किल ही नहीं असम्भव है। इस तरह के अनुमान की दिशा में बढ़ने के बजाय, बेहतर हो कि हम कविता पढ़ना जारी रखें और देखें कि चित्र-सा रचती इन पंक्तियों के बाद शमशेर क्या देखते या कि दिखाते हैं—

दूर से आती
एक चौपड़ की सड़क
अन्तस् में
खोई जा रही

धूप केसर आरसी
.............बाँहें

मुझे कविता का यह रख रखाव बड़ा दिलचस्प लगता है, और मानीखेज भी। पहले मैं चौपड़ की सड़क पर अटकता हूँ। चौपड़ सोचते ही मुझे खेल की याद आती है, बेशक चार रस्ते उसमें होते हैं और वे जाकर कहीं डूबते मिल भी जाते हैं, पर यहाँ जँगले जालियों से दीखती यह सड़क, आकर सीधे अन्तस् में खोयी जा रही है। फिर मुझे यह सवाल ज्यादा महत्त्वपूर्ण नहीं लगता कि आखिर शमशेर ने अन्तस् में खो जाने वाली इस सड़क को चौपड़ से क्यों जोड़ा? सामान्य चौरस्ते के एक दृश्य की तरह दीखती सड़क, अन्तस् में खो कैसे गयी? और यह भी कि रंगों की लीला में अभी भी, केसर धूप है, शायद आरसी भी वही है और फिर बाँहें?

रंग पर्व की यह स्मृति निश्चय ही निरे सार्वजनिक अर्थ में व्यवहृत पर्व-स्मृति भर नहीं है। बिल्कुल सपाट अर्थ में लें, तो भी हम पाएँगे, कि जँगले जालियाँ से रंग-लीला का यह आस्वादन तात्कालिक दृश्य में रमे रहने का नहीं है। दृश्य में जो है, या जो हैं, वे बाहर के इन वर्णनात्मक से लगने वाले वस्तु-बिम्बों की पर्व स्मृति में ही नहीं रमे हैं। और इस चरण के आखिर के शब्द से शान्त कौंध की तरह हम महसूस करते हैं कि शमशेर 'हम' शब्द का इस्तेमाल, युगल होने के तन्मय क्षणों की स्मृति में भी कर रहे हैं। इसलिए यह सवाल महत्त्वपूर्ण नहीं कि होली के पर्व के दिन ही शमशेर ने इसे लिखा था, महत्त्वपूर्ण है वह होली जो वे अपने भीतर खेल रहे हैं। पर उनका यह खेल भी देखने का खेल ही है, चाहे रंगों में, चाहे रूपासक्ति की ऐन्द्रिकता में, चाहे कामज इच्छाओं-स्मृतियों के आरेखन में, हर कहीं जैसे कोई धीमी पुकार की तरह सुझाता-सा लगता है कि थोड़े धीरज, थोड़े इत्मीनान से, इन शब्दों की कविता के भीतर आओ।

मैं सोचते रहना चाहता हूँ कि क्या, सचमुच शमशेर शब्दों को ऐसे रंगों की तरह ही बरत रहे हैं, जिन्हें किसी विशाल खाली कैनवस में इस तरह संयोजित किया जा सके, कि फिर उन्हें 'देखना' मात्र बार-बार देखने की भीतरी पुकार-सा लगे। लगे कि विशुद्ध चीजों का चीजपन भी, जैसे चित्र के ही दृश्यात्मक चीजपन की तरह ही महसूस किया जा सकता है। पीले, केसरिया, गुलाली, परिवेश के बीच कभी रात का रंग, तो कभी सुबह का, कभी प्रखरता से दीपित, तो कभी किसी संकोच में छिपता-छिपाता सा, जाने क्या-क्या देख रहा है भीतर, और तब लगता है कि जो चीजें मौजूद हैं दृश्य में उनकी गति, उनके इतने पास होने की एकार्थी स्थिरता को, आन्तरिक आशयों की आभा से दीपित करती यह गति महज दृश्यांकन नहीं या महज कामज प्रेमानुभूति की अभिव्यक्ति के संयम से ही उपजी

कुशल कवि की तरह, वैसे ही एक सुदृढ़ चित्रकार की तरह भी, वे अपनी सृजन संवेदना की निछक निजता को, गहरी कल्पनाशीलता और निश्चय ही उसी तरह के प्रगाढ़ आत्मचिन्तन के सम्भावित आत्मविस्तार की दिशा की ओर लिये जा रहे हैं। बेशक 'पर्व' की सांस्कृतिक स्मृति से जुड़े परिवेश की तात्कालिक प्रेरणा की सक्रियता यहाँ मौजूद है, जो सम्भवतः स्त्री-पुरुष के प्रगाढ़ नैकट्य के अनुभव की तात्कालिक स्मृति के चित्र में भी लक्षित की जा सकती है, पर जिस तरह से काल और स्पेस इसमें रूपायित हैं, उससे लगता है कि आत्मिक और परमात्मिक, या कि शायद आत्मेतर संसार की पूरी व्याप्ति को ही जैसे इस आत्मानुभव में आँक लेने की जिद है उनके मन में। इस अर्थ में यह मूड या परिस्थिति या प्रसंग में ही सीमित कविता नहीं है, हालाँकि यह भी लगता है कि मूड या प्रसंग का जो या जैसा रूप यहाँ देखने को मिलता है, वह महज माध्यम या निमित्त मात्र नहीं है। मसलन कविता आगे पढ़ते हुए हम देखते हैं—

आँखें अनझिप
खुलीं
वक्ष में

स्तन
पुलक बन
उठते और
मुँदते

पीले चाँद
खिड़कियाँ
आत्मा की

अर्थ ही नहीं इसका कामज भाव भी इसके बिम्ब से जाहिर है, और उस भाव के साथ कवि का संयमित लगाव भी इसकी भाषा में चित्रित लगता है, पर फिर भी हम सोचते हैं, कि पूरी कविता अगर सचमुच चित्र होती, तो क्या उसे इस तरह अलग-अलग पंक्तियों में पढ़ना सम्भव हो सकता था। पहली नजर में तो एक तरह का चाक्षुष अनुभव ही होता है, जो चित्र की समग्रता से ही अनुप्रेरित होता है। पर कविता के बारे में लिखें, तो शायद पाठ-रूढ़ि की वजह से ही उसे हम शुरू बीच और अन्त की तरह ही उसे पढ़ते हैं। कविता में उपस्थित शब्दों की मूर्तता-अमूर्तता से फूटती आर्थी व्यंजना से हमारा सम्बन्ध कुछ इसी

तरह का बनता रहा है कि उसकी समग्रता में ही हम उसकी तार्किक तारतम्यता खोजें। और देखें कि शुरू होकर अन्त तक जाती शमशेर की इस कविता की गति, शुरू से अन्त तक, ढलान या चढ़ान की तरफ बढ़ती गति है, या ऐसी जैसी सचमुच चित्र के रंगों की होती है, जहाँ विस्तार क्षैतिजिक ही होता है। कैनवस की भौतिक सीमाओं के भीतर ही, रंग और आकार जैसे भावों की विविधता की गतिकी से परिचालित होते लगते हैं।

जब हम इन पंक्तियों को पढ़ते हैं, और ठीक पहले की पंक्तियों से इन्हें जोड़ते हुए पढ़ते हैं, तो 'बाँहों' की स्मृति के बाद यह चित्र, हमें सहज भाव से याद दिलाता है कि स्त्री-पुरुष के अन्तरंग नैकट्य का यह मांसल बिम्ब, महज होली के त्यौहार की पारम्परिक मान्यताओं की तरह, 'इरॉटिसिज्म' का कुशल इस्तेमाल भर नहीं कर रहा। और जिस तरह वह किसी खास दैनिक समय से नहीं बँधा है, उसी तरह उठते मुँदते स्तन और खुले अनझिप नयन का यह स्मरण भी एक तरह के आत्मचिन्तन की गति से भी परिचालित लगता है। समय के कितने सारे रूप, पल-पल परिवर्तित प्रकृति परिवेश की तरह हमारी आँखों से होकर हमारे मन के भीतर एक बहुत निजी संयोजन में गति करते हैं। फिर कविता के रूप में एक पूरे दिवस क्रम की विस्तृत ब्रह्मांडीय चेतना का भी समय है और पर्व का यह प्रकाश इसलिए ही महज ऐन्द्रिक स्फुरण की भाषा में ही नहीं लिखा जा सकता था। इसलिए इस सुघड़ बिम्ब की शृंगारिकता को लिखते हुए, एक पॉज, एक विराम की तरह शमशेर लिखते हैं 'पीले चाँद, खिड़कियाँ आत्मा की', तो हम खुद भी ठिठकते हैं कि केवल मधुर शृंगारिक स्मृति में डूबते उतराते ही वे होली की यह पेंटिंग नही बना रहे हैं। वे इस पर्व को, स्त्री-पुरुष के सान्निध्य, प्रकृति की रमणीयता और जातीय-स्मृतियों की क्लासिकी के बड़े परिप्रेक्ष्य में देख रहे हैं। उनकी रचनाकांक्षा, आत्मानुभूति को जातीय स्मृति की खालिस इहलौकिक लोकधर्मिता से मिला देने की है। जाहिर है कि इसके लिए प्रकृति स्मृति अनुभूति के काव्यात्मक दृश्यांकन के प्रचलित तौर-तरीके और उनमें अन्तर्निहित गुट्ठल तार्किकता, कतई नाकाफी होती। 'एब्स्ट्रैक्ट' को लिखने का जोखम ही कवि इसलिए उठा रहा है, कि वह अपने ऐकान्तिक आत्मालाप को जिस समग्र चित्र की तरह अपने भीतर देखता रहा है, उसे संवाद के धरातल पर ले जाने का काम केवल अनुभूति की यथातथ्यात्मक अभिव्यक्ति से सम्भव नहीं हो सकता था।

अब पीले चाँद खिड़कियाँ आत्मा की, जैसी ऊपर-नीचे लिखी मुख्य क्रियाविहीन पंक्तियों को ही लें, तो उलझन में फँस जाते हैं। खासकर अगर आप इनका कोई निश्चित अर्थ निकालना चाहते हों। एक तो यही कि चाँद बहुवचन में क्यों है? फिर यह क्या जँगले जालियाँ जैसी खिड़कियाँ ही हैं ये खिड़कियाँ

भी जहाँ से दीखती चौपड़ की एक सड़क सीधे अन्तस् में खो गयी थी? फिर केसरिया धूप के आईने में अनझिप आँखें थीं, वक्ष पर और उठते मुँदते स्तन थे। आँखें खुली और स्तन उठते मुँदते। शारीरिक निकटता का यह बिम्ब, कई खिड़कियों को आत्मा की खिड़कियों की तरह नहीं देख रहा, बल्कि कह रहा है, जैसे चाँद के अलग-अलग रूप उसकी आत्मा की ही खिड़कियाँ हैं। अगर इन शब्दों को चित्र की तरह देखें तो अर्थ खोजने के बजाय आप महज कल्पना करते रह सकते हैं। पर अर्थ की दिशा में बढ़ें तो जैसे पूरे चित्र की समग्रता ओझल होने लगती है। चाँद और खिड़की के प्रतीकात्मक आशयों की सम्भावित दिशाओं में हम बढ़ने लगते हैं, पर अगर एकटक पूरे को देखते हुए सोचें तो वक्ष पर टिकी आँखों के लिए, बल्कि युगल की आँखों के लिए चाँद ऐसी खिड़की या खिड़कियाँ हैं, जिसमें हर पल स्मृति-पटल पर एक नया दृश्य उभरता हो, एक नयी पुलक से उमगती हो देह, कई संकल्प, कई बिम्ब ऐसे उभरते हों, जो ऐकान्तिक प्रणय केलि के इस दृश्य को नैसर्गिक उदात्तीकरण की दिशाओं में ले जाते हों। पर ऐसी कल्पनाशील सोच तभी सम्भव है, जब हम आरम्भ, मध्य और अन्त की भाषा में न बँधे रहें, और अगर उस तरह से पढ़ें तो बिम्ब के पहले और बाद के आर्थी और अर्थातीत सन्दर्भों से अपने को अन्तरात्मिक स्तर पर जोड़े रहें। और तब हम देखेंगे—

गुलाल:
धूल में
फैली
सुबहें
मुख:
सूर्य के टुकड़े
सघन घन में खुले से
या ढके
अथवा
प्रक्षर किरनों से

मैंने जब यह कविता चुनी थी, तो मुझे इसका इस तरह का मुद्रित रूप आकर्षक मानीखेज और आत्मबोध तथा आत्मविस्तार को उद्‌बुद्ध करनेवाला लगा था। ऐसा लगा था, जैसे होली के इस पर्व की बहुवचनता, मेरी अपनी स्मृतियों से भी झाँक रही है। जाहिर और लगभग अश्लील की हदों को छूते रंगों के त्यौहार के अनुभवों की जो स्मृतियाँ मेरे मन में संचित हैं, वहाँ जैसे निजी पारम्परिक

और युगीन की सीमाएँ एक-दूसरे से ऐसे मिल जाती हैं, जैसे वे महज चित्र संयोजन के लिए बरते जा रहे रंग हों। और इसी तरह मैंने देखा था अपना घिरना। इस घिराव में ही मैंने देखा कि मामला महज प्रेमानुभूति को विस्तारित करने का नहीं है, याने स्त्री सान्निध्य के उदात्तीकरण और किसी आदर्श आत्मविस्तार के गन्तव्य की ओर निश्चित 'आगे' बढ़ने का मामला भी नहीं है। स्त्री-प्रेम, पर्व प्रेम, मानव-प्रेम, संस्कृति प्रेम से कहीं ज्यादा मानीखेज काव्य रति है। यों तो यह काव्य-रति शमशेर की दूसरी कई कविताओं में भी लक्ष्य की जा सकती है, और तो और तेजी से बहती कविताओं में बहुत सुन्दर ढंग से मौजूद इस 'रति' को देखा जा सकता है, पर यहाँ तो लगता है जैसे महज रंग संयोजन के बदले शब्द संयोजन का कौशल ही नहीं, बल्कि अन्तरंग की रचनाप्रक्रिया में 'कविता' को विकसित प्रस्फुटित होते देखने का धैर्य है, और दृश्य में परिव्याप्त उजास में जैसे सचमुच कविता की देह को भी निहार रहा है कवि, वहीं उसे नजर आ रहा है रंगों का यह विचित्र संसार। मुझे अनायास ही 'प्रेम की रूपक' की भूमिका में मदन सोनी की ये पंक्तियाँ याद आयी थीं ''कविता के उत्कर्ष और सर्वाधिक वैभव की सम्भावना के क्षण अक्सर तब उपस्थित होते हैं, जब कवितानिष्ठ रति के आलम्बन के रूप में प्रेम उपस्थित होता है।''

मैं जब काव्य-रति की बात कर रहा था, तो इसी कवितानिष्ठ रति की बात ही कर रहा था। मदन द्वारा प्रयुक्त शब्द शायद ज्यादा संयमित, सार्थक और उपयुक्त हैं। मैं इस कविता में इसी काव्यनिष्ठ रति की सक्रिय मौजूदगी को रेखांकित करते हुए यह संकेत करना चाह रहा था कि कविता की इन पंक्तियों के आते-आते हम स्वयं अनुभव कर सकते हैं, कि चाहे भीतर, चाहे बाहर, जिस तरफ भी खुलती हो खिड़कियाँ, वे कविता में खुलनेवाली खिड़कियाँ हैं। शायद इसलिए जँगले जालियों से लेकर 'हम' के इरॉटिक बिम्ब से गुजरते हुए, जब हम गुलाल धूल भरी सुबहें की बहुवचनात्मकता में आते हैं, तो यह थोड़े जाहिर ढंग से अनुभव करने लगते हैं कि काव्यनिष्ठ रति को, चित्रकला के आधुनिक रूप के नजदीक लाते हुए, शब्दों से दोहरा तिहरा काम लेते हुए, शमशेर इस कविता में सक्रिय इरॉटिक ऊर्जा को ढाँपने मूँदने या कौशल से देखने दिखाने का काम ही नहीं कर रहे हैं, बल्कि शब्दों की सक्रियता में पैठते हुए, उनकी लय-गति को प्राकृतिक रम्यता में महसूस करते हुए, मानो काव्य पट में बनते शब्द-चित्रों को निहारने में भी लगे हैं। और शब्द हैं कि अपने रंग और रंगतों के बावजूद, लिये जा रहे हैं, बहुवचनात्मक की उस दुनिया में, जिसे वे स्वयं बना रहे हैं। एक तरफ रचने के कर्तृव्य की लगभग निरंकुश स्वतन्त्रता, दूसरी तरफ स्वयं रचना-प्रक्रिया के अपने प्रवाह में सहज बहते रहने की मधुर परवशता, सृजनात्मक आत्मसजगता की एक

अद्‌भुत विसंगति की ओर इशारा करती है, और पाठक के रूप में हम महसूस करते रहे हैं कि इसे तार्किक स्तर पर तत्काल रिजॉल्व कर लेने की कोशिश प्रायः ही बड़े कलाकार नहीं करते।

हम देखते हैं कि नितान्त ऐन्द्रिक स्तर पर पर्व की स्मृति में, प्रेमानुभूति की स्मृति को घोलते हुए भी शमशेर ने शुरू में ही धूप और संगमरमर के स्तम्भों के जिक्र के साथ, सुबह और दिन के रंगों के बीच केसरिया धूप को आईने की तरह देखा था। और शृंगारिक अनुभव की स्मृति छवि के बाद, चाँद को आत्मा की खिड़कियों की तरह लिखा था और उसके बाद गुलाल मुख जल और पाट जैसे शब्द तक बहुवचन में व्यवहृत होते हैं, या कि व्यापक विस्तृति के संकेतक की तरह। इन पंक्तियों में लगभग आखिर में एक ही बार 'हमारा' शब्द आया है। मुझे लगता है कि यहाँ मुझे इस उद्धरण से बिल्कुल जुड़ी हुई अगली पंक्तियाँ भी उद्धृत कर देनी चाहिए—

जल
आईना।
सड़कें
विविध वर्ण
बहुत गहरी।
पाट चारों ओर
दर्पण
समय के अगणित चरण को
घूमता जाता हुआ-सा कहीं चारों ओर
वह
दिशाओं का हमारा
अनन्त दर्पण।

यह कविता तीन खंडों में विभाजित है। अभी तक जो उद्धरण मैंने दिये हैं वे पहले भाग की ही पंक्तियाँ हैं। अगर शमशेर इस एब्स्ट्रैक्ट पेंटिंग को पेंटिंग की तरह ही बना रहे होते, तो शायद इस तरह के किसी स्पष्ट और जरूरी विभाजन की जरूरत उन्हें महसूस नहीं होती, पर शब्दों में लिखते हुए उनके मन में थोड़ी संवादोन्मुख विकलता भी है, और यह रचनाकांक्षा भी कि शब्दचित्र अति मुखर न हो जाएँ कि महज कुछ समझाने का काम ही करते रहें। कविता के इस खंड के पहले हिस्से में जिस रमणीय कामज बिम्ब को हम आनुभविक स्तर पर जानते और महसूस करते हैं, वह शायद प्रेम का वह आलम्बन ही है, पर कविता उस आलम्बन में सिकुड़ी सिमटी नहीं है। इसलिए शुरुआती दौर में ही प्रकृति और

परिवेश के इस चित्रण के द्वारा वे अपने शब्दचित्रों को गति और दिशा देते हुए उन रास्तों पर ले जाते हैं, जहाँ महज उठते मुँदते वक्ष ही नहीं, बल्कि बाहर बिखरते रंगों का उजास है। वहाँ कोई अकेला मुख नहीं है, बल्कि मुख हैं, जो सूर्य के टूकड़े हैं, धूल से भरी सुबहें हैं, जो गुलाल है, जल का विस्तार और फिर पाट चारों ओर दर्पण—जो सभी दिशाओं का अनन्त दर्पण है। तब इस दृश्य को देखकर लगता है, कि अपनी आत्मसजग व्यक्ति सत्ता को सम्बन्धों की जिस विशाल दुनिया से जुड़ता वह देख रहे हैं, उसे भी वे रचना चाहते हैं, उनके शब्द, इसलिए ही धीरज के साथ गति करते हैं, कि वे आत्मविस्तार की इन अन्दरूनी चाहत को निरे रेटॉरिक में न बदल दें। और यहीं तक पढ़कर ही हम यह महसूस भी करने लगते हैं, कि शमशेर के शीर्षक-निर्देश और प्राथमिक तौर पर चाक्षुष रमणीयता की अनुभूति के बावजूद, हम इसे कल्पनाशील आत्मचिन्तन और लोक पर्व स्मृति की परम्परा के एक अधिक बड़े परिप्रेक्ष्य में देखते सोचते और कल्पना करते हुए पढ़ने लग गये हैं, और सोच रहे हैं कि अगर सचमुच रंगों से कैनवस में ही बनाया गया होता यह चित्र, तो कितना विलक्षण होता। निजी तौर पर मुझे यह भी लगता है कि कविता में उसे ले आने की जिद की वजह से ही वह लिखी गयी होगी।

लेकिन इसके बाद जब हम फिर दूसरे हिस्से में आते हैं, तो फिर लगने लगता है, कि आत्मा की जिन खिड़कियों से कविता बाहर के रंग पर्व में, पूरी तन्मयता से शामिल हो रही थी, वह फिर कमरे में आ गयी है। ऐकान्तिक स्मृति में वह अब फिर खोज रही है, प्रेमानुभूति को रचने की कोई दिशा और खोजते-खोजते खो जा रही है। यहाँ फिर कविता आत्मस्थ हो रही है, पर अपनी आत्मस्थता में जो दृश्य रच रही है, वह पर्व के स्पर्श की स्मृतियों से भी रचा गया दृश्य है। वह ऐकान्तिकता, अब जैसे अलग अकेले होकर भी साथ होने की अन्तरात्मिक अनुभूति है, जिसे शायद शमशेर लिखना चाहते हैं और कहते हैं—

चौखटे
द्वार
खिड़कियाँ
सघन
पर्दे
गगन के से:

देखें कि इस अपेक्षाकृत छोटे हिस्से की इन उद्धृत पंक्तियों में कोई क्रियापद नहीं है। सीधे समझ में नहीं आता कि क्या खिड़कियों के पर्दों को लेकर ही

उन्होंने सघन पर्दे गगन के से जैसी उत्प्रेक्षा की है। कौतूहल-सा होता है पलभर, पर तभी हम पढ़ते हैं। 'हमी हैं वो, हिल रहे हैं एक विस्मय से।' याने पूरा वजूद जैसे खिड़कियाँ, द्वार, चौखटों से एकमेक हो गया है। पूरा खेल जैसे रंगों के बिखरने को देखते रहने का है, प्रकृति और परिवेश आत्म और आत्मेतर जैसे पर्व की मन्थर लय में एक-दूसरे के समाने में लगे हैं। अनझिप नयन जैसा बिम्ब अब महज दो के मिलन का दृश्य नहीं रच रहा, बल्कि अनुभव करा रहा है कि दृश्य-रस-पान की यह गति, जैसे सबकुछ में व्याप रही है, पर दृष्टि, रोजमर्रा की जैविक दृष्टि नहीं, बल्कि कविता की दृष्टि है, जो यह देख रही है—

अलग
हर एक
अपने आप :
(हँस रहे हैं
चौखटे द्वार
खिड़कियाँ जँगले
हम आप)

याने उल्लास और विस्मय की लहर दर लहर में घिरते थिरकते 'लोगों' को आर्थी स्तर पर भी द्वि-वचन में पढ़ पाना सम्भव नहीं होगा। पर यह भी सम्भव नहीं होगा कि इन्हें हम आत्म विस्मृत व्यक्ति सत्ता की तरह समूह-गान में डूबता हुआ देख सकें। यहाँ अलग-अलग हैं हर एक। खिड़कियों, जँगलों, द्वारों के खुलेपन के पास अन्तर्यात्राएँ करते समय के अगणित चरण और दिशाओं में फैले अनन्त दर्पण में आत्म छवि, विश्व छवि निहारते 'हम' की यह दुनिया, जैविक या कामज सन्दर्भ में विशेषीकृत 'दो' की दुनिया ही नहीं है। वास्तव की दुनिया में नहीं, कविता की दुनिया में रच रहा है कवि अपना प्रेमोल्लास। और इसीलिए वह लौटता है उन खिड़कियों, दरवाजों और जँगलों तक। रोम-रोम को खिड़की बनाकर वह निहारना चाहता है, पर्वोल्लास के विविध रंग, सुदीर्घ जन-परम्परा के इस संशयहीन उल्लास को, अपनी भावना और अपनी कलाचेतना में आत्मसात् करते हुए काव्य-नायक, कविता की संरचना के प्रति अपने उत्कट लगाव के चलते ही उल्लास के जनोत्सव को शायद थोड़ी दूर से देखता हुआ भी अनुभव करता है—

(हँस रहे हैं
चौखटे द्वार
खिड़कियाँ जँगले

हम आप)
केश
लहरते हैं दूर तक
हवा में
थिरकती है रात हम खो गये हैं
अलग-अलग
हरेक

मैं सोचता हूँ कि आखिर अलग-अलग फिर भी हरेक पर जोर क्यों है? क्या इसलिए कि कवि व्यक्ति की निजी सत्ता के वैशिष्ट्य को रेखांकित करना चाहते हैं? या इसलिए कि जिस उत्कट प्रेमानुभूति के आलम्बन पर प्रारभ में उन्होंने 'हम' को द्वि-वचन की व्यंजना दे दी है, वह अभी भी उनके आत्म विस्तार के मूल कारक की तरह सक्रिय है? वे पर्व की सामूहिकता के हर्षोल्लास की गतिकी से अप्रभावित नहीं हैं, पर उनकी व्यक्तिमत्ता सजग और सुरक्षित है, या शायद इसलिए कि कविता का नायक, कविता की संरचना में जिस विशिष्ट संवेदनतन्त्र के साथ सक्रिय रहकर कविता को गति दे रहा है, उस गति की यह अनिवार्यता है कि इस थिरकती रात में अलग-अलग ही डूबा या खोया जा सकता है? दो टूक उत्तर या समाधान सम्भव ही नहीं है ऐसे सवालों और जिज्ञासाओं का, क्योंकि यह पूरी कविता अपने खंड-विभाजन और अपने समूचेपन में काफी जटिल है, और पाठक से अपेक्षा करती है कि वह इसे सारांशीकृत किसी एकमात्र सूत्र के आधार पर ही पढ़ने से बचे।

इसके बाद कविता के अन्तिम भाग से गुजरते हुए यह तो महसूस होता है कि कविता में वही काव्यानुभव अधिक प्रस्फुटित रूप में सक्रिय है, जिसके अन्दरूनी दबाव के चलते कवि ने 'होली' जैसे पारम्परिक पर्व को अपनी कविता का 'विषय' बनाया था, हालाँकि लिख तो वे अपनी आत्मानुभूति की कविता ही रहे थे, पर उनके भीतर कई खिड़कियाँ खुल रही थीं, जो पर्व की विविध वर्णी सड़कों का दृश्य दिखाती थीं। 'देखने' की यह सक्रियता इस चरण में एकदम तो नहीं थम गयी है, पर लगता है कि संरचना, ऐसे 'कथनों' से भी बोझिल होने लगी है, जो अवधारणात्मक से लगनेवाले शब्दों पदों का रूप धरते नजर आते हैं, जिन्हें देखने से ज्यादा पढ़ने समझने का भाव मन में जगने लगता है। लेकिन यह बोझिलता इतनी अधिक भी नहीं है कि कविता की संरचना ही बिखरने लगे। मितकथन का संयम और मन्थर लय गति पूरी आत्मिक सतर्कता के साथ बनाए रखने की कोशिश यहाँ भी कम नहीं है, और शुरू से आखिर की पंक्तियों तक आने के दौरान कुछेक पलों के लिए जरूर ऐसा लगता है कि अवधारणात्मक

से लगते आप्त कथनों ने बिम्बात्मक गतिशीलता और कथन में अन्तर्निहित काव्यात्मक नाटकीयता के प्रभाव को थोड़ा मन्दतर किया है, पर एक रौ में बढ़ती विकसित कविता की आत्मानुभूति प्रेरित गति इससे टूट नहीं जाती। मसलन आरम्भिक चरणों में सहज कथन जैसे लगते बिम्ब में वे कहते हैं—

कई धाराएँ
खड़ी हैं स्तम्भवत्
गति में
छुआ उनको
गये
कई दृश्य
मूर्त द्वापर
और सतयुग
झाँकते हैं हमें
मध्य युग में
खिल-खिलाकर
माँगते हैं हमें:
हमने सर निकला खिड़कियों से
और हम
गये

तो इस पंक्तियों के पाठ के दौरान भी हम इसमें व्यवहृत क्रिया पदों की व्यंजकता को अनुभति के स्तर पर जानते हैं। शुरू में धाराओं का गति में स्तम्भवत् हो जाना तो सचमुच ही विविधवर्णी जलधाराओं से ओतप्रोत होती धरती के एक मनोहारी रूप की ही कल्पना है, और होली के पर्व-सन्दर्भ को ध्यान में रखें तो अपनी स्मृति में ही इसे हम बिल्कुल अपनी तरह से देख सकते हैं, लेकिन उसके ठीक बाद छुआ 'उनको/ गये', कहकर जब वे थोड़ा-सा रुककर अपने को पर्व से ही नहीं, उसकी सुदूर की पौराणिकता से भी जोड़ने लगते हैं, तब भी यह लगता है कि जैसे पर्व के दृश्यों में आत्मविस्तार करने की ऐसी किसी कोशिश को, सांस्कृतिक इतिहास से जोड़ना स्वाभाविक ही है। और यह और भी अच्छी बात है कि सतयुग या द्वापर जैसे शब्दों को वे सहज मानवीय क्रियाओं के साथ, इतनी स्वत:स्फूर्तता से इस तरह रखते हैं कि हम उन्हें सुदूर के ऐतिहासिक पौराणिक शब्दों की तरह ही नहीं पढ़ते, बल्कि लगता है कि हमारे अपने वक्त की होली में अपना कोई बन्धु हमें रंग पर्व में शामिल होने के लिए बुला रहा

है। और फिर बहुत ही संयम के साथ कविता के धीर और ललित विन्यास को बनाये रखते हुए, वे सहज भाव से कहते हैं, 'और हम/ गये' लेकिन कैसे? खिड़कियों से सर निकालकर ही जैसे हमने सम्भव कर ली यह मुलाकात, इसलिए कि ये युग अपनी पार्विक निरन्तरता के साथ सिर्फ खिड़कियों के बाहर नहीं, हमारे चेतन संस्कारों में भी मौजूद थे, और खिलखिलाते हमें पुकार रहे थे।

सतयुग की यह याद, बहुत सहज भाव से होली के उस बिम्ब से जुड़ती है, जहाँ वे अगणित जलधाराओं के रंगारंग रूपों को स्तम्भवत् देख रहे हैं, और उन्हें सतयुग और द्वापर की होलिका और कृष्ण की स्मृति हो रही है। लोक-विश्वासों में आज भी जीवन्त होलिका दहन के इस प्रसंग को, वे महज पौराणिक कथा के कुशल इस्तेमाल की तरह नहीं ले रहे, वे मानवीय-चेतना की विलक्षण कारगुजारियों की सक्रियता के रू-ब-रू होते हुए याद कर रहे हैं, रंग की रात के पहले जलती होली की लपटों का साम्प्रतिक दृश्य। उन्हें 'बिरज' में होली खेलत नन्दलाल' की याद भी उन्हीं सृजन क्षणों में आ रही है, और पर्व की साम्प्रतिकता तो जैसे उनकी आँखों के सामने ही है इसलिए सतयुग और द्वापर के इस बुलावे पर, साथ होने, शामिल होने की अपनी उदग्रता को वे रोक नहीं पा रहे। यहाँ कवि-रूप में शमशेर ही हैं, जो कहते हैं, बहुवचन में कहते हैं, कि 'और हम गये'। लेकिन कवि रूप में वे कविता भी लिख रहे थे, और इसलिए वहाँ वे बहुवचन में नहीं थे। कविता की संरचना और आत्मकथन की उदग्रता के बीच एक सन्तुलन जरूरी था। वह मितकथन की शैली और लयगति से सम्भव हो तो रहा था, पर कवि की तरह ही शमशेर पाठक को भी सचेत सतर्क बनाये रखना चाहते हैं। शायद इसलिए कि वे कविता के लालित्य को बरकरार रखना चाहते हैं। शायद इसलिए भी कि वे व्यक्ति सत्ता की आत्मसजगता को भी अक्षुण्ण रखना चाहते हैं। शायद इसलिए इन पंक्तियों के बाद वे आप्त वचनात्मक दृढ़ता के साथ इस तरह की बात कहते हैं—

सौन्दर्य
प्रकाश है।
पर्व
प्रकाश है
अपना
हम मिल नहीं सकते:
मिले कि
खोये गये।

पूरी कविता में ये पंक्तियाँ मुझे थोड़ी अतिरिक्त गद्यात्मक लगी थीं। लगा था, जैसे गद्य में गद्य ही लिख रहे हैं शमशेर, भूल रहे हैं रंग पर्व का सौन्दर्य और जोर दे रहे हैं शायद अपनी व्यक्तिगत आत्मसजगता पर, अपनी व्यक्तिसत्ता को बचाये रखने की जिद पर। यह जिद अगर जरूरी भी हो या है, तो भी लगता है कि मितकथन के बावजूद वह यहाँ काव्य कथन की तरह नहीं, बल्कि एक सपाट सैद्धान्तिक जिद की तरह उभरती है। वे पर्व की सांस्कृतिक स्मृति और साम्प्रतिक उत्सव से पूरी कविता में इस प्रकाश से ही भासमान रहे हैं, बल्कि पूरी कविता ही इस उजाले से नहायी हुई है, और कविता के रूप में उसका इस तरह रचा जाना सम्भव ही इसलिए हो पाया है, कि उन्होंने अपने 'व्यक्ति' होने की आत्मसजगता को पूरे संयम के साथ बचाया है, और जन समाज की सांस्कृतिक चेतना से, उसके होने की सार्थकता के सर्जनात्मक संस्मरणों से अपने को लगातार जोड़े रखा है। यह बात उनकी अनेक कविताओं के बारे में कही जा सकती है। कइयों को इसी वजह से उनकी कविताओं में एक फाँक- सी महसूस होती है, पर लोक-जीवन के साथ उनका सहज नैसर्गिक लगाव, उनके स्वभाव का ही हिस्सा है। सौन्दर्य और पर्व, दोनों से ही प्रकाश पाते उनके मन की भाषा में इसलिए ही एक अजीबोगरीब जटिलता है।

लेकिन इन पंक्तियों के बाद शमशेर फिर एक तरह से अपनी नैसर्गिक लय में वापस आ जाते हैं। और कहते हैं "आँच हैं रंग, तोड़ना उनका, बुझाना है चेतना को।" फिर से होली की लपटें और होली के रंग में वापस आते शमशेर अपनी काव्य-चेतना को बुझने नहीं देते। और लपट को बर्फ से कोमल फूल की तरह महसूस करते हैं कि जैसे यह साँस को बर्फ से सींझ देना है। इसके ठीक बाद की पंक्तियों का भावार्थ, मुझ तक शायद ठीक से पहुँच नहीं पाया, पर पढ़ते हुए मुझे नहीं लगा कि कुछ हुआ ही नहीं भीतर, क्योंकि सचमुच कुछ हो रहा था। अर्थ निकालने की ज्यादा कोशिश किये बगैर भी मुझे लगा, कि शमशेर अपने तरीके से अपने भीतर यही महसूस कर रहे हैं कि 'हम' की यह आत्मचेतना और उसमें गूँजते पर्वोल्लास का यह स्वर किसी सुदूर के युग की औपचारिक स्मृति भर नहीं है। वह किसी एक ऋतु, एक व्यक्ति, एक विषय या एक युग में ही सीमित नहीं हैं। इसलिए ही 'एक ही ऋतु हम जी सकेंगे, एक ही सिल बर्फ की धो सकेंगे प्राण अपने "जैसी हताशा के भाव को पूरे आत्मविश्वास के साथ नकारते हुए कहते हैं—

यहीं सबकुछ है
इसी ऋतु में
इसी युग में

इसी
हम
में।

पूरी कविता में सर्वनाम 'हम' की विलक्षण व्यंजता, इस कविता की विचित्र खासियत है, जो शायद युगों के इतिहास को ही नहीं हमारे आपके मन की अनगिनत सचाइयों और क़ल्पनाओं को विविध रूपों में धारे है।

मुक्तिबोध : मूल मानव न्यास संवेदन

मुक्तिबोध के बारे में लिखने की सोचते हुए मुझे उनकी कविता 'एक अन्तर्कथा' की याद आयी थी। शायद इसलिए कि वह छोटी कविता है, और उस पर लिखते हुए ज्यादा दुहराव नहीं होगा। पर शायद इसलिए भी मुझे यह कविता याद आ रही थी, क्योंकि इसकी कथा में एक ऐसा दृश्य केन्द्रीय है, जो मेरे बचपन के अनुभवों से जुड़ा है। एक औरत और एक बच्चे की इस कथा में, वे दोनों घूम-घूमकर, झाड़-झंखाड़-टहनियाँ-लकड़ियाँ बटोरते हैं। इस तरह का दृश्य बचपन में मैंने कई बार अपने शहर में देखा है। इस दृश्य को अपनी ऊर्जस्वित कल्पना के रास्ते वे परम्परा बोध और निर्माण की एक सहज और लगभग सुगठित कविता में बदलते हैं। बेशक वैचारिक आग्रह के चलते कथा में एक तरह का सरलीकरण भी है, लेकिन तब भी उसमें ऐसे वाक्य हैं, जो सुझाते ही नहीं बल्कि अनुभव कराते हैं, कि जनपरम्परा की कविता भी, यह परम्परा की निर्मित्ति भी, उज्ज्वलता की एक मानक ऊँचाई के बगैर सम्भव नहीं होती। और तब इस कविता को दुबारा पढ़ते हुए मुझे फिर लगा कि कवि का संघर्ष और अग्नि के अधिष्ठान की उसकी खोज, जन-क्रान्ति का निमित्त भर नहीं है, क्योंकि यह उनके लिए कविता की खोज भी है। एक दैनिक संघर्ष के औसत दृश्य में छिपी काव्य-सम्भावना को रूपाकार देने का संघर्ष भी है। और यह तो उनका कोई भी पाठक सहज स्वीकार करेगा कि उनके लिए तो नहीं होती, कहीं भी खत्म कविता नहीं होती, उनके अपने वजूद के जैसा सच है। शायद जन-क्रान्ति उनके लिए ऐसा रास्ता है, या ऐसी स्थिति है, जो किसी सर्वोज्ज्वल-परम्परा की सार्थक प्रवहमानता के लिए जरूरी हो। यों कविता के कथ्य से तत्काल सूचित होनेवाला अर्थ यह सुझाता तो लगता ही है, कि माँ और बेटे की इस खोज में, उस सामुदायिक सकर्मकता का विचार भी निहित है, जिस पर कर्म के आदर्श या स्वप्न को टिकाया जा सके। इसलिए ही इस तरह की सरल आशावादी पंक्तियाँ हैं—

अनजाने हाथ मित्रता के
मेरे हाथों में पहुँच ऊष्मा भरते हैं

मैं अपनों से घिर उठता हूँ
मैं विचरण करता-सा हूँ एक फैन्टेसी में
यह निश्चित है कि फैन्टेसी कल वास्तव होगी

अभी, अग्नि के अधिष्ठान की इस खोज में, इस फैन्टेसी और वास्तविकता की टकराहट है। माँ, एक रूढ़ प्रतीक की तरह, सृजन-चेतना परम्परा-बोध और संघर्ष की इस यात्रा में नेतृत्व करती है, पर सामान्य-सी काव्य रूढ़ि के इस प्रयोग के बावजूद, माँ की मौजूदगी को किसी सरल प्रतीकार्थ में ही बाँधे रखना, इस कविता में सम्भव नहीं है। ऐसा लगता तो है कि सिर्फ अपने लोग ही नहीं, बल्कि माँ के साथ खोज की पूरी प्रक्रिया ही, एक आदर्श स्थिति तक पहुँचने की पूर्व-निर्धारित सोच से परिचालित है, पर इसके बावजूद इस कविता में, खासकर उसकी गति और उसकी संरचना में, इस तरह की यान्त्रिकता नहीं है कि उसे क्रान्तिकारी संगठन की इकहरी सोद्देश्यता के सन्दर्भ में ही सीमित कर दिया जा सके। उदाहरण के लिए, फैन्टेसी के वास्तव होने की दृढ़ निश्चितता के बावजूद, थोड़ी ही देर बाद कविता कहती है—

तब समझा
हम दो क्यों भटका करते हैं
बेगानों की तरह रास्तों पर
मिल नहीं किसी से पाते हैं
अन्तस्थ हमारे प्रेरयितृ अनुभव
जम नहीं किसी से पाते हम
फिट नहीं किसी से होते हैं
मानो असंग की ओर यात्रा असंग की

अब इसे ज्यादा-से-ज्यादा इस ढंग से समझाया जा सकता है कि यह मुक्तिबोध का अन्र्द्वन्द्व है, जो काव्य-नायक के सहारे व्यक्त हो रहा है। थोड़ा और आगे बढ़कर यह तक कहा जा सकता है कि इसके पीछे द्वन्द्वात्मकता का सिद्धान्त या विचार है। मुमकिन है कि ऐसा हो, लेकिन इसका इस्तेमाल, जिस ढंग से, रेटॉरिक के साथ, वे कविता में करते हैं, उससे उनकी कविता, विचार या कि उसकी धारा की रैखिकता से मुक्त होती है। उद्देश्य की रैखिकता तक, याने कि केन्द्रीय लॉजिक तक, जैसे इस रेटॉरिक के बीच से गुजरता, एक ऐसा रूपाकार प्राप्त कर लेता है, कि उसमें किसी एक ही चीज की तलाश करना, उनके सृजनात्मक-संघर्ष को एप्रोप्रियेट करते हुए, उनके आशय को सँकरा करने जैसा

है। फिर इसके बाद इस सूक्ति के आधार पर इसे पढ़ना सम्भव नहीं होता कि यह जन-क्रान्ति का निमित्त भर है, और इसीलिए इसके पाठ में, इस तथाकथित वैचारिक आस्था के शब्द को इसे समझने की अकेली कुंजी की तरह इस्तेमाल करना अनुचित है। यह बात मैं जोर देकर इसलिए कह रहा हूँ कि कविता के व्यापक सांस्थानिक पाठ और व्याख्या के इस दौर में, इस बात की आशंका भरपूर है कि उनके काव्य की जटिलता को, तथाकथित अकादमिक सरलीकरणों और सामान्यीकरणों की जरूरत को मद्देनजर रखते हुए ओझल कर दिया जा सकता है। मार्क्सवाद की उपस्थिति या अनुपस्थिति को, उनकी कविता में खोजने के जोखिम से, और मेहनत से भी यह कहकर लगातार बचा जा सकता है कि क्रान्ति और संगठन पर विश्वास करती उनकी कविता, मार्क्सवादी विचारधारा से प्रभावित है और अन्ततः यह कि कविता और मार्क्सवाद दोनों को काफी कुछ विकृत भी किया जा सकता है। सम्भवतः किया भी जाता रहा है।

शायद इसलिए, न सिर्फ इस कविता के बारे में बल्कि मुक्तिबोध की तमाम कविता के बारे में इस सोच को सक्रिय करना जरूरी है कि हर अच्छी और बड़ी कविता की तरह मुक्तिबोध की कविता में भी, विचार के किसी भी सूत्र से ज्यादा महत्त्वपूर्ण घटक के रूप में, उनकी सृजनात्मक कल्पना की विलक्षण गति और गतिमय बिम्बों को देखना-बूझना ज्यादा सार्थक है। मार्क्सवादी विचार से उनके काव्य में इतनी चौकसी जरूर आई दीखती है, कि वे अलग-अलग जगहों पर अलग-अलग ढंग से, अपने आपको यह याद जरूर दिलाते रहते हैं कि 'खूँखार सिनिक संशयवादी शायद मैं कहीं न हो जाऊँ।' दूसरे मुझे यह लगता है कि मार्क्सवादी विचार पर मुक्तिबोध की आस्था एक तरह की गैर-अकादमिक और लगभग आस्तिक-व्यक्ति की-सी आस्था थी। इस विचार के जिस बौद्धिक रूप ने उन्हें उद्‌बुद्ध किया था उसमें वर्ग संघर्ष और सबकी मुक्ति का पक्ष ही उन्हें रास आये थे। व्यक्ति, वर्ग, पूँजी और समाज के जटिल सम्बन्धों की एक नयी विचार-सरणि के रूप में, उन्होंने शायद मार्क्सवाद को बहुत गहराई से नहीं जाना था। यह भी सम्भव है कि इस सम्बन्ध में उनकी जानकारी सचमुच गहरी हो, लेकिन कविता के विन्यास में इस विचार की सक्रियता लगभग रैखिक ही बनी रहती है, जबकि कल्पना, स्मृति, सामूहिक अवचेतन, और परम्परा का निरा प्रासंगिक ही नहीं, बल्कि अर्थगर्भ चयन, और बेशक इन सबके साथ एक कवि की अन्दरूनी बेचैनी और अनन्त खोज, इस कविता को सम्भव करने में, इसका मन-प्राण और कलेवर रचने में, ज्यादा सक्रिय मालूम पड़ती है।

जैसा कि मैंने पहले कहा कि यह एक छोटी कविता है, और सम्भवतः इसलिए हम उसमें कवि की बेचैन कल्पना का वैसा विशद और विधिधरंगी रूप

नहीं देख पाते, जैसा कि 'चकमक की चिनगारियाँ' या 'अँधेरे में' जैसी कविताओं में देखते हैं। पर इस संक्षिप्ति के बावजूद इस कविता के आमन्त्रण पर हम ऐसे रास्तों पर चलना शुरू कर सकते हैं, कि जहाँ हम, उनकी बेचैन कल्पना के मुक्तिकामी संघर्ष को, थोड़े नजदीक से, थोड़े अन्तरात्मिक स्तर पर अपने काव्य-संस्कार और भावलोक के बीचोंबीच सक्रिय देख सकें। इस कविता में मुक्तिबोध की रचनात्मक बेचैनी के जिन रूपों से हमारा परिचय होता है, उसमें पहले तो एक आत्मसजग व्यक्ति के रूप में उनकी बेचैनी है। यह उनके लिए एक तरह की आस्तित्विक बेचैनी है जहाँ अपने भीतर ही उन्हें एक विचित्र अपूर्णता का एहसास है। और इसी के चलते वे एक तरह की असंगता का अनुभव भी निरन्तर करते रहते हैं। यह आकस्मिक ही नहीं है कि उद्धृत पंक्तियों में, उत्प्रेक्षा के माध्यम से जब वे कहते हैं—'मानो असंग की ओर यात्रा असंग की' तब वे शायद उन लोगों की याद बिसारे रहते हैं, जिनसे वे अग्निभिक्षा ग्रहण करने जा रहे हैं। ऐसी जगहों पर यह भी लगता है कि विचार की सारी सदाशयता के बावजूद, अभी वे उस विशाल तलछट का एक आवयविक हिस्सा नहीं बन पाये हैं, जिसके लिए, सर्वोज्ज्वल परम्परा की निर्मिति के हित वे समिधा एकत्रित कर रहे हैं। इस दुविधा को व्यक्तिगत और वर्गगत दोनों ही स्तरों पर उन्होंने पहचाना है। व्यक्ति के स्तर पर हमेशा दुहरने वाले, सिकुड़ने सिमटने और अपने ही सँकरे दायरे में बँधे रहने वाले इस अनुभव को उन्होंने अपनी किसी कविता में दरकिनार नहीं किया है। मसलन किसी कविता में वह कहते हैं—

है दर्द बहुत रीढ़ में
पसलियाँ पिरा रहीं
पाँव में जम रहा खून
द्रोह करता है मन
मैं जनमा जब से इस साले ने कष्ट दिया
उल्लू का पट्ठा कन्धे पर है खड़ा हुआ।

इसे इस सरलीकृत ढंग से भी समझा जा सकता है कि यह कथा में नाटकीय मोड़ लाने की काव्य-युक्ति है। और ऐसा समझना गलत भी नहीं है, लेकिन जिस वजह से उन्हें ऐसी हिकमत का उपयोग करना पड़ रहा है, वजह सरल नहीं है। मुक्तिबोध की हर कविता में आकस्मिकता के ऐसे झटकों को महज एक शैल्पिक युक्ति के रूप में लेना, उनके अन्त:संघर्ष में हमेशा ही सक्रिय रूप से सम्मिलित उनके आत्मालोचन को, और इस आत्मालोचन में भी लगभग केन्द्रीय आत्माभियोगी संशय को अनदेखा करना है। इसके अलावा जिस बेचैनी का जिक्र

मैं व्यक्तिगत जीवनानुभव के सन्दर्भ में कर रहा हूँ, उस बेचैनी का कारण ही शायद यह है कि वे अपने भीतर के चप्पे-चप्पे की खाक छाननेवाले कवि हैं। जिस तरह उनको यह विश्वास है कि किन लोगों के बीच, वे अपने आत्मसंघर्ष की सार्थक दिशा दे सकते हैं, उसी तरह, बहुत तकलीफ के साथ वे यह भी जानते हैं, कि एक कोई है, जो उनके भीतर ही उनका रास्ता छेंकता रहता है। 'समझौते और समझदारी विकट गड़ते, हमारे आपके रास्ते अलग होते', जैसी पंक्ति को बार-बार पढ़ते दुहराते रहनेवाले मुक्तिबोध, ऐसी कमजोरियों को इसलिए भी सामने लाना चाहते हैं, कि जिस वर्ग-चेतना की लगभग दो टूक और काफी हद तक सरल धारणा उनके वैचारिक यकीन का आधार है, उसके चलते वे यह भी लगातार महसूस करते हैं कि जन के ठेकेदार (या कि प्रतिनिधि) के भीतर ही, जन को व्यापार-बाजार में बदल डालने की ताकत भी छिपी है। सम्भवत: ऐसी ही एक स्थिति का मुकम्मिल अनुभव, उनकी 'दिमागी गुहा का आरांग ऊटांग' जैसी कविता में मिलता है शायद इसलिए भरपूर कल्पनाशीलता के साथ रची गयी अपनी कविताओं में वे ऐसे व्यक्ति को तरह-तरह के तौर तरीकों से सामने लाते हैं, कि जो शिश्नोदर लक्ष्यपूर्ति में सीमित रहने के कारण, व्यापक सामाजिक, राजनीतिक संघर्ष में हमेशा ही रोड़े बनते रहे हैं। आत्मालोचन या आत्माभियोग का मुहावरा उनके लिए, महज आत्मदया का मुहावरा नहीं है। यह अपने आप से की जाने वाली एक ऐसी बहस है, जो राजनीतिक लक्ष्यों को, गहन नैतिक-अभिप्रायों के साथ आवयविक स्तर पर रचती है। इसके अभाव में कोई भी वैचारिक प्रतिबद्धता, ऐसी रचना की सृष्टि नहीं कर सकती है कि जो रचना काव्य-संस्कार और जीवन-संस्कार की तरह, संघर्ष और मुक्ति के इस नये विचार को प्रतिष्ठित कर सके। और इसलिए मुक्तिबोध जब अपनी इस कविता में इस तरह की पंक्ति लिखते हैं—

बस तभी तलब जगती है बीड़ी पीने की
मैं पूर्वाकृति में आ जाता
बस चाय एक कप मुझे गरम कोई दे दे
ऐसी तैसी उस गौरव की
जो छीन चले मेरी सुविधा

तो ऐसी पंक्तियों को महज इस रूप और अर्थ में देखना नाकाफी है मुक्तिबोध फैन्टेसी से, वास्तविकता की ओर लौट रहे हैं। यह भी काफी नहीं है कि हम इसे अपने या अपने वर्ग पर किये गये व्यंग्य की मार की तरह देखें। इस तरह की पंक्तियाँ कई मन्तव्यों को एक साथ साधती लगती हैं और तब हम याद कर

सकते हैं मुक्तिबोध की दूसरी महत्त्वपूर्ण कविता 'ब्रह्मराक्षस' और उसकी ये पंक्तियाँ—

आत्मचेतस किन्तु इस
व्यक्तित्व में थी प्राणमय अनबन
विश्वचेतस् बेनकाब

यह बहुत नुकीले और एकार्थी ढंग से स्पष्ट नहीं होता कि प्राणमय अनबन और विश्वचेतस बेनकाब जैसे शब्दों से मुक्तिबोध क्या कहना चाहते हैं, पर पूरी कविता के सन्दर्भ से यह बात खुलती लगती है, कि भीतर-बाहर की सतत् समीक्षा से कशमकश की अटूट और मारक निरन्तरता में वह जीवित है। मुक्तिबोध ने इसे 'पिस गया वह बाहरी और भीतरी दो कठिन पाटों के बीच, ऐसी ट्रेजडी है नीच' जैसी पंक्तियों में मुखर ढंग से भी कहा है। इसे एक तरह से उनके निजी जीवन के प्रोजेक्शन के रूप में भी लिया जा सकता है पर फिर वही दिक्कत होगी कि ऐसी कौन-सी कविता है जो उनके निजी जीवन से नहीं जुड़ी है। वास्तव में प्राइवेट और पब्लिक जैसी श्रेणियाँ, इस कविता के लिए ज्यादा काम की नहीं हैं। हिन्दी की ढेर सारी अच्छी प्रगतिशील कविताओं से भी मुक्तिबोध की कविता अलग है तो शायद इस कारण कि वे टिप्पणी और अभियोग के नहीं, बल्कि गहन आत्ममन्थन और देसी वर्ग-चेतना के कवि हैं। लालचों और कमजोरियों से विचलित होते उनके मन को, मातृरूपा सृजनशक्ति, बराबर यह कहकर रास्ते पर लाती रही है कि 'तब देव बना, अब जिप्सी भी, केवल जीवन कर्तव्यों का पालन न हो सके इसलिए, निज को बहकाया करता है।'

शायद मैं अवान्तर प्रसंग में उलझ रहा हूँ। मुक्तिबोध ने इस कविता में परम्परा पर सोचने की कोशिश की है। वह भी लगभग मुकम्मिल और छोटी कविता के रूपाकार में। माँ और पुत्र कविता के प्रमुख चरित्र हैं। बेटे के अन्दर शुरू से ही दुविधा है, और माँ के व्यक्तित्व में दृढ़ता और कर्मतत्परता। सामान्य मध्यवर्गीय परिवारों में ही नहीं, बल्कि बड़ी हद तक निम्नवर्ग में परिवारों में भी, बच्चे को शिक्षा के आरम्भिक संस्कार माँ से ही मिलते हैं। पुरुष-प्रधान समाज में माँ की यह ऐसी भूमिका है, जो अभी और यहाँ की सभ्यता में, बड़ी हद तक मातृत्वपूर्ण सोच को बचाये है। इसे एक सांकेतिक या अन्योक्तिमूलक कथा के रूप में लेने का निर्णय मुक्तिबोध ने शायद इसलिए किया हो, कि पोथी से परे, परम्परा को हम जिस रूप में जानते हैं, उसमें माँ का महत्त्व अन्यतम है। इसके अलावा मुझे यह भी लगा कि परम्परा बोध और निर्माण की कविता बनाते हुए, मुक्तिबोध को अपनी कविता के 'साइट' का ख्याल भी रहा है। यों भी मुक्तिबोध की कविता,

जिस प्रक्रिया को मूर्त करती है, उसमें कविता को बनाने सँवारने और अन्त तक उससे उलझते रहने के प्रमाण हैं। वे इसी कारण चुस्त-दुरुस्त कवि नहीं हैं। इसलिए यह कविता लिखते हुए, मुमकिन है कि उनके मन में इस तरह की सोच सक्रिय रही हो कि जिस जन-परम्परा के निर्माण की बात वे इस कविता में कर रहे हैं, उसके ग्रहीता और पाठक की अपनी परम्परा के साथ इसका एक रिश्ता बन सके। सांस्कारिक पर्यावरण और मूल्यचेतना के स्तर पर, मध्य वर्ग के पाठक समुदाय के पास यह कविता जा सके, इसकी एक प्रत्यक्ष ही सही, पर सचेतनता इस कविता में है, ऐसा मेरा ख्याल है। शुरू की सरल वर्णनात्मक पंक्तियाँ देखें—

अग्नि के काष्ट
खोजती माँ
बीनती नित्य सूखे डंठल
सूखी टहनी, रूखी डालें
घूमती सभ्यता के जंगल
वह मेरी माँ
खोजती अग्नि के अधिष्ठान

यों तो अग्नि या आग से सम्बन्धित दृश्य मुक्तिबोध की अनेक कविताओं में देखने को मिलते हैं—(मसलन यह कि 'पैरों के तलों को काट खाती कौन-सी यह आग, जिससे नच रहा हूँ मैं—या कि' चेहरों पर लहराता है उन्हीं अग्निक्षोभी धूम)—पर इस कविता में यह शब्द परम्परा के ऐसे शब्द और कर्म की याद दिलाता है, जिसकी निरन्तरता हमारे पारिवारिक सामाजिक जीवन में सहज लभ्य है। इसके ठीक बाद हम देखते हैं कि अग्नि के अधिष्ठान खोजती माँ के साथ समिधा एकत्रित करता बेटा है, तो हमें रोजमर्रे की वास्तविकता को मूर्त करने वाला यह दृश्य महज इस तरह का नहीं लगता कि यह लकड़ियाँ बीनती औरत और बच्चे का चित्र है समिधा और अग्नि का अधिष्ठान जैसे शब्द, वस्तु-वर्णन या यथार्थ-चित्रण भर करते नहीं लगते। अब यह हमारी अनुभूति अध्यवसाय और कल्पना पर निर्भर है कि हम इन शब्दों में कितना गहरे उतर पाते हैं, पर संस्कारवन्त धार्मिकता की लय में घुलते इन शब्दों के साथ जब हम इस कविता में और आगे बढ़ते हैं तो पाते हैं कि एक तरह की ब्रह्मांडीय चेतना की सक्रियता के साथ, मुक्तिबोध की कल्पना, उनके आधुनिक मन की हलचलों को लिख रही है। धर्म-प्राण भाषा का यह प्रयोग बहुत अर्थ-गर्भ है। जिन अनुभव मर्मों को सभ्यता-अभिरुचि वश बाहर फेंक दिया गया है, और जिन्हें अनलोपम स्वर्णिम करने के लिए माँ बेटे को संस्कारित कर रही है, उन अनुभवों की मूलभूत धार्मिकता के साथ इस कॉस्मिक चेतना का एक आवयविक-सा सम्बन्ध बनता नजर आता है।

इसके अलावा, यह भाषा, उस विशाल छात्र समुदाय के साथ संवाद का एक कारगर माध्यम भी साबित हो सकती है, जिन्हें संस्थानिक व्याख्याओं के द्वारा साहित्य के संस्कार दिये जा रहे हैं। कविता में व्याख्या और सम्बोधन के सपाट कथन तक के लिए जगह बनाने वाले मुक्तिबोध, स्वयं भी परम्परा के अवबोध को प्रवहमानता के रूप में जानते हैं। इसलिए परम्परा के अवबोध और निर्माण की इस विशिष्ट कविता में ही नहीं, बल्कि काव्यात्मक संरचना के विशेष रूप के लिए भी वे इस तरह की दिव्यता के सृजन-संहारात्मक दोनों रूपों को लगातार, दुहराव की चिन्ता किये बगैर सहेजते हैं। कविता को निरे आनुभविक कसौटी पर जाँचने वाले लोग शायद उसे पसन्द न करें पर मुझे लगता है कि अगर उनकी कविताओं में, ऐसे दृश्यों और शब्दों की संश्लिष्ट अर्थच्छटाओं पर ठीक से ध्यान न दिया जाए, तो परम्परा के साथ उनके रिश्ते को ही नहीं, बल्कि कल्पना की शर्तों पर रचित उनकी कविता के जन-चरित्री स्वभाव को, और इसी स्वभाव के स्वरूप में विन्यस्त उनकी प्रतिबद्धता को भी ठीक ठाक ढंग से नहीं समझा जा सकेगा।

कहना न होगा कि मुक्तिबोध की इस कविता में एक ओर अगर 'सूखी टहनी की अग्नि क्षमता' का स्वर है, तो दूसरी ओर 'सुन कालिदास का कुमारसम्भव वह' जैसी आवाज भी है। और उसे ही पढ़कर हम जानते हैं कि माँ और बेटे के द्वारा जिस परम्परा निर्माण की कोशिश की जा रही है, वह वर्ग-चेतना की किसी ऐसी दृष्टि में ही सीमित नहीं है, जिसे समाज की तलछट जैसे शब्दों से ही परिभाषित किया जा सके। एकमात्र समकालिकता के प्रति अनन्य समर्पण से, कविता, खासकर बड़ी और स्मरणीय कविता सम्भव हो सकती है—इसमें मुझे सन्देह है। कविता, जगत् समीक्षा की उस भाषा से ही अपना संकल्प नहीं रचती, जिसे हम यथार्थ की भाषा कहते हैं। मुक्तिबोध, इसीलिए, सिर्फ इस कविता में नहीं, बल्कि अपनी हर महत्त्वपूर्ण कविता में, स्वप्न और दुःस्वप्न-स्मृति और कल्पना, यथार्थ और फैन्टेसी, उद्‌बोधन, सम्बोधन और आत्मालाप को एक साथ समेटते अपनी बात कहते हैं। इसलिए ही हम उनकी पक्षधरता को, महज राजनीतिक रणनीति की तरह नहीं महसूस करते। दलित और शोषित के प्रति अपनी पक्षधरता को वे, प्रकृति और संस्कृति से प्राप्त न्याय विवेक से जोड़ते हैं और कहते हैं—

कुहरिल गत युगों के अपरिभाषित
सिन्धु में डूबी
परस्पर जो कि मानव-पुण्य धारा है
उसी के क्षुब्ध काले बादलों को साथ लायी हूँ

बशर्तें तय करो, किस ओर हो तुम अब
निपीड़क पक्ष में अथवा
कहीं उससे लुटी टूटी
अँधेरी निम्न कक्षा में तुम्हारा मन
कहाँ हो तुम?
हृदय में प्राकृतिक जो मूल
मानव-न्याय-संवेदन
बहुत बेचैन व्याकुल हो
तुम्हें क्या ले गया उस तट
जहाँ उसने तुम्हारे मन व आत्मा को
समझकर श्वेत चकमक के घने टुकड़े
परस्पर यों तड़ातड़ तेज दे रगड़ा
कि उससे आग पैदा की
वह हर अंगार में से एक
जीवन-स्वप्न चमका और
तड़पा ज्ञान!!

एक साहित्यिक की डायरी पर कुछ नोट्स

''मैंने उससे कहा—इसीलिए कहता हूँ कि हम आलोचना करते वक्त गलतियों के लिए कम-से-कम पचीस-तीस प्रतिशत हाशिया छोड़ दें। अगर हम 'है' के बदले 'हो सकता है' 'सम्भव है' 'कदाचित् यह भी हो' इस तौर से बातें करें और मानव-ज्ञान और अपने स्वयं की साक्षात् सीमाएँ प्रत्यक्ष ध्यान में रख उतना मार्जिन अपने को और दूसरों को प्रदान करें, तो बहुतेरे हृदय दाह समाप्त हो जाएँ और हार्दिक तथा वैचारिक आदान-प्रदान अधिक सुगम या सरल हो। क्या मैं गलत कह रहा हूँ?''

मुक्तिबोध रचनावली (चार) के साहित्यिक की डायरी खंड से उद्धृत इस उद्धरण को यहाँ प्रस्तुत करने का उद्देश्य महज इतना है कि इस डायरी के बारे में आगे कही जाने वाली मेरी बातों को, इस उदाहरण के सार के परिप्रेक्ष्य में पढ़ा या सुना जाए। दूसरे शब्दों में यह कि मैं इस डायरी के सन्दर्भ में मुक्तिबोध के विचारों को, 'शायद' या 'हो सकता है' की भाषा में ही लिख सकता हूँ। इसमें मेरे इम्प्रेशन्स हैं, याने डायरी पढ़ने के बाद या पढ़ते रहने के दौरान मैंने जो कुछ भी सोचा-समझा है, मैं उसे यहाँ दर्ज करने की कोशिश कर रहा हूँ और मुझे लग रहा है कि कोशिश की शुरुआत में ही दिया गया विषय मुझे थोड़ा अटका रहा है। मैं महसूस कर रहा हूँ कि एक साहित्यिक की डायरी अर्थात् 'मुक्तिबोध का सौन्दर्य शास्त्र' जैसा विषय थोड़ा भ्रामक है। कम-से-कम इस अर्थ में कि यह मेरे मन में सन्देह उत्पन्न करता है। मुझे लगता है कि मुक्तिबोध इस समूची डायरी में कहीं भी 'शास्त्रीय' नहीं लगते। वे सौन्दर्य पर निरन्तर विचार करते हैं, पर न तो उनका ढंग शास्त्रीय है, और न ही यह लगता कि उनके मकसद में प्रच्छन्न या प्रत्यक्ष शास्त्र गढ़ने-सी कोई बात है। बेशक सारी डायरी में साहित्य को लेकर उनका 'कंसर्न' एक तरह की बेचैन भावाविष्टता या उतने ही तीव्र बौद्धिक तर्क-वितर्क में व्यक्त होता रहा है, पर इसे पढ़कर 'शास्त्र' गढ़ने की या रचने की कोई अन्त:प्रेरणा नहीं महसूस होती। यों अगर 'शास्त्र' से कोई छुट्टा या मनचाहा अर्थ लिया जाए, तो उसकी तर्क-संवलित भाषा में सन्निहित कई ऐसे

उद्गार और विचार देखने को मिल सकते हैं, जो सिद्धान्त-निरूपण जैसे लग सकते हैं, या लगते हैं, पर डायरी का समूचा व्यक्तित्व सिद्धान्तकार का व्यक्तित्व नहीं है। अगर इस व्यक्तित्व पर विचार करना जरूरी हो तो कहा जा सकता है कि यह एक कवि का व्यक्तित्व है। ऐसे कवि का जो जितनी गहराई में आत्मचेतस् है, उतनी ही गहराई के साथ 'विश्वचेतस् बेनकाब' की पीड़ाएँ भी झेल रहा है। जाहिर है कि यह साहित्यिक 'साहित्य के दारोगा' की भूमिका में यह डायरी नहीं लिख रहा है बल्कि एक कवि की तरह कविता के संसार के बारे में सोच रहा है। मुक्तिबोध की डायरी एक सफल और प्रसिद्ध कवि की डायरी नहीं, बल्कि एक बेचैन और निरन्तर अपने को दूसरों के बीच खोजते रहने वाले कवि की डायरी है। इसे बहुत चलताऊ अर्थ में निरे साहित्य और साहित्यिक की डायरी की तरह पढ़ना, इसे विकृत करना है और सम्भवत: इसे अप्रासंगिक बनाना भी है। स्वयं मुक्तिबोध ने अपने आलोचना कर्म के बारे में लगभग स्वीकारोक्ति के लहजे में यह कहा है कि "मैं मुख्यत: विचारक न होकर केवल कवि हूँ। किन्तु आज का युग ऐसा है कि विभिन्न विषयों पर उसे मनोमन्थन करना पड़ता है।" यह उद्धरण अरसा पहले मैंने अपनी पुस्तक में भी दर्ज किया था। तब भी मुझे लगा था कि मुक्तिबोध की यह डायरी मनोमन्थन ही है। इसमें निरन्तर अपने मन को पढ़ने की कोशिश है, और इसलिए इसे सैद्धान्तिकी जैसी किसी चीज के रूप में पढ़ना मुझे नाकाफी लगता है।

अपने आप से और सारी दुनिया से संवाद कर रहे मुक्तिबोध, साहित्य के प्रश्नों को सौन्दर्य के प्रश्नों की ही तरह नहीं देखते थे, यह बात इतनी उजागर है, और इसी अर्थ में इतनी घिस चुकी है कि इसे इस डायरी की सामान्य खासियत के रूप में ही लिया जा सकता है। स्वयं मुक्तिबोध एकाधिक निबन्धों में इस सौन्दर्य के प्रश्न से उलझते हैं, पर तर्क-सम्मत विश्लेषण के बावजूद ऐसा नहीं लगता कि वे इस प्रश्न का समाधान, एक सार्वकालिक सर्वमान्य समाधान या उत्तर पा चुके हैं। वे 'प्रश्न' में ही उत्तर निहित है यह भी नहीं मानते। उनकी प्रश्नाकुलता को इसलिए ही किसी शाश्वत सैद्धान्तिकी में पढ़ने के बजाय, उसे उस कथा-सन्दर्भ, व्यक्तित्व-विश्लेषण के सन्दर्भ से जोड़े रखना जरूरी है, जिसमें उसके विचारों को सिद्धान्त का-सा रूपाकार मिल गया है। पर इसके भी पहले उनकी डायरी से प्रकट होने वाले उनके समग्र व्यक्तित्व का अवबोध, निरन्तर अपने मन में बनाये रखना जरूरी है।

इस तरह की किसी कोशिश के दौरान हमें यह सहज ही महसूस हो सकता है कि उनके यहाँ प्रदत्त-सत्य को लेकर अनेक शंकाएँ हैं। वे एक ईमानदार स्केप्टिक की तरह अपने युग में चल रही साहित्यिक बहसों में हिस्सा लेते हुए यह 'डायरी'

लिख रहे थे। इसलिए इन निबन्धों का ऐतिहासिक परिप्रेक्ष्य उतना ही महत्त्वपूर्ण है, जितना इस इतिहास में शामिल, इतिहास को भोगते और उसको विश्लेषित करते मुक्तिबोध का चिन्तनशील व्यक्तित्व। मनोमन्थन के दौरान डायरी में उभरते मुक्तिबोध के चिन्तनशील व्यक्तित्व के बारे में यह दुहराना जरूरी है कि पूरे देश में और हिन्दी प्रदेशों में समादृत-सम्मानित पेशेवर और अकादमिक चिन्तकों के विरीत मुक्तिबोध के लिए साहित्य और इसलिए समाज की चिन्ता रक्त सुखाने की तकलीफदेह प्रक्रिया भी थी। उनकी बहस दूसरों से ही नहीं अपने आप से भी थी और इसलिए डायरी की शैली, उनके लिए अभिव्यक्ति की निरी तकनीकी जरूरत नहीं थी। आत्मपरकता की जिस वस्तुपरकता, या वस्तुस्थिति के जिस आन्तरिकीकरण की बात उन्होंने डायरी में एकाधिक जगहों पर की है, वह बात ऐसी जटिल और गुंफित वास्तव में आवयविक तौर पर सम्बन्धित है, कि इस तरह की शैली उनके 'कथ्य' की पूरी जटिलता और विशदता के लिए अनिवार्य थी। यह डायरी तरह-तरह के रूपों में, इसलिए ही 'तटस्थता' जैसी किसी स्थिति में किये गये विश्लेषणों को, न सिर्फ अपना मानने से इनकार करती है, बल्कि उनकी खिल्ली तक उड़ाती है।

"एक जमाना था, जबकि मैं सोचता था कि विभिन्न महत्त्वपूर्ण मानसिक क्रियाओं का मैं अंश हो जाऊँ। उन प्रक्रियाओं के केन्द्र का हिस्सेदार बनकर, उस केन्द्र की सारी ऊष्मा को, सारे द्वन्द्व को, उसकी सारी समस्याओं और प्रेरणाओं को आत्मसात कर लूँ। उस क्रिया के केन्द्र की सारी चिनगारियों से सुलगता हुआ मैं आगे बढ़ूँ...

किनारे पर तटस्थ रहकर (डिसएंगेज्ड रहकर, अनकमिटेड रहकर) जिन्दगी जीना भद्रलोक के सफेद कुर्तों के आरामकुर्सीदार वातावरण में भले ही पहुँचा दे, भले ही हम भद्रलोक की शानदार सादगी तथा आरामदेह चमकीलेपन के रंगों से, अपने आसपास के अल्प भोजियों को अपनी महत्ता का बोध करा दें, किन्तु उसे हम वह जिन्दगी नहीं कह सकते, जिसे मैं बिजली भरी तड़पदार जिन्दगी कहता हूँ।"

यह मुक्तिबोध रचनावली खण्ड—4 में 'अकेलापन और पार्थक्य' नामक शीर्षक से लिखी गयी डायरी का एक अंश है और जाहिर तौर पर इसमें कुछ भी ऐसा नहीं है, जिसे हम सैद्धान्तिक सौन्दर्य विवेचन के खाते में वर्गीकृत करना चाहेंगे। पर गौर से पढ़ें तो इसमें मुक्तिबोध की बेचैन खोज से निर्मित उनके व्यक्तित्व की, और तद्‌युगीन साहित्यिक-ऐतिहासिक परिप्रेक्ष्य की ऐसी झलक मौजूद है, जिसके बारे में अभी मैंने कहा कि उसी से साहित्यिक की डायरी का व्यक्तित्व निर्मित होता है। शुरू की पंक्तियों में हम देखते हैं, कि एक व्यक्ति

के रूप में मुक्तिबोध आत्मविस्तार की जैसी असम्भव-सी लगने वाली रचनाकांक्षा में अपने मन की विराटता को लिखते हैं, कि यह भ्रम तक हो सकता है कि यह अहम् का विस्तार है, लेकिन एकदम शुरू में ही उन्होंने 'विभिन्न महत्त्वपूर्ण मानसिक क्रियाओं का जिक्र करके, यह बिल्कुल स्पष्ट कर दिया है कि यह बयान सृजनकर्म के क्षैतिजिक विस्तार से जुड़ा है। और इस अर्थ में उसे निरे अहम विस्तार के रूप में लेना अनुचित है। इसके साथ ही, इस आत्मविस्तार को सर्वाश्लेषी मानवता के आदर्श से भिन्न अर्थ में लिखते हैं मुक्तिबोध। और इसीलिए ही इसमें अत्यन्त मुखर ढंग से कमिटमेंट की बात करते हुए वर्ग चेतना की बात उठाते हैं। ऐसी स्थिति में इसे पढ़ते हुए हम नयी कविता के वक्त में जारी उस बहस के सन्दर्भ में ही उन सौन्दर्य सम्बन्धी प्रश्नों को सार्थक ढंग से पढ़ पाते हैं, कि जो बहस एक तरह से व्यक्ति और उसी वर्गचेतना प्रतिबद्धता को, व्यक्ति की सौन्दर्य चेतना के सन्दर्भ में एकदम अप्रासंगिक नहीं तो, काफी हद तक चलताऊ मानती थी। नयी कविता के चिन्तन के दिनों को याद करें, तो यह बात स्वाभाविक रूप से सामने आएगी कि इस कविता का चिन्तन अधिकांशत: व्यक्ति और समाज के द्वन्द्व का चिन्तन था, लेकिन इसमें प्रगतिवादी दौर के वर्ग-संघर्ष सम्बन्धी बहसों की अनुगूँजें क्षीण से क्षीणतर होती गयी थीं। राष्ट्रीय सन्दर्भ में यह इतिहास का ऐसा दौर भी था, जबकि उदारवादी जनतन्त्रात्मक मूल्यों और समाजवादी विचारों को एक साथ पोसनेवाली सरकारी, गैर-सरकारी संस्थाएँ इस देश में सक्रिय थीं। व्यक्तिगत स्वतन्त्रता के वजन पर साहित्य में व्यक्तिगत ईमानदारी को रेखांकित करनेवाली इन बहसों में प्रच्छन्न, ऐतिहासिक शक्ति के रूप में सक्रिय राजनीति को समझकर ही मुक्तिबोध ने साहित्य से सम्बन्धी अपनी इस डायरी की शुरुआत की थी। इसलिए जिन बातों को बुनियादी महत्त्व के प्रश्नों के रूप में इस डायरी में उठाया गया है उसमें वर्गचेतना, व्यक्तित्व और सौन्दर्य सम्बन्धी बहुत सारे सवाल हैं, लेकिन जिस बेबाकी के साथ मुक्तिबोध ने इतिहास के इस दौर के साहित्यिक समय को देखा है, उससे लगता है कि वे केवल दूसरों पर अभियोग लगाने वाली भाषा में, अपना मनोमन्थन नहीं कर रहे थे। वर्ग-पक्षधरता के उजागर मुहावरे के साथ साथ याने प्रगतिशीलता की जरूरत को तहेदिल से समर्थन के साथ-साथ उन्होंने ऐसे सवाल भी उठाये हैं, जो प्रगतिशीलता को ही नहीं, साहित्य मात्र को सन्देह के घेरे में ले आते हैं।

"यदि आप लोग केवल काव्य-सत्य को महत्त्व देते हो, तो अपने अनजाने ही एक भयानक भूल कर बैठते हो। वह यह कि एक व्यक्ति साहित्य में जिन मूल्यों की स्थापना करता है, वे मूल्य उसके आचरण की मूल प्रेरणा हों, यह आप अपने लिए अनावश्यक इर्रेलेवेन्ट मानते हैं। इसका बहुत बुरा परिणाम होता है।

एक प्रगतिवादी के लिए आपकी दृष्टि से यह आवश्यक नहीं रहा है कि वह अपने घोषित लक्ष्य के अनुसार अपने जीवन-मूल्य के अनुसार अपना आचरण भी बनाए।''

''असल में साहित्य एक बहुत बड़े धोखे की चीज हो सकती है, वह एक विशाल वंचना स्वप्न भी हो सकता है। इसलिए केवल एक ही कसौटी से साहित्य को नापना उचित नहीं। केवल साहित्यिक कसौटी से साहित्य को नापना अथवा केवल समाजशास्त्रीय अथवा मनोवैज्ञानिक दृष्टि से उसका मूल्यांकन करना मेरी दृष्टि से असंगत है। वह अन्तत: विघातक भी है।''

इस तरह के अनेक उदाहरण मुक्तिबोध की डायरी से लिये जा सकते हैं। साहित्य की सुन्दरता पर विचार करना उनके लिए, बहुत सारी चीजों पर एक साथ विचार करना था। उनकी डायरी इसलिए ही, अपने वक्त के लिए ही नहीं, हमारे वक्त के लिए भी महत्त्वपूर्ण है कि उसमें नये साहित्य के बारे में ऐसी जिज्ञासाएँ हैं, जिनका सम्बन्ध एक ओर तो साहित्यिक गतिविधियों से है, दूसरी ओर मानव-स्वभाव और उससे जुड़े आस्तित्त्विक प्रश्नों की गहरी पहचान से भी है। जब वे साहित्य और सौन्दर्य के प्रश्नों, बातों, विचारों को जीवन के प्रश्नों से अविच्छिन्न मानते है, तो साथ-साथ यह भी मानते हैं कि यह जीवन कोई सपाट सीधा अर्थ में समझ में आने जाने वाला एक चलताऊ शब्द मात्र नहीं है। इसमें कई बातें एक-दूसरे से गुँथी और जुड़ी हैं। कोई भी जिज्ञासु व्यक्ति इसलिए ही 'साहित्य' को कागज पर ही देखकर, उसके बारे में अन्तिम निर्णय नहीं देता। वह अपने सम्पूर्ण व्यक्तित्व के साथ, विवेच्य-वस्तु की नानार्थता को जानने की कोशिश करता है। मसलन ऊपर के उदाहरण में ही मुक्तिबोध ने साहित्यिक के आचरण के सम्बन्ध में प्रश्न उठाते हुए, प्रगतिशील और आदर्शवादी साहित्यिकों की रचनाओं में अन्तर्निहित छद्म पर जो टिप्पणी की है, उसे मुक्तिबोध के सन्देहशील दिमाग की उपज की तरह देखना अनुचित है। समसामयिक सामाजिक-व्यवहारों की यथातथ्यता के सन्दर्भ में, अपने अनुभव और ज्ञान की दृष्टि से मुक्तिबोध ने जो दृश्य देखा था, उसे वे झूठला नहीं सकते थे। इस तरह से सोचें तो अपने वक्त के समूचे सांस्कृतिक सन्दर्भ को ध्यान में रखते हुए, उन्होंने अपनी डायरी में रचना प्रक्रिया और सौन्दर्य की अभिव्यक्ति जैसे मुद्दे उठाये थे। बेशक साहित्य की स्वायत्तता याने एक विशिष्ट भाषिक व्यवहार के रूप में उसके अलगपन को लेकर, और उसके द्वारा प्रसूत सौन्दर्यात्मक प्रभाव के महत्त्व को लेकर वे अविश्वासी कतई नहीं थे, पर उनके अपने समय के सौन्दर्य की धारणाओं की जो अभिजन वर्गीय सीमाएँ थीं, उन्हें वे जस का तस स्वीकार नहीं कर पाते थे। सिर्फ इसलिए कि इन धारणाओं में सौन्दर्य-रचना की मान्यताएँ, नये युग के मारात्मक और उत्कट

संघर्ष को, अपने शास्त्र के अनुकूल नहीं पाती थीं। कम-से-कम मुक्तिबोध को यह लगता रहा था कि उनके समय में, एक खास 'काट' की रचनाओं को ही साहित्यिक स्वीकृति दी जा रही है। एक दूसरी बात इस तरह के निबन्धों से यह भी महसूस होती है कि सम्भवत: इन निबन्धों में थोड़ा सेल्फ डिफेन्स का बोध भी क्रियाशील है। इस अर्थ में कि जिस तरह की कविता मुक्तिबोध लिखते रहे हैं, वह अपनी आकृति-प्रकृति के चलते, अपने समय में स्वीकृत नहीं थी। नयी कविता के जमाने में 'कविता' का जो मान्य स्वरूप गढ़ा जा रहा था, उसे मुक्तिबोध सेन्सर्ड अभिव्यक्ति की कविता मानते थे। एकाधिक निबन्धों में उन्होंने अन्तर्निषेधों की बात तो की ही है, और उसे काव्य की रचना—प्रक्रिया से जोड़ा भी है, पर इसके अलावा उन्होंने कई बार अपनी इस डायरी में सीधे-सीधे नयी कविता की सीमाओं का उल्लेख किया है। कभी कभी तो नयी कविता में उच्चवर्गीय सौन्दर्य प्रतिमानों की प्रतिष्ठा से वे इतने चिढ़े हुए मालूम होते हैं कि नयी कविता के अधिकांश को खारिज करते हुए उन्होंने यह लिखा है—

"भारत के उच्चतर वर्ग, पश्चिम के साम्राज्यवादी देशों की अद्यतन राजनीतिक और सांस्कृतिक मनोवृत्तियों को आत्मसात करते हुए, अपने सांस्कृतिक प्रभाव को विस्तृत करना चाहते हैं। छोटे या मंझोले मध्यवर्ग के महत्त्वाकांक्षी लेखक पद और प्रतिष्ठा के लोभ में उन्हीं के दरवाजे जाते हैं। उन्हीं से सामंजस्य स्थापित करते हैं और जाने-अनजाने साहित्य में उन्हीं उच्चतर वर्गों की अद्यतन राजनीतिक सांस्कृतिक मनोवृत्तियों के, उन्हीं के प्रभावों और विचारों के, उन्हीं की दृष्टियों और भावों के संवाहक बन जाते हैं। यह एक वास्तविक जीवन तथ्य है। इससे इंकार नहीं किया जा सकता।"

यह डायरी में संकलित 'एक लम्बी कविता का अन्त' नामक रचना का एक अंश है। इसमें कुछ भी ऐसा नहीं है, जो मुक्तिबोध की वर्ग चेतना को एक नया आयाम देता हुआ प्रतीत हो। एकदम शुरू से ही उच्चवर्ग के काव्य प्रतिमानों के प्रति अपने सन्देह को वे मुखर ढंग से और दुहरा-दुहरा कर प्रगट करते रहे हैं। काव्य की रचना प्रक्रिया या सौन्दर्य की प्रतीति जैसे विषयों के विश्लेषण में, वे प्रत्यक्ष और परोक्ष ढंग से, काव्य की व्यापकता उसकी वस्तुमूलकता आदि सवाल उठाते हुए, अन्ततः अपने समय की कविता के सँकरे जीवन-बोध पर प्रश्नचिह्न लगाते ही रहे हैं। बेशक यह कई बार लगता है कि 'वर्ग' की बात करते हुए, और एक खास वर्ग की सौन्दर्य चेतना को गलत और प्रतिक्रियावादी बताते हुए, मुक्तिबोध पूरी वैचारिक तफसील में जाकर वर्ग के साहित्यिक और सौन्दर्यपरक बोध की उदात्तता या प्रासंगिकता का विश्लेषण करते हैं। मसलन उनके लिए यह सवाल प्रमुख नहीं है कि उच्चवर्गीय सांस्कृतिक मनोवृत्ति, मध्यवर्ग, निम्न मध्यवर्ग

और निम्नवर्ग तक अगर पसरने लग गयी थी, और लेखक कवि इसे स्वीकार करने लग गये थे, तो इसके क्या कारण थे? क्या यह उच्चवर्ग की ताकत थी, या निम्न मध्यवर्ग की नियति? अगर यह उसका वरण था, तो क्या इस तरह के वरण के पीछे, मानव-स्वभाव में बद्धमूल लाभ-लोभ का दुर्निवार आकर्षण प्रमुख था? या आखिर यह सवाल की उच्चवर्ग की सौन्दर्य-चेतना निम्नवर्ग से तत्त्वत: क्यों भिन्न है? सौन्दर्य क्या है? सांस्कृतिक मनोवृत्ति क्या है? पूँजीवादी संस्कृति जिन संस्थानों की ताकत पर विकसित हुई है, उन संस्थानों के निर्माण में बुद्धिजीवियों की ऐतिहासिक भूमिका क्या रही है? क्या निम्नवर्ग के कुशल चित्रण मात्र से निम्नवर्ग के प्रति व्यक्त की गयी तर्क-प्राण अैर चतुर सहानुभूति की भाषा, उस विश्व-दृष्टि को काव्य-सम्भव कर लेती है, जिसका जिक्र मुक्तिबोध, कलाकार की व्यक्तिगत ईमानदारी, जैसे निबन्ध में करते हैं?

मुझे लगता है कि उच्चतर वर्ग की सौन्दर्य चेतना और संस्कृति दृष्टि का विरोध मुक्तिबोध के यहाँ एक ग्रन्थि का रूप लेता दिखता है। बेशक इस चेतना में गहरे आत्मालोचन का भाव सदा ही सक्रिय है, पर सौन्दर्य और रस या कला-मूल्य जैसी अवधारणाओं के सन्दर्भ में उनके इस तरह के वर्ग चेतस् विचारों की एक उजागर सीमा भी है कि वे सौन्दर्य और साहित्य को अधिकांशत: तत्काल में सीमित करके देख रहे हैं। जीवन में अगर सदियों से सौन्दर्य धारणा की प्रतिष्ठा रही है, अगर हजारों बरस पहले मनुष्य चित्र, संगीत और साहित्य से अपने को और शेष-प्रकृति को देखने जानने की कोशिश करता रहा है, तो आज सृजन और आस्वाद की भाषा अपने को उस सुदीर्घ और सार्थक परम्परा से सहज ही नहीं काट सकती। मुक्तिबोध जिन अन्तर्निषेधों की बात करते हैं, उसका सम्बन्ध क्या हमारी सृजनात्मक परम्परा से नहीं है? क्या माध्यमगत सीमाएँ, भी इस तरह के अन्तर्निषेधों को जन्म नहीं देतीं? या फिर जैसा कि अज्ञेय ने कहा भी है कि क्या कविता या कला रचना की प्रक्रिया में विभिन्न अन्तर्निषेधों से मुक्ति सम्भव है? क्या आत्मविस्तार, वर्ग सीमा को उत्तीर्ण करने के सिलसिले में, आत्म स्फीति के खतरों की ओर बढ़ती दिखाई नहीं देती? मुझे लगता है कि परिवर्तनकामी संघर्षरत शक्तियों की ऐतिहासिक पहचान को कला या कविता से सन्दर्भित करते हुए इस तथ्य को ध्यान में रखना बहुत जरूरी है कि कलाओं की भाषा और इसलिए कविता की भाषा भी आदिमता 'परम्परा' इतिहास और समकालीन राजनीति से एक साथ जुड़ी होती है, और इसलिए उसकी परीक्षा या उसका मूल्यांकन उसके निर्माण की तरह एक व्यापक आधार की माँग करता है। आखिर स्वयं मार्क्स ने अपने सामाजिक, राजनीतिक विश्लेषण के दौरान ग्रीक महाकाव्यों को, महज उनकी वर्गीय संरचना के आधार पर पढ़ने को, मूल्यांकन के सन्दर्भ में नाकाफी माना था।

इसलिए कई बार यह भी लगता है कि इस तरह के बयानों में पोलेमिकल स्तर पर मुक्तिबोध केवल यही व्यक्त करना चाह रहे थे कि विशिष्ट वर्गीय अनुभवों के विन्यास को ही सौन्दर्य की उच्चता का प्रमाण-पत्र न दिया जाए।

लेकिन जैसा कि मलयज ने लिखा है, "कि मुक्तिबोध ने वर्ग-बोध को हमेशा ही एक स्पृहणीय मूल्य की तरह जिया" और इसी मूल्य चेतना के आधार पर उन्होंने आधुनिक-सभ्यता समीक्षा की भाषा विकसित की और इसी दृष्टि के आधार पर उन्होंने, हिन्दी साहित्य लेखन में सक्रिय आत्मसजग मध्यवर्ग की आधुनिक सृजनात्मक गतिविधियों का विश्लेषण किया, और आवतः यही मूल्य चेतना दृष्टि उनके स्वयं को गहन आत्मालोचन का आधार बनी। इसलिए वर्ग-बोध को महज इस तथ्यात्मक अर्थ में लेना उचित नहीं है कि मुक्तिबोध काव्य के सौन्दर्य के मामले में उच्चतर कहे जाने वाले वर्ग का विरोध भर प्रस्तुत कर रहे थे। दरअसल उनके मन में भारत का समूचा सांस्कृतिक सन्दर्भ था, ये वर्ग-सीमित अनुभवों के जिस रूप का प्रत्याख्यान कर रहे थे, वह रूप इस वृहत्तर सांस्कृतिक राजनीतिक सन्दर्भ से आवयविक रूप से जुड़ा हुआ था। इसलिए मुक्तिबोध ने भारत में सक्रिय उदारतावादी पूँजीवाद के स्वातन्त्र्योत्तर दौर के सन्दर्भ में, मध्यवर्ग की मानसिकता को उसकी वास्तविक आस्तित्विक जमीन पर लोकेट करने की कोशिश की और लिखा—

"ऐसा क्यों हुआ? ऐसा इसलिए हुआ कि हमने अपने साक्षात् जीवन में याने परिवार और समाज में, बीतते हुए पुराने के प्रति और आते हुए नये के प्रति एक अवसरवादी दृष्टि अपनायी। यहाँ इन दिनों कोई जमकर विद्रोह नहीं हुआ। नये की सर्वांगीण स्थापना का कोई अनुरोध भी नहीं रहा। इस ढंग से समाज के बदलने का काम साहित्य ने या विचारधारा ने भी नहीं किया। मार्क्सवाद या राजनीति ने सार्वजनिक क्षेत्र सँभाला, समाज बदलने की बात की, लेकिन केवल राजनीतिक प्लेटफार्म से समाज नहीं बदला जाता।"

"बाहर राजनीति या साहित्य में 'नवीन जीवन' नये मानव-मूल्य की बात चलती है, समाजवादी ढंग की समाज रचना की बात चलती है, लेकिन जहाँ कार्य की बात आयी, खास तौर पर जहाँ परिवार में मूल्यों की स्थापना की बात आयी—कि बड़े विचारक कन्नी काट गये। आज भी हमारे परिवार अमानवीय कट्टरपन्थी विचारधारा के गढ़ हैं या बुर्जुआ किस्म के सत्तावाद के दुर्ग हैं—यह न भूलिए।"

मैंने जान बूझकर यह लम्बा उदाहरण दिया हैं आम तौर पर उनकी इस तरह की सामाजिक आलोचना को, उनकी सौन्दर्य चेतना या रचना-प्रक्रिया के उनके विश्लेषण से जोड़कर देखने का रिवाज कम है। पर मुझे लगता है कि ऐसी बातों का मुक्तिबोध की सौन्दर्य दृष्टि के साथ गहरा सम्बन्ध है, क्योकि उनका और

भी गहरा सम्बन्ध उनकी विश्व-दृष्टि से है। वास्तव में उनकी सर्जनात्मक प्रतिभा की व्यापकता और गहराई को समझने के लिए, या कि यह समझने के लिए कि वर्गबोध किस अर्थ और रूप में उनके लिए एक स्पृहणीय मूल्य था, यह समझना जरूरी है कि वे अपने दैनिक-अनुभवों को नकारकर वर्ग-बोध या सौन्दर्यबोध की तात्त्विक परिभाषा में उलझना नहीं चाहते थे। आकस्मिक नहीं है कि उन्होंने जिज्ञासु व्यक्ति की जिज्ञासा-वृत्ति को अपनी आदिमता में पहचानने की कोशिश भी की, लेकिन यह भी देखा कि वही जिज्ञासु व्यक्ति विशिष्ट सभ्यता के विशिष्ट ऐतिहासिक समय में अपनी जिज्ञासाओं के रास्ते पर किस तरह बढ़ रहा है। काव्य-सृजन के विश्लेषण के दौरान इसलिए ही उन्होंने संस्कृति-सन्दर्भ को व्यक्ति 'परिवार' समाज आधुनिक राष्ट्र राज्य और विचार तथा विश्व-दृष्टि के साथ जोड़कर देखने की लगातार कोशिश की। इसी कारण उन्होंने अपनी डायरी की हर रचना को बहुत ही नजदीकी व्यक्ति की जीवन्त उपस्थिति की भाषा में लिखा। उसे कोरे तार्किक तात्त्विक विश्लेषण की तटस्थता की महानीयता से महिमा-मंडित नहीं किया, बल्कि दुहरा-दुहरा कर कहा कि उनके लिए सौन्दर्य उनके जीवनानुभवों से बाहर की कोई दिव्यता नहीं है।

इसलिए मुझे यह भी लगता है कि रचना-प्रक्रिया सौन्दर्य-प्रतीति से सम्बन्धित उनकी डायरी के अंशों को पढ़ते हुए, यह ध्यान में रखना आवश्यक है कि यहाँ भी कोरा सिद्धान्त निरूपण नहीं है, हालाँकि ऐसा सोचते हुए यह भी लगता है कि इन विषयों की विवेचना के लिए, परम्परागत शास्त्रीय भाषा का इस्तेमाल कहीं ज्यादा असरदार और विषय को स्पष्ट करने वाला हो सकता था। इसलिए यह भी लगता है कि इन रचनाओं में दो टूक पारिभाषिकता की शैली से बचने के कारण उनकी बातें कुछ ज्यादा ही उलझ गयी हैं। इसका एक कारण शायद यह हो कि इन दोनों ही विषयों पर मुक्तिबोध प्रथमतः आत्मपरक ढंग से अपने आत्मानुभव की सीमा में ही सोचते रहे हैं, लेकिन विषय के विवेचन दौरान इस सीमा को अतिक्रमित करने की कोशिश भी करते रहे हैं। पर ऐसा करते हुए बात को स्पष्ट करने की बजाय वे उसे उलझाते हुए प्रतीत होते हैं। यही कारण है कि रचना-प्रक्रिया के तीन क्षणों पर टिप्पणी करते हुए मलयज ने लिखा, "मिसाल के लिए 'तीसरा-क्षण' में कला के तीन क्षणों का विवेचन ही लीजिए। यहाँ रचना की समग्र प्रक्रिया को उसके अति सूक्ष्म ब्योरों में, एक मनोवैज्ञानिक केस हिस्ट्री की तरह विश्लेषित किया गया है, जो रचना की सामान्य प्रक्रिया को आलोकित करने की बजाय उसे एक रहस्यमय वस्तु जरूर बना देता है। जिसे वे फैन्टेसी का नाम देते हैं, वह रचनानुभव का प्रोटोटाइप है, उसका प्राक रूप है—वह मूल जहाँ से आशयों और अर्थों का स्फोट होता है। फैन्टेसी जैसे कवि के काव्यमन

में पड़ी किसी समस्या का बीज है, जिसे अंकुरित फिर पल्लवित और पुष्पित होते हुए मुक्तिबोध दिखाना चाहते हैं, पर उनका सारा विश्लेषित विधान रचना-प्रक्रिया को दुरूह बनाता-सा लगता है, जितना ही वे उसकी गुत्थी सुलझाते हैं, उतनी ही वह उलझ जाती है।''

दरअसल वह उलझती इसलिए है कि मुक्तिबोध सृजनात्मक निर्माण की मूलभूत द्वन्द्वात्मकता के परिप्रेक्ष्य में, अपने व्यक्तित्व को, व्यापकतर सामाजिक-पुनर्निर्माण के सन्दर्भ से जोड़ते हुए अपनी रचना कथा का मर्म लिख रहे थे। सौन्दर्य प्रतीति से सम्बन्धित अपने एक अन्य निबन्ध में उन्होंने लिखा भी है, पृथकता और सामंजस्य, तटस्थता और तल्लीनता, स्थित्यात्मकता और प्रवाहिता, स्थिति और गति की यह जोड़ी वस्तुतः दो विरोधी बातें हैं, किन्तु ये दोनों विरोधी बातें दिक् और काल की तरह ही क्षण की दो बाजुएँ हैं, दो पक्ष हैं, दो डाइमेन्शन्स हैं।

जाहिर है कि मुक्तिबोध सौन्दर्य की प्रतीति और सौन्दर्य की रचना की दोनों प्रक्रियाओं के दौरान, विकास के द्वन्द्वात्मक औजार का, बल्कि कहें कि दृष्टि का, लगातार उपयाग करते हैं। यही नहीं आत्मतत्त्व और वस्तु-वस्तु के द्वन्द्व की सक्रियता का विश्लेषण भी उन्होंने कई जगहों पर किया है। इससे यही जाहिर होता है कि काव्य-विवेचन के जिन प्रसंगों को उन्होंने इतिहास-चेतना के साथ, अपने विवेचन का विषय बनाया है, रचना-प्रक्रिया या सौन्दर्य-विश्लेषण के दौरान वे उससे तटस्थ नहीं हो गये हैं। इसलिए उन्होंने अपनी जैसी सुदीर्घ रचनाओं की प्रक्रिया का विश्लेषण करते हुए भी, अपने से परे की जटिल रचनाओं के मनोलोक को उघारने की कोशिश की है। इस जटिलता को वे तरतीब से खोलकर दिखा सके हैं या नहीं, यह बात महत्त्वपूर्ण नहीं है। महत्त्वपूर्ण यह है कि उन्होंने आत्मानुभव से व्यापक सामाजिक अनुभव तक की कठिन यात्रा को मुक्ति के प्रयोजन से जोड़ते हुए, यह डायरी लिखी है, जो जितनी उनकी है, उतनी उन सब की भी, जो इस कठिन यात्रा में, आज भी उनके सहयात्री बने रहना चाहते हैं।

विचार और संस्कार का सार्थक समन्वय

तार सप्तक के प्रमुख कवि, नेमिचन्द्र जैन के व्यक्तित्व की सबसे बड़ी विशेषता यह थी कि वे संस्कारवन्त और संयमित आधुनिकता के आत्मीय और विनम्र कवि थे। अपनी कविता और आलोचना दोनों में उन्होंने हमेशा आत्मसजग भारतीय मध्यवर्ग की जीवन-चेतना को, वृहत्तर भारतीय और मानवीय समुदाय के राजनीतिक, सामाजिक और आस्तित्विक समस्याओं और अनुभवों से जोड़ने की कोशिश की। ऐसा करते हुए उन्होंने साहित्य और कलाओं की परम्परागत भाषा को विस्तार दिया, लेकिन इस चौकसी के साथ कि यह विस्तार कला और साहित्य की बुनियादी, और इसी अर्थ में भिन्न और स्वायत्त बनावट के भीतर ही सम्भव हो सके। राजनीति से कन्नी काटने या कि उसे मानवीय नियति का एकमात्र महत्त्वपूर्ण प्रश्न मानने के बजाय, उन्होंने सर्जनात्मक भाषा और निजी अनुभवों को कुछ इस तरह से विन्यस्त करने की कोशिश की, जिससे आधुनिक राजनीति का साभ्यतिक स्वरूप व्यक्तिगत राग-संसार की भाषा में विन्यस्त हो सके। प्रगतिशीलता के अवधारणात्मक विन्यास की रैखिकता से भिन्न, उनकी कविता में इसीलिए एक सहज सरल व्यक्ति की मानसिक उथल पुथल की ऊष्म तात्कालिकता है—

जब बाहर दुनिया में फैली घनघोर विषमता
दिशि दिशि से उठ रहा भयानक चीत्कार
उसको तो है बस अपने सपनों से ममता
वह कलाकार
1940
पर मैं नहीं हूँ नगण्य
डाल दी है दरार मैंने इस पक्के भवन में
यही अब फैलेगी
लाएगी ध्वंस चरम
1990

सन् '40 और '90 की इस काव्य यात्रा को पढ़ते गुनते हुए, यह सहज

ही महसूस होता है कि कथन-कला या कला-कथन उनका लक्ष्य नहीं है। इसमें एक ऐसी पारदर्शी विकलता भी दिखाई पड़ती है, जो कविता के स्वर की मुखरता को, भारतीय जीवन की अमुख, लगभग खामोश तकलीफ के साथ जोड़ती है। इन्हें अनायास ही कविता की किसी प्रचलित कैटेगरी में बाँधकर पढ़ना सम्भव नहीं होता। पहली पंक्तियों में बहुत छुट्टा आलोचक भी यह महसूस कर सकता है, कि इसमें बदलाव की घोषयुक्त स्फीति से भिन्न एक कंसर्न है। बहुत बड़ा कलावादी भी यह जान सकता है कि वाद और कला से अलग, यह एक आत्मसजग भारतीय मन है। व्यापक समाज के मन को अपने में उतारने की कोशिश करता हुआ या स्वयं वहाँ उतरकर उसमें मिलने की कोशिश करता हुआ भी। आज की स्थिति को याद करें तो कहेंगे कि यह लगातार बेमन हुआ जाता मन है।

पर कविता? कविता कितनी और कैसी है इसमें? तार सप्तक से पहले और बाद के सुदीर्घ रचनाशील जीवन में, नेमिजी न कई बार इस सवाल का सामना किया। किसी या किन्हीं दूसरों को समझने या बहस में तमगा या सिंहासन जीतने के लिए नहीं, बल्कि बीसवीं सदी के भागते समय में, विचार और संवेदना के स्तर पर अपने अनुभव को सभ्यता और संस्कृति के व्यापक परिप्रेक्ष्य में जानने के लिए। और इसीलिए उन्होंने अन्य प्रश्नों के साथ यह भी बराबर पूछा, कि क्या वर्ग समाज और शोषण की समस्याएँ ही केन्द्र हैं, और कविता उनके पीछे-पीछे चलने वाली अनुगता? और ऐसी ही प्रश्नाकुलता की प्रक्रिया में उन्होंने अनुभव किया, कि व्यक्ति के सुख-दुख को, जिस बिलाशक की जबान में उनके पुरखे लिख सकते थे, अब वह सम्भव नहीं है।

नहीं नहीं
वह बस वक्त की कसौटी पर
खिंची लकीरें हैं
यहाँ से वहाँ
किसी बेमालूम तलाश में
या बस वह एक लहर है बेचैन
तूफानी समुद्र में उठकर अधर में ठहरी हुई-सी
और अपनी ही रौशनी में झलमलाती हुई

यह अपेक्षाकृत बाद की लिखी गयी कविता है, जहाँ पहले की कविता का दो-टूकपन नहीं है। बेशक अभी भी खोज की बेचैनी तो है, लेकिन इसका कोई तयशुदा आकार नहीं है। वह पा चुके आदमी की चुस्त-दुरुस्त भाषा नहीं है, तो ऐसी भी नहीं, कि जो है, उसे धुँधला करने के रस्ते पर बढ़ती हुई लगे।

स्वभाव की सहजता में जो अन्तर्द्वन्द्व जाग रहा है, उसे लगभग सम्प्रेष्य भाषा के उतने ही सहज व्यवहार से लिखते हैं नेमिजी। वास्तव में उनकी कविता की दुनिया, हिकमतों की नहीं, आवेगों की दुनिया है, जो आरम्भिक दौर में कभी कभार बौराये आवेग की तरह भी लगती है। पर बाद की कविता में एक सजग बौद्धिक अन्तर्दृष्टि है, जो अगर बाहर के घमासान पर प्रतिक्रिया करती है, तो अन्दर भी उतना ही देखती है, जो बाहर और भीतर के जटिल सम्बन्ध को, महज युग के प्रमुख स्वर की तरह नहीं पढ़ती, बल्कि अपनी, बिल्कुल अपनी भाषा में उसे जानना चाहती है। यह सहज अन्तर्दृष्टि इसलिए ही, भाव और विभाव के व्यापक विस्तार को अपनी दुनिया में समेटने की कोशिश करती रही है, भले ही इस कोशिश की भाषा, अधिक चौकस ढंग से अद्वितीय और अलग दिखने वाले कवियों की तुलना में थोड़ी पुरानी, थोड़ी भावुकतापूर्ण लगे, पर है यह कोशिश, उनके अन्तरंग कशिश का एक हिस्सा।

चतुराई और जोड़-तोड़ के इस हमारे समय में, एक 'सफल' कवि के रूप में शायद नेमिजी नहीं पहचाने जा सके हैं। सम्भवतः इसलिए कि उनकी कविता, किसी भी तरह की चतुराई से कोसों दूर है। उसमें एक तरह की निडरता भी शुरू से ही है। निडरता का अर्थ किसी तरह की वीर-मुद्रा नहीं है, जिसकी परिणति एक तरह के मसीहाइपन में ही होती है। यह निडरता अपने विचारों और भावों के प्रकाशन की निडरता है, और है अपनी संवेदना के व्यापक परिप्रेक्ष्य को पाने की विकलता का ही एक अन्य रूप। यही कारण है कि प्राक्-आधुनिक परिवेश की विकराल मौजूदगी के बावजूद, इतिहास के प्यादे तक जिस तरह इतिहासातीत होकर-बनकर अपना धन्धा चला रहे हैं, और कला या कविता के सन्दर्भ में नानार्थता की आड़ लेते हुए, एक खास ऐतिहासिक समय के दबावों को झुठलाते हुए, आधुनिकता-विरोध के विश्व-व्यापी बाजार में जूनियर पार्टनर की हैसियत से शामिल होने की उतावली दिखा रहे हैं, उस तरह की चतुराई केन्द्रित कलात्मक स्वायत्तता के पक्ष में वे कभी नहीं रहे। बेशक, उसी तरह के सरलीकरण के साथ, समाज के यथार्थ की जटिलता को देखने वाली तथाकथित प्रगतिशील दृष्टि भी, उन्हें कभी स्वीकार नहीं हुई। उनकी सर्जनात्मक विकलता एक ऐसी प्रतिबद्धता से जुड़ी है, जो कला और सामाजिक, राजनीतिक यथार्थ के सम्बन्ध को, चालाक-विरोध या उतने ही चालाक समर्थन की दृष्टि से नहीं देखती। अपनी सृजनात्मक निरन्तरता और आलोचनात्मक प्रखरता के बावजूद, हिन्दी के चमचमाते समकालीन समाज में वे अगर अन्य साहित्यिक महन्तों की-सी प्रतिष्ठा नहीं प्राप्त कर सके, तो उसका मूल कारण शायद यही है, कि उनकी बेचैनी एक ऐसे सृजनात्मक व्यक्ति की बेचैनी थी, जो भारत के संस्कारशील और बड़ी हद तक आत्माभियोगी संशय

से हर पल लैस, मध्यवर्ग के उस छोटे से हिस्से की बेचैनी है, जो कलात्मक और मानवीय होने की बुनियादी नैतिकता के बीच की दूरी को पाटने की कोशिश में ही सृजनात्मकता के सार्थक रास्ते खोजता रहा है, फिर चाहे वह राजनीति में या कला और साहित्य में।

सन् '43 के आसपास जब वे तार सप्तक के अन्य कई कवियों की तरह इस प्रयत्न की शुरुआत कर रहे थे, तब मानो ठेठ गद्य की भाषा के वैचारिक स्वीकार का आकार गढ़ते हुए उन्होंने लिखा था—

स्वार्थ के आगे बिखर कर ढह गयी है
जिन्दगी की
सम्मिलित कर्तव्य की बुनियाद

गौर करें कि इन पंक्तियों में कहीं भी कविता की सरस व्यंजनात्मकता की चिन्ता सक्रिय नहीं दिखाई पड़ती। एक लगभग सपाट गद्य-कथन के माध्यम से वे जो बात कह रहे हैं, उसमें भी किसी तरह की व्यक्ति चेतना की अभिव्यक्ति नहीं, एक सार्वजनिक सचाई का वर्णन भर है। पर यह बात इसलिए ही महत्त्वपूर्ण है कि इसमें परिवेश के सच का दबाव, या कि देश की हालत का दबाव, उनके लिए परम्परा के रसपूर्ण प्रवाह से कहीं ज्यादा महत्त्वपूर्ण हो गया है। और आज इस बाज़ार समय में भी उनका मन, उस आरोपित पश्चिमी द्वन्द्व को व्यक्ति के सार्थक अन्तःसंघर्ष के रूप में स्वीकार नहीं कर पाता, जो समाज और व्यक्ति जैसी संज्ञाओं को अनुवाद के अर्थ में लेने के शॉर्टकट के चलते ही, आज एक प्रतिष्ठा-प्राप्त रूढ़ि का रूप धारण कर चुका है। उनकी कविता की बनावट में न तो पश्चिम-विरोध का कोई स्थाई-भाव है, और न ही विशुद्ध भारतीयता का कोई पाखंड। उनके यहाँ तो शब्द हैं, जो हिन्दी के हैं, और इसी अर्थ में एक विशाल जन-समुदाय के, और इसी अर्थ में एक खास हिन्दी भाषी व्यक्ति के भी—

सच वसन्त की कोई खबर नहीं
शहर की दौड़ती झपटती बसों, ट्रकों, कारों से दबकर
किसी अस्पताल में न हो कहीं

इन पंक्तियों में जो हल्का-सा सेंस ऑफ ह्यमर है, या शायद झीनी-सी आयरनी भी, वहीं एक अन्तःसलिल तकलीफ भी है, जो महज तीव्र शहरीकरण के प्रति एक बौद्धिक प्रतिक्रिया मात्र नहीं है, बल्कि मध्यवर्ग के मन में बसे एक अनाधुनिक देसी परिवेश के लगातार नष्ट होते जाने की वजह से भी है। सम्भवतः इस तरह की भाव-स्थिति को, नेमि जी की कविता के सहज देसीपन की सरल

अभिव्यक्ति के रूप में ही पढ़ा जाना उचित है, क्योंकि बरसों पहले इसी बासन्ती बयार को स्वीकृत काव्य रूढ़ि की तरह लेते हुए और उसमें अपनी संवेदना घोलते हुए नेमि जी ने लिखा था—

यह मधुमास सजीला चुपचुप
तेरे उर के आँगन को
गीला कर-कर जाता होगा री
परिमल के मिठास से भाराकुल
यह बासन्ती बयार
उलझ-उलझकर खोल-खोल देती होगी
वह तेरा कच सँभार सुरभिमय

वास्तव में उनकी कविता, विचार और संस्कार को समन्वित और सन्तुलित करती कल्पना की कविता है। संस्कार का अर्थ पोथियों की पुरातनता या शाश्वतता का गुणगान भर नहीं है, और विचार का मतलब कोई एक विचारधारा मात्र नहीं है। एक तरह से देखें तो वह प्राप्त या प्रदत्त भाषा के साथ खिलवाड़ की कविता भी नहीं है, बल्कि इस भाषा को अपने और भीतर ले जाने की कोशिश की कविता है। एक स्पष्ट महसूस की जा सकनेवाली आधुनिक युगीन बौद्धिकता उसमें सतत मौजूद है, लेकिन उसका मनुष्य के नैसर्गिक राग-भाव के साथ कोई विरोध नहीं है जाहिर है कि ऐसी भाषा में छविमयता की ऐसी सलवटें नहीं हो सकतीं, जो अलग से नजर आएँ। वे किसी भी अर्थ में मारू जुमलों के कवि नहीं हैं। उन्हें पढ़ते हुए उनके वैशिष्ट्य को सलवटभरी छविमयता से अलग, कविता के उस सहज स्वभाव में देखना होगा, जो कला की अनन्तरूपा सुन्दरता और मनुष्य के अस्तित्व में ही निहित नैतिकता के वरण के प्रश्न को, बहसबाजी की जबान में नहीं पकड़ना चाहता, हालाँकि उनका कवि-स्वभाव अपने भीतर जारी बहस की कविता लिखने की कोशिश से भी कभी नहीं हिचकिचाता—

लग रहा था, बहुत शोर है, आवाजें हैं
पर फिर क्या हुआ
कहाँ सब गायब हो गया
क्या कोई तार प्लग से निकल गया है
बेमालूम कि कोई आवाज नहीं आती
...
हर चीज दूसरी से अलग हुई
थकी बेजान है

या कि इतनी सारी आवाज़ों के
लोगों के बीच
मैं ही कहीं खो गया
अकेला हो गया

अकेले होने की यह अनूभूति सहज अपने निजी दुख या अवसाद का इजहार नहीं है। मानव-सम्बन्धों की व्यापक दुनिया में कवि ने जिस ऊष्मा को अपने जीवनानुभवों के रूप में जाना है, यह उसी ऊष्मा के दिनों-दिन बर्फ होते जाने की व्यथा-कथा है। कवि की इस शिकायत में व्यक्तिगत लफड़ा भर नहीं है, बल्कि सभ्यता की गति-प्रकृति के बीच लगातार जीते हुए व्यक्ति का वह एहसास है, जहाँ सभ्यता की उसकी आलोचना, सम्बन्धों के प्रति उसके अनुराग का ही एक रूप है। शायद उसके स्वभाव में ही यह बात नहीं। इसी कारण शायद अपने संकट को, भाषा का संकट बनाये-बताये बगैर, वह भाषा की सहज गरमाहट में एक नया अर्थ भरते हुए लिखता है—

तभी से मैं हूँ परेशान
क्या सचमुच मैंने कोई कोट
उल्टा या सीधा पहन रक्खा है?
ऐसा कोई अन्धड़ होता है
या आएगा
जो मुझे कर सके आजाद
कोई कोट होने या न होने की दुविधा से

नेमि जी की पूरी कविता, मनुष्य की मुक्ति के प्रयत्नों को, उसके आस्तित्विक और सामाजिक सन्दर्भों की ठोस और पहचानी जा सकने वाली दुनिया में, दर्ज करने की एक विनम्र कोशिश है, और हम सभी जानते हैं कि आत्यन्तिक अर्थ में यह मुक्ति, किसी का 'कोट' होने या न होने की दुविधा से उबरने में ही है।

पुनश्च:

मुझे पाँच दिन पहले मिली है नेमिजी की पुस्तक 'अचानक हम फिर' शायद उसी दिन रश्मिजी ने घर फोन किया कि मेरे लेख के न आने की वजह से अंक में विलम्ब हो रहा है। पाँच दिन से मैं किताब की कविताएँ पढ़ता रहा हूँ, और कई बार किताब से बाहर की उनकी स्मृति मुझे अटकाती रही है। मैं सोचता रहा हूँ कि कितने संयमित ढंग से नेमि जी ने जीवन भर साहित्य की विभिन्न विधाओं के बारे में विचार किया, और उतने ही संयमित ढंग से अपनी वैचारिक और

भावनात्मक बेचैनी को कविता के रूपाकार में रचने की कोशिश की। अपने अन्तरंग और आत्मीय या बड़ी हद तक निजी जिन्दगी की अनुभूतियों को दर्ज करते हुए भी पल भर के लिए वृहत्तर और व्यापक मानव-जीवन की चिन्ताओं से वे कभी मुक्त नहीं रहे। उसे चमकदार या जबरन जटिल बनाने की कोशिश उन्होंने नहीं की, पर किन्हीं सरलीकरणों या नुस्खों पर उन्हें कभी यकीन नहीं रहा। अभी और यहाँ के ठोस और प्रासंगिक जीवन को सृजनकर्म की विशिष्ट भाषा और हद तक निर्व्याख्या सचाई के भी रू-ब-रू होते रहे, जिसे हर कोई अपनी जिज्ञासा और प्रश्नाकुलता के अनन्त में महसूस करता है। बेशक सबकुछ को घटाटोपी ढंग से या लटके झटकेदार ढंग से, सुघड़ तराशे गए बिम्बों या मुहावरों की आधुनिक कलात्मकता की तुलना में, उनकी रचना, थोड़ी सहज और कुछ हद तक सपाट मुहावरे में ही बँधी रही, पर उन्हें पढ़ते हुए ऐसा कभी नहीं लगा कि उनमें कहीं भी संवेदनात्मक हिस्सेदारी की कमी है। उनके कथन के साथ ऐसा सहज तादात्म्य सम्भव होता रहा है, कि वे मुझे कभी महान की दूरी पर खड़े नजर नहीं आये, और उनकी काव्य-रुचि, और रचना संस्कार भी कुछ ऐसे थे कि उनकी कविता में किसी तरह का अटपटापन भी महसूस नहीं होता। बीसवीं सदी के पूर्वार्द्ध से, 21 वीं की लगभग शुरुआत तक की, उनकी कविता यात्रा में जो बात मुझे शिद्दत से आकर्षित करती रही है, वह है उनकी वैचारिक सतर्कता। इसकी एक वजह यह भी है कि समूची आधुनिक हिन्दी कविता में विज्ञान के प्रसार के बाद विचार की भूमिका बुनियादी घटक के रूप में क्रियाशील रही है। दूसरा महत्त्वपूर्ण कारण यह कि नेमिजी के प्रखर संवेदनात्मक उलझाव को उजागर करने वाली कई कविताओं में भी, उनकी विचारशीलता को अन्त:सलिल देखा जा सकता है

शुरुआत में ही यह स्पष्ट करना जरूरी है कि कविता के वैचारिक पक्ष से आशय किसी विचारधारा का स्वीकार या अस्वीकार मात्र नहीं है, बल्कि मानव-स्वभाव की जिज्ञासा में अन्तर्निहित, विचार करने की सहज प्रक्रिया को मूर्त करने वाली काव्यात्मक-संरचना को पढ़ने-समझने के एक कोण की ओर यह सिर्फ एक इशारा है, कि समय और समयातीत के द्वन्द्व को धारण करने वाले उनके युगबोध में, अन्तर्वैयक्तिक सम्बन्धों, आत्म और आत्मेतर के बीच के रिश्तों के साथ-साथ आधुनिक राष्ट्रराज्य, विशेषकर भारतीय राष्ट्र के निर्माणकालीन दौर में उपजे संकटों और समस्याओं के प्रति गहरी वैचारिक समझ से सम्पन्न एक प्रतिरोधी प्रतिक्रिया भी सतत मौजूद रही है। उनकी काव्य-यात्रा के प्रारम्भिक दौर की कुछ कविताओं के साक्ष्य से मैं अपनी बात शुरू करना चाहूँगा।

(1) आप चाहें या न चाहें
दीख पड़ते हैं पड़े फुटपाथ पर

मैदान में, सब ओर
चारों ओर सोये, लुढ़कते गुडमुड हुए
ढाँचे
निरे बस हड्डियों के

(2) *आज फूटे*
आत्मविश्वासी करोड़ों कंठ से
यह ही तुमुल ध्वनि
यही ध्वनि हर बार
हम कटिबद्ध हैं तैयार
देंगे अर्घ्य अपने शीष
मुक्ति का त्यौहार है यह जनवरी छब्बीस

(3) *इस देश के लाखों मजूरों का*
करोड़ों ही किसानों का अतुल विक्षुब्ध पारावार
अब नहीं है लौटती खाली
हमारी मुक्ति की हुंकार
आज प्रतिध्वनि में
उधर से गूँज उठती है
गरज कर बढ़ रही विद्युत्त्वरा से
दस्युदल बल को कुचलती
लाल सेना की विजय का वज्र जय जयकार
वह उधर से आ रहा है
चीन की पोलैंड की यूगोस्लाविया की
दलित जनता की विजय का स्वर

ऊपर दिये गये इन उद्धरणों से यह निष्कर्ष निकालना सम्भवतः उचित नहीं है कि इनके आधार पर नेमिजी को प्रगतिशील और प्रतिबद्ध रचनाकार के रूप में (ही) स्वीकार कर लिया जाए। मूलतः इसलिए कि यह उनकी स्वाभाविक विचारशीलता का एक अतिरिक्त मुखर आयाम भर है, पर इसके साथ यह भी ध्यान में रखना जरूरी है कि मार्क्सवादी विचारधारा में अन्तर्निहित समता के स्वप्न से जुड़ी मूल्यचेतना नेमीजी की वैचारिकता में लगभग शुरू से लेकर अन्त तक सक्रिय रही है। शुरू के दिनों में तो वे एक सक्रिय कम्युनिस्ट भी रहे हैं, और मानते रहे हैं तीसे के दौरान प्रायः भी लेखकों का झुकाव वामपन्थ की ओर था। इनमें से दूसरा उद्धरण कुछ ऐसा है, जो नेमि जी की वैचारिकता का उतना ही महत्त्वपूर्ण घटक है, जिनता कि मार्क्सवादी विचाराधारा और उससे जुड़ा मुक्ति

का स्वप्न। वास्तव में यह हिन्दी की आधुनिक परम्परा का सबसे महत्त्वपूर्ण तत्त्व है कि आधुनिक युग में लेखकों में सम्भवत: भारतेन्दु के समय से ही, अपने और अपने से बाहर की दुनिया को, पश्चिमी सभ्यता, पश्चिमी विचार और आधुनिक राष्ट्र राज्य के सन्दर्भ में देखना शुरू कर दिया था। नेमिजी की शुरुआती सृजनशीलता के दौर में तो, वैज्ञानिक दृष्टि और राष्ट्रवाद एक मुकम्मिल विचारबोध के रूप में प्रतिष्ठित हो चुके थे, और उसमें भी दिलचस्प यह था कि सशक्त वामपन्थ और राष्ट्रीयता के बीच एक तालमेल बनने लगा था। बुनियादी तौर पर मार्क्सवादी विचार को, भूखंडीय सीमा में परिसीमित राष्ट्रवादी विचार के रूप तक महदूद मानना, शायद गलत है, पर यह भी दिलचस्प है कि न सिर्फ नेमि जी या मुक्तिबोध जैसे स्वप्नकामी कवियों में, बल्कि प्रखर मार्क्सवादी चिन्तकों तक में, राष्ट्रीयता के इस प्रभाव को बहुत ही स्पष्ट ढंग से देखा जा सकता है। इसलिए अभी जब मैंने नेमि जी की रचना की शुरुआत की, तो मेरे मन में यही सहज स्वाभाविक विचार था, कि किसी भी तरह की वामपन्थी वैचारिकता आधुनिक राष्ट्र राज्य के सन्दर्भ में ही अपना रूपाकार ग्रहण करती रही है। लेकिन कविता का रूपाकार और विचार?

यह एक रोचक प्रश्न है। रोचकता में ही सीमित रहना इसकी विचारोत्तेजकता को थोड़ा पतला कर देना है। इसलिए यह बुनियादी सवाल करना शायद बहुत मौजूँ नहीं है कि कविता क्या है और क्या नहीं है, पर शायद यह स्वीकार करना जरूरी है कि हर तरह की और हर युग की कविता में एक तरह की एक रेशनलिटी निश्चय ही सक्रिय होती है। शायद यह किसी भी मुकम्मिल भाषिक विन्यास में ही निहित है। पर नेमि जी की कविता के बारे में विचार करते हुए, युग में व्याप्त मार्क्सवादी विचारों की उनकी कविता में सक्रियता के साथ मौजूदगी का जिक्र, इस आशय के साथ, बल्कि इस प्रयोजन के साथ किया जा रहा है, कि यह विचार उनके अति उत्साह का ही पर्याय नहीं है। अगर हम इस दौर की उनकी दूसरी रचनाओं को, खासकर उनकी प्रेम-कविताओं को भी पढ़ें, तो पाएँगे कि सारी रोमानियत के बावजूद उनकी इन कविताओं में भी, एक तरह की संयमित वैचारिक सक्रियता है। यह औसतन सक्रिय आत्म-सजग बौद्धिकता से भिन्न है। इस अर्थ में कि थोड़ी आत्ममुग्धता और थोड़ी आत्मसजगता के बिना तो शायद कविता सम्भव नहीं होती।

इसलिए जब हम नेमिजी की पुरानी कविताओं में, थोड़े मुखर उत्साह के स्वर में मार्क्सवादी विचार और प्रभाव को आकार लेता देखते हैं, तो हमें यह भी देखना चाहिए कि इसी दौर में, उनके वैचारिक स्वर में एक राग व्यक्तिगत अवसाद का है। यह व्यक्तिगत अवसाद, कभी अस्तिचिन्तन की सरल, सहज

भाषा में, तो कभी संघर्ष की भाषा में व्यक्त होता हुआ लगता है। पर इन दोनों ही रूपों की कविता में हम यह लक्ष्य कर सकते हैं कि सामाजिक मुक्ति के उनके वैचारिक आग्रह में, एक तरह की व्यक्तिगत उपस्थिति हर कहीं सक्रिय है। समाज को महज एक अमूर्तन की प्रस्तुत करने के बदले, वे उसे बहुत सतर्क तरीके से, अगर व्यक्ति के ठोस अनुभवों के बीच, रूपायित करते दीखते हैं, तो इसका एक प्रमुख कारण यह है कि उनके विचार की प्रक्रिया, उनके अस्ति-चिन्तन से जुड़ी है। उस अस्ति-चिन्तन से जो पुनः उनके आस्तिक-संस्कारों का ही अंग है। सन् 44-45 बल्कि पचास-पचपन के समय में मार्क्सवाद में अन्तर्निहित धार्मिकता को, एक भारतीय, आस्तिकता के बद्धमूल संस्कारों के अधिक गहरे सन्दर्भ में ही पढ़ सकता था। और सिर्फ मार्क्सवाद को ही क्यों, बल्कि आधुनिक राष्ट्र राज्य के विशेष सन्दर्भ में, राष्ट्रीयता की जो नयी चेतना विकसित हो रही थी, और सबकी मुक्ति का जो थोड़ा अलग आग्रह दिखाई पड़ रहा था, उसका सम्बन्ध भी सम्भवतः इन संस्कारों से है। बेशक इसका मध्ययुगीन आत्मसमर्पणवादी रूप, इस युग के कवि के लिए तो क्या, छायानुवाद युगीन कवि के लिए भी सम्भव नहीं रह गया था, और इसलिए ही नेमिजी में युगानुकूल हताशा अवसाद उम्मीद और संघर्ष के स्वर देखने को मिलते हैं, जो उन्हें आधुनिक बनते भारतीय मध्यवर्ग के एक सृजनात्मक प्रतिनिधि की तरह प्रस्तुत करते हैं। इसी दौर की कविता देखें—

मैं जूझ रहा चट्टानों से अपने मन की
पड़ रही अनवरत चोटें जीवन के धन की
हो उठे प्राण उद्दीप्त एक अभिलाषा से
है चाह न मुझको आज किसी आश्वासन की

निस्तब्ध समर्पित मन की अभिलाषा क्या है
बन्दी के अन्तर में रीती आशा क्या है
अनगिनती तागे उलझे हैं जाने कब से
इस उलझन की, क्या जाने परिभाषा क्या है

पहले उद्धरण में अपने व्यक्तित्व की पहचान और युग की पहचान को जैसे एक साथ मिलाते हुए वे अपने आत्मविश्वास को लिखते हैं। वैसे ही दूसरे उद्धरण की उनकी उलझन में भी उनका वही युगबोध सक्रिय है, जिसमें उनके वामपन्थी विचारों का काफी महत्त्वपूर्ण योगदान है। इस अर्थ में कि व्यक्ति के सामाजिक-संघर्ष की आत्मचेतना चलते ही, जिन्दगी के प्रश्न उनके लिए ऐकान्तिक रूप से व्यक्तिगत नहीं है। आकस्मिक नहीं है कि उनकी निराशा और उनकी मुक्ति कामी

स्वप्नजीविता में, कविता की भाषा में एक तरह का परम्परागत काव्य-संस्कार स्पष्ट रूप से परिलक्षित होता है, जिससे यह भी आभास होता है कि अपनी सर्जनात्मकता को वे सतर्क भाव से उस मूल्यचेतना से भी जोड़े रखना चाहते हैं, जहाँ न सिर्फ यथार्थ का साक्षात्कार और उसी से सन्दर्भित प्रतिरोध की गुंजाइश बन सके, बल्कि जहाँ व्यक्ति की स्वाधीनता और समाज की मुक्ति के लिए किये जाने वाले जरूरी संघर्ष के लिए भी तालमेल की सम्भावना लगातार सक्रिय बनी रहे। सम्भवत: इसी वजह से इस दौर की अपनी एकाधिक कविताओं में सक्रिय वैचारिक समझ को घोलते हुए, अन्तर्वैयक्तिक सम्बन्धों की रागात्मकता को लिखने के दौरान भी वे सचेत रूप से यह भी कहते हैं—

हम तुम भी होंगे सहयोगी
इस जीने में, लड़ने से
प्राणों की पीड़ा प्रसूत सक्षम रचना में
इससे क्या कि हमारे जीवन की
ऐसी है राह भिन्न
अनुभूति अलग है
अपना-अपना संस्कारों का संचय है स्वाधीन
व्यक्तिगत
इससे क्या
दोनों के मन के छन्द अनूठे हैं
मौलिक हैं, अपने-अपने

यह नेमिजी की अपेक्षाकृत अधिक पठित और सराही गयी कविता का अंश है। एक पूरा संग्रह ही 'पाया पत्र तुम्हारा' नाम से प्रकाशित है। इसका संवेदनात्मक रूमानी स्वर और एक तरह की नैसर्गिक तरलता, सहज ही अनुभवगम्य है, पर ऐसी एक कविता में भी, जो कि प्रथम दृष्टया ही उनके निजी हार्दिक अनुभवों के संसार से हमें परिचति कराती है, नेमि जी संस्कारों के स्वाधीन संचय, व्यक्तिगत और भिन्न अनुभूति जैसे शब्दों के प्रयोग के द्वारा, यह स्पष्ट करते हैं कि कविता के निजीपन को, सामाजिक संघर्ष से काटकर रखने का स्वभाव, उनका कवि-स्वभाव तो नहीं ही है, और इसलिए ही इसी दौर की एक दूसरी कविता में वे लगभग दोटूकपने की शैली में किसी तरह की तटस्थता को बेमानी बताते हुए लिखते हैं—

समय की उन्मादिनी उद्दाम गंगा के किनारे
टूटते झरते निरन्तर

आज कौन तटस्थ है?
कौन है जीवन-मरण के समर का निष्पक्ष दर्शक?
कौन रेशम के सुनहले तार से बुनकर
अनोखा नीड़
जीना चाहता है अब अकेला?

गौर करें कि यह कविता स्वतन्त्रता के ऐन बाद के समय में प्रतिबद्ध पक्षधरता की माँग कर रही है, क्योंकि आजादी के कुछ ही पहले के विश्वयुद्ध में, वह फ़ासिस्ट शक्तियों के आतंक को ही नहीं, पूँजीवाद की बर्बरता को भी देख चुके हैं, और किसी भी कीमत पर वे अपनी आजादी को पश्चिमी पूँजीवाद और फासीवाद के वैचारिक सन्दर्भ में देखने के लिए तैयार नहीं हो सकते थे। इसलिए इस समय की उनकी वैचारिकता में उदारतावादी जनतन्त्र और समाजवादी सोच दोनों के समन्वय से निर्मित ऐसा यथार्थ-बोध है, जिसमें उनके परम्परागत काव्य-संस्कारों और जीवन-संस्कारों को ऐसा अवकाश मिल सके कि व्यक्ति और समाज के इस द्वन्द्व को, वे केवल एक-दूसरे के विरोधी के रूप में ही न देखें, बल्कि एक-दूसरे को परस्पर के नजदीक लाने की कोशिश कर सकें। आकस्मिक नहीं है कि आजादी के पहले ही तुलसी पर लिखी गयी अपनी एक कविता के हवाले से, वे उदारतावादी जनतन्त्रीय समाजवाद के साथ, अपनी परम्परागत आस्तिक मूल्यचेतना को मिलाने, घुलाने की कोशिश करते हुए दीख पड़ते हैं। 'एकान्त' संग्रह में संकलित उनकी कविताओं में, यह कोशिश जाहिर और मुखर है पर बाद की कविताओं में, खासकर बीसवीं सदी के उत्तरार्द्ध में लिखी गयी कविताओं में!

बाद की कविताओं में भी एक तरह की वैचारिकता है, लेकिन अब वह अधिकांशत: मनोमन्थन के रूप में है। बेशक यही मनोमन्थन भी सबके बीच अपने होने को लेकर है, पर अब इसमें उस तरह का युवकोचित उत्साह और बदलाव की वैसी तीव्र आकांक्षा नहीं है, जिसके चलते उन्होंने निजी प्रेम-कविताओं में, सार्वजनिक मुक्ति की कल्पना को जगह दी थी। यथास्थिति से चतुर समझौता तो अब भी उनके लिए अकल्पनीय है, पर जिन तौर-तरीकों से बदलाव की कोशिश जारी है, या कि जो इस परिवर्तन की दिशा है, उसे लेकर अब उनके मन में गहरा सन्देह है। इस सन्देह को विरोध की तरह तलबद्ध दृष्टि से सामने रखने के बजाय इन कविताओं में वे जैसे आत्मस्थ होकर आत्म-चिन्तन की ओर बढ़ते दिखाई देते हैं। विचार को जिस राजनीतिक मुहावरे की समान्तरता में अब तक वे देखते रहे थे, वह राजनीतिक मुहावरा अब उन्हें नाकाफी लगने लगा है। आशय यह

नहीं कि वे राजनीति की क्रूरता और वीभत्सता को पीठ दिखाकर, कविता लिखने लगे, बल्कि यह कि वे मुक्ति के सामाजिक पक्ष को, समाज और व्यक्ति के आस्तिक पक्ष से एकमेक करके देख रहे हैं। अस्तित्व की बुनियादी शाश्वत चिन्ताओं की इस भाषा में, उनके अपने वक्त की मद्धम-सी आँच जरूर है, पर निस्सन्देह आज वे मौजूद वक्त में सीमित परिदृश्य पर ही कविता की भाषा में नहीं सोच रहे है। सम्भवतः कविता, कला और अन्य सांस्कृतिक कर्मों के प्रति अपनी प्रतिबद्धता के चलते, उनकी वैचारिकता के रूप में यह परिवर्तन आया है। शायद, वैश्विक सामुदायिक जीवन में परिवर्तन लाने वाली ताकतों के रुख और रवैये के तिक्त अनुभवों ने उन्हें विचार का यह नया रास्ता सुझाया है। बेशक उनकी मूल्य चेतना में अभी भी स्वतन्त्रता और समता जैसे परम मूल्य कटे हुए नहीं है। पर उनकी कविता, अस्तित्व के कुछ वृहत्तर प्रश्नों के सन्दर्भ में रूपाकार लेती हुई ही दीगर समस्याओं से जूझती है। सम्भवतः इसलिए कि बदलाव के विचार के मौजूदा रूप में उन्हें, किसी तरह की मानवीय सार्थकता नजर नहीं आती। लगभग सपाट आग्रह को लिखती उनकी यह कविता देखें—

एक दिन कहा गया था
दुनिया की व्याख्या बहुत हो चुकी
जरूरत उसे बदलने की है
तब से लगातार
बदला जा रहा है दुनिया को
बदली है अपने आप भी
पर क्या अब यह नहीं लगता
कि और बदलने से पहले
कुछ
व्याख्या की जरूरत है

इस उद्धरण में मार्क्स के उस कथन की ही स्मृति है, जिसमें उन्होंने बदलने की बात पर जोर दिया था। मार्क्सवाद और साम्यवाद के सांगठनिक व्यवहार और विचार से, नेमिजी का मोहभंग बहुत पहले हो चुका था, जब उन्होंने भारतीय कम्युनिस्ट पार्टी से त्यागपत्र दिया था। उनका मोहभंग निर्मल वर्मा या नयों में उदयन वाजपेयी जैसा कट्टर साम्यवाद विरोधी नहीं था, फिर भी अगर देश दुनिया के परिवेश में आगे परिवर्तन को देखकर वे रुककर सोचने की जरूरत पर बल दे रहे हैं, और इस सिलसिले में मार्क्स के कथन की ही याद कर रहे हैं, तो क्या इसे केवल मार्क्सवाद विरोध या हर तरह के बदलाव के विरोध के रूप में

ही पढ़ा जाना उचित है? मैं इस प्रश्न का उत्तर दोटूक ना में देना चाहूँगा। समाज की चिन्ताओं से बेचैन नेमिजी के दिल-दिमाग की वेदना, सामाजिक मुक्ति के सन्दर्भ में जरूरी और वांछनीय परिवर्तनों के विरोध में कमी नहीं रही है, लेकिन सोच-विचार में जो यान्त्रिकता और कट्टरता आती गयी है, उसे लेकर उनका मन अत्यन्त ही क्षुब्ध और परेशान रहा है। अपनी निजी जिन्दगी की उथलपुथल को इसी साभ्यतिक सन्दर्भ में जोड़कर वे अब अपनी अपेक्षाकृत किशोर या युवा दिनों की वैचारिकता को एक नया रूप दे रहे हैं, और सम्भवतः इसी के चलते उनकी कविता भी एक नये रूप में ढल रही है।

अगर हम नेमि जी की बाद की कविताओं में थोड़ा गहरे उतरें, तो यह महसूस कर सकेंगे कि कविताओं के इस नये रूप की वजह, उनका वैचारिक परिवर्तन नहीं है, बल्कि इस विचार के इस तरह के के मनोमन्थनमय रूपाकार ग्रहण करने, और हर तरह के सरलीकरण या कि निहितार्थ में हर तरह के सामाजिक अन्याय का विरोध करने की वजह स्वंय कविता है। कविता जो भाषा का सत है, जो अपनी या कि मानवीय-आदिमता और मानवीय-संस्कृति को अपने समूचेपन में धारण करने की असम्भव प्रतिज्ञा और उतनी ही असम्भव कल्पना से जुड़ी है। इस रची जा रही कविता की रचना प्रक्रिया में से निकलने विचार की, उनके विचार हैं अर्थात् अलग से किसी वैचारिक प्रतिबद्धता का दबाव उन पर नहीं है। इस तथ्य को थोड़ा बेहतर ढंग से समझने के लिए जरूरी है कि हम इस दौर की उनकी कविताओं के भीतर से गुजरें—

एक साथ और अलग-अलग रचना, तोड़ा
फिर रचने का स्वप्न देखा
बहुत-कुछ बचा
वह भी कभी सहेजकर रक्खा कभी छोड़ा
रक्त में कोई अनाम बेचैनी उफनती रही
बदलने के लिए
खुद को यानी दोनों को
बल्कि हर चीज को
शायद कुछ बदला
शायद नहीं भी बदला
या सभी कुछ बदल-बदलकर भी
वही बना रहा
जीवन इसी उधेड़बुन में तना रहा।

नेमि जी की यह कविता एक अत्यन्त ही निजी कविता है। इस अर्थ में, कि यह उनके विवाह की पचासवीं वर्षगाँठ पर लिखी गयी कविता है। इसके बावजूद यह कविता कतई भावुकतापूर्ण स्मृतिचारण की कविता नहीं है। नेमि जी, जो युग-परिवेश की स्मृति में ब्यौरेवार वर्णन-संस्मरण को थोड़ी बहुत जगह-अन्य कविताओं में देते ही रहे हैं, इसमें लगभग सपाट से शब्दों से अपना काम चलाते दीखते हैं, हालाँकि किसी भी संवेदनशील और वैचारिक समझ से सम्पन्न पाठक के लिए यह कतई कोई सपाट या निरपेक्ष रूप से निहायत निजी स्मृति की कविता भर नहीं है। जरूरत इस बात की है कि हम इस कविता की व्यंजकता से संवेदित होने के 'सहजिया' बोध से जुड़े हों। अपनी निजी, भावुक और निश्चय ही मूल्यवान स्मृति को वे नकारते कहीं भी नहीं है, लेकिन वे उसे बिम्ब बोझिल और विशेषणधर्मी शब्दों से नहीं उकेरते। वे इसे लगभग सामान्य और आदिमतम बोली की व्यंजनता से साधते हुए हमें बात-बात में सुझाते चलते हैं, कि बदलने की प्रक्रिया से उनका नाता अभी टूटा नहीं है, हालाँकि बदलाव की सार्थकता के बारे में वे कतई कहीं से भी 'श्योर' नहीं हैं, कि कुछ सचमुच बदल रहा है, या कि कुछ सार्थक ढंग से बदल रहा है। एक ऐसा बदलाव, जिसमें 'बहुत कुछ के खोने' थोड़े-बहुत के बचे रहने, सहेजकर रखने और छोड़ने को', आत्मतोष की किसी अनिर्वचनीय आध्यात्मिकता से जोड़कर, खुश-खुश फारिग हुआ जा सके कि चलो एक महान् कविता या कि उसकी परम्परा की कविता बनी। पर नेमि जी तो, उन लोगों में से हैं (मैं जानबूझकर क्रिया का यह वर्तमानकालिक रूप लिख रहा हूँ, क्योंकि एक कवि इसी अर्थ में 'होने' के बीच ही रहता है।) जिन्हें उधेड़बुन में होना, तनाव में होना, कविता में होना ही, होने की एकमात्र सार्थकता लगती है, और इसीलिए वे जीवन के निरन्तर तनावग्रस्त होने की बात करते हैं, कि निजी स्मृति जैसी मन:स्थिति तक में निरपेक्ष रूप से समयातीत होने की गुंजाइश नहीं है। सिर्फ इस कविता में ही नहीं, इससे बहुत पहले की कविता में भी, नेमि जी यह महसूस करते हैं कि उससे भी पहले का उनका क्रान्ति स्वप्न कैसे भरभरा कर ढह गया है, लेकिन एक जरूरी क्रान्तिकारी परिवर्तन की आस्था कैसे अभी भी उनके मन में अडिग है। इसी आस्था के चलते समाज और राजनीति में सक्रिय आतंक और तानाशाही के चेहरों की कविता के रास्ते पहचानने की कोशिश में वे कितनी दृढ़ता से (आगे) बढ़ रहे हैं—

कहीं कोई धरती नहीं
कोई आसमान नहीं
केवल एक खालीपन बेपनाह
... ...

इतना अचरज क्यों
यहीं तो पहुँचना था
यह तो चले तभी क्या साफ नहीं था?
... ...
है न अजूबा यह देश
कि इतनी रोशनी में
बस अपना नंगापन ही दीखता है
... ...
इतनी रोशनी
और उसका झनझना देनेवाला संगीत
बर्दाश्त नहीं होता
... ...
एकाएक उसकी आवाज मद्धिम होने लगी
और धीरे-धीरे वह रोशनी भी सिमटने लगी
फिर धीमी होती-होती डूब गयी
... ...
जैसे कोई खोह हो भुतही रोशनी की
घना हो गया खालीपन
और हम उस अजूबे में बन्द छटपटाते रहे।

यह सन् '75 में लिखी गयी कविता है। पढ़कर अनायास ही आपातकाल के दिनों की याद आ जाती है। यह भी कि उन दिनों कैसे अधिकांश वामपन्थी आपातकाल का जश्न मना रहे थे और प्रतिरोध की जबानें किस कदर खामोश हो गयी थीं, पर इसके बावजूद यह एक प्रसंग-सीमित कविता नहीं है। कविता की बनावट ही, यथार्थ के ब्योरों से भिन्न, फैन्टेसी केन्द्रित है। आपातकाल का यह दारुण एहसास भर नहीं है, बल्कि अनुभव में वर्चस्व की शक्तियों की जटिलता को नेमिजी, पूरे विस्तार में उजागर नहीं कर पाते, और सम्भवत: व्यक्ति के अन्तर्मन की जटिलताओं को भी सतह पर की सरलता के साथ पकड़ते हैं, पर इसके बावजूद यह कविता याद दिलाती है कि स्वतन्त्रता के पहले की कविताओं की तुलना में वैचारिक समझ की प्रक्रिया में न तो मुखर उत्साह है, और न ही वाचाल विरोध। यह इसलिए कि—

जो करते हैं माँग आवेश भरी
बहुलता उदारता की

उन्हें भी नहीं है बर्दाश्त
कोई असहमति
कोई अलग नज़रिया
... ...
जारी है बहस कि आवाजें
किसकी है ज्यादा बुलन्द
हमलावर कौन है
कैसा है दुश्मन
कहाँ है?

स्पष्ट है कि बाहर चलनेवाली साहित्यिक या सामाजिक बहस में हिस्सेदारी अब उनके लिए सम्भव नहीं है, लेकिन बाहर जारी बदलाव की गति की चपेट में आनेवाले लोगों की तकलीफों से नाता तोड़ सकना भी उनके स्वभाव में नहीं है। इसलिए ही सम्भवत: वे कविता के रास्ते व्यक्ति के अन्तर्मन की दुनिया में जारी हलचलों को दर्ज करना चाहते हैं, और शायद इसलिए भी, जो बस उनके अन्दर जारी है, वह निरी सामयिकी के प्रेरित नहीं है। समय कुछ ऐसे प्रश्नों और ऐसी जिज्ञासाओं के साथ, उनके भीतर है, जिसे वे काल या महाकाल जैसे शब्द-प्रत्ययों से ही कुछ सन्तोषजनक ढंग से दर्ज कर पाते हैं क्योंकि—

और वह भी जो
भगाये लिये जाता है
काया की सीमा को लाँघ
जन्म-जरा-मरण की
सरहद के
अस्तित्व के भी परे
क्या वह सच नहीं है
क्या है सच?

इस तरह की कविताओं को पढ़ते हुए हम फिर याद कर सकते हैं कि अस्ति-चिन्ता के सामयिक, सामाजिक सन्दर्भों के पार जाने की अपनी संस्कारवन्त कोशिश, नेमि जी अन्त तक जारी रखते हैं। इस कोशिश में उनकी कविताएँ कभी सरल गद्य-कथन में बदलती हैं, तो कभी गहरी फैन्टेसी में। और कविता के रास्तों पर चलते हुए, वे महसूस करते रहते हैं, कि किसी स्थिर और सहज प्राप्त विचार की लकीर पर चलकर अब रचना सम्भव नहीं है, बल्कि अपनी अकेली पगडंडी पर शान्त चलते रहने की साधना से ही, मुक्ति के रास्ते की खोज जारी रखी जा

सकती है। दुहरा दूँ कि यह खोज किसी ऐकान्तिक ऐश्वर्य की खोज नहीं है, क्योंकि इस रास्ते पर भी तथ्यों की विकराल दुनिया उनसे ओझल नहीं होती और वे बराबर याद रखते हैं—

धर्म-ईमान, मन्दिर मस्जिद
ईश्वर-इंसान
ज्ञान-विज्ञान
भाषा, कला, संस्कृति
घातक हथियार
राजसत्ता
पूरी जिन्दगी
खिलौना है आज
नाबालिग बड़ों का

भवानी प्रसाद मिश्र

भवानी प्रसाद मिश्र की कविता को साहित्यिक इतिहास के समकालीन नामकरणों के आधार पर समझना मुश्किल है। उनका कृतित्व इन नामों में नहीं अँटता। प्रगति, प्रयोग, परम्परा जैसे वाद उनके स्वत:स्फूर्त काव्य के लिए न सिर्फ नाकाफी साबित होते हैं, बल्कि शायद उनकी रचनाशीलता की विलक्षण अद्वितीयता को ओझल करते से लगते हैं। आज जब हम उनकी उस समय की प्रकाशित कविताओं को पढ़ते हैं, तो रूपगत रूढ़िवादिता के बावजूद यह महसूस करते हैं कि ये कविताएँ सचमुच कुछ नया और मार्मिक कह रही हैं। यह नयापन महज ज्ञानात्मक या प्रयोगात्मक स्तरों पर ही विन्यस्त नहीं है। इसमें प्रतिष्ठित काव्य-परम्परा या कि छायावादी कविता अथवा बच्चन, अंचल जैसों की छायावादोत्तर कविता या सर्वहारा और साम्यवादी विचार को मुख्य प्रेरणा की तरह स्वीकार करनेवाली प्रगतिशील कविता की प्रतिक्रिया उतनी परिलक्षित नहीं होती, जितनी अपनी अन्त:प्रेरणा और अपनी काव्य-निष्ठा के आधार पर एक नयी राह खोजने की सकर्मक उत्सुकता दिखाई देती है। वास्तव में अपने अन्तर्जगत् के भावों, विचारों को प्रकट करने की कोशिश और कशिश से ही इन कविताओं में प्राणवत्ता आयी है। शुरू से ही इनके नयेपन और इनकी अद्वितीयता में इनके संस्कारवन्त संवेदनशील मन की भूमिका प्रमुख रही है। यह मन आधुनिक समय की आत्मसजगता से सम्पन्न है, पर इस सम्पन्नता की बुनियाद लोकचित्त के साथ उसके नैसर्गिक जुड़ाव में है इसलिए ही उनकी समूची कविता सार्वजनिकता से आतंकित कविता नहीं है। यह न तो सार्वजनिकता को बरकाती है और न ही उसे उस तरह महिमामंडित करती है कि उसके बावजूद उनकी कविता में विन्यस्त, उनके व्यक्तित्व की कोई सार्थक पहचान ही सम्भव न हो सके। यह ऐसा मन भी है, जिसे सहज ही भारतीय आस्तिकता के एक सार्थक प्रतीक की तरह भी पढ़ा जा सकता है। परम्परागत आस्तिकता को रूढ़ि के स्तर पर घटाने वाला धार्मिक उपचार मात्र नहीं है यह, बल्कि मानवीय नियति के कठिन प्रश्नों से आज और अभी के सन्दर्भ में भिड़ती, जुझारू आस्था का काव्यात्मक रूपाकार है। इस अर्थ में आस्तिकता के इस गहन

संस्कार को हर सार्थक कविता के अनिवार्य घटक के रूप में लिया जा सकता है। बेशक इस आस्था अथवा आस्तिकता में भक्त कवियों का-सा समर्पण नहीं है और न ही छायावादी कवियों की तरह सूक्ष्म चिन्तन-मनन है। दरअसल यह लोकचित्त की सहज आस्तिकता के वैविध्य को स्वीकार करती ऐसी भावना है, जो प्रश्नों, जिज्ञासाओं की आलोचनात्मक दृष्टि से एकदम कटी हुई नहीं है। एक सामान्य मध्यवर्गीय भारतीय के मन में बीसवीं सदी के पूर्वार्द्ध में जो चिन्ताएँ प्रमुख रूप से क्रियाशील रही हैं, भवानी प्रसाद मिश्र का कवि उन चिन्ताओं को शब्द-कर्म की अपनी चिन्ताओं से जोड़कर देखता है। समय, समाज, व्यक्ति, प्रकृति, परिवेश, देश और दुनिया को, शब्द-कर्म में आयत्त कर सकने की अथक और अटूट चेष्टा उनकी इन कविताओं में है, पर कविता को इस या उस ढाँचे का पर्याय मान लेना न तो उनके विचारों में है और न उनके स्वभाव में। सचाई तो यह है कि विचार-प्रक्रिया भी, उनके लिए स्वभाव प्रेरित प्रक्रिया है। इस स्वभाव के परिप्रेक्ष्य में ही उनके शब्दों के विन्यास को और उनके वैचारिक से लगते विश्वासों को सार्थक ढंग से समझा जा सकता है। यह भी शायद इसलिए कि सन् 35-36 से लेकर सन् 85 तक यानी मृत्युपर्यन्त उन्होंने जो हजारों रचनाएँ लिखी हैं, वे अपनी अद्‌भुत भावात्मक विविधता में, उनके अपने स्वभाव की खासियतों को सामने लाती हैं, ऐसी खासियतें, जो उन्हें विशिष्ट कवि तो बनाती हैं, लेकिन विशाल जनसमुदाय की साधारणता से अलग नहीं करती। यह आकस्मिक नहीं है कि हिन्दी में नये ढंग की या तथाकथित नयी कविता लिखनेवालों में भवानी प्रसाद मिश्र शायद अकेले ऐसे कवि हैं, जो हिन्दी के सजग पाठकों के बीच ही नहीं, बल्कि सामान्य पाठकों के बीच भी खासे लोकप्रिय हैं। उनके स्वभाव में मौजूद लोकधर्मिता की वजह से ही उनकी कविता का प्रभाव-क्षेत्र अन्यों की तुलना में ज्यादा प्रसारित और व्यापक है।

यहाँ यह स्पष्ट करना जरूरी है कि कवि-स्वभाव से आशय उनके जीवनीमूलक सन्दर्भ तक ही सीमित नहीं है। दूसरे शब्दों में, जन्मना जिस तरह के गुणों-विशेषताओं को लेकर वे आये और परिवार के संस्कारों से जो कुछ उन्हें मिला, उनसे ही उनके स्वभाव को नहीं समझा जा सकता। बेशक बचपन के संस्कारों, अनुभवों को एकदम से दरकिनार नहीं किया जा सकता, लेकिन अगर एक कवि के रूप में उनके व्यक्तित्व और उनके स्वभाव की बात की जा रही है, तब उचित और सार्थक यही है कि उनकी कविता के स्वभाव की विशेषताओं के सन्दर्भ में उन्हें समझने की कोशिश की जाए। सत्यापन अथवा द्वन्द्व की विशेषताओं को रेखांकित करने के लिए अगर उनकी जीवनी के सन्दर्भ सामने लाये जाएँ तो यह अधिक प्रासंगिक और अर्थवान रास्ता होगा और उन्हें पढ़ने का। यों भी किसी

कवि का वास्तविक अन्तर्जीवन तो उसके रचनाकर्म में लिखित होता है। पर भवानी प्रसाद मिश्र जैसे कवि के लिए तो यह शायद अनिवार्य है कि उनके जीवन को उनकी कविता के रूप में पढ़ा जाए। अपनी सारी चेतना का सार उन्होंने कविता में ढाल दिया, या कहें कि कविता ने ही उनकी वास्तविक व्यावहारिक चेतना का निर्माण किया। आठवीं जमात से लेकर महाप्रयाण के क्षण तक, जिसके साथ या कि जिसके पास वे अपने को लगातार उघारते रहे हैं, वह कविता ही है। वह अनेक रूपों में उनके पास रही है, और सम्भवत: उन्हें गढ़ती रही है। इसलिए आज जब हम उनके रचनाशील व्यक्तित्व या स्वभाव की बात करते हैं तो हमारे लिए यह आवश्यक है कि उनकी कविताओं के अन्तरंग में प्रवेश करें, और उस जीवन को जानें जो एक समर्पित शब्दकर्मी का अद्वितीय जीवन है, और जिसे सिर्फ घटनाओं की सूची बनाकर समझना बिल्कुल ही नाकाफी है।

हजारों की संख्या में प्रकाशित भवानी प्रसाद मिश्र की कविताओं पर सोचते हुए कई बातें मन में आती हैं। पहली बात तो यह कि कविता ही शायद उनका स्वभाव और स्वधर्म दोनों है, और अपने भाव और अपने धर्म को, वे इस तरह रचते हैं कि उन्हें पढ़कर हम सहज भाव से समय को अनेक रूपाकारों में देखते हैं और समभाव की तरह अनुभव भी करते हैं। इस अर्थ में उनकी कविता सामयिक और समयातीत के दो छोरों पर निरन्तर आवाजाही करती मालूम पड़ती है। पर इन दोनों ही स्तरों पर कविता का विन्यास, कविता का अपना समय भी निर्मित करता है। ऐसी ढेर कविताएँ उनकी रचनावली में मौजूद हैं, जो सामयिक घटनाओं की प्रतिक्रिया में लिखी गयी हैं और जिनके विन्यास में कविता की ऐसी गम्भीरता और विशदता नहीं आ पायी है कि उसे सामयिकता से भिन्न किसी व्यापक इहलौकिक प्रसंग में सार्थक ढंग से पढ़ा जा सके। इस तरह की कविताओं की बनावट से ही यह पता चल जाता है कि सामयिकता की रक्षा करने की सदाशयता और काव्य-कौशल की दक्षता की वजह से ही इस तरह की रचनाएँ सम्भव हुई हैं। इनमें राजनीतिक घटनाओं से लेकर व्यक्तिगत प्रसंग तक शामिल हैं। उनकी प्रारम्भिक कविताओं में यह सामयिकता एक सहज नैसर्गिक संवेदनात्मक, और कई बार भावुक सदाशय प्रतिक्रिया की तरह आयी है और कई बार उसमें एक तरह से आत्मचिन्तन करने की कोशिश भी है। अधिकांशत: सामयिकता से बद्ध ऐसी कविताओं में उनके मन का आदर्श या उस आदर्श पर पड़ती चोट की पीड़ा के स्वर ही प्रमुख हैं। स्वतन्त्रता के पहले की ऐसी रचनाओं में, स्वतन्त्रता एक स्वप्न, एक आदर्श लक्ष्य की तरह हर कहीं मौजूद है, पर वहाँ भी वास्तविक अनुभव के संसार को बिल्कुल ओझल नहीं कर दिया गया है। उदाहरण के लिए सन् '37 में लिखी गयी कविता 'मन्त्रियों का स्वागत' ली जा सकती है, जहाँ

अपनी भावनाओं को वास्तविक सामुदायिक अनुभव के सन्दर्भ में व्यक्त करते हुए कवि ने उसे निरे स्वागतगान से भिन्न, यथार्थ की पहचान से जोड़ने की कोशिश की है और जिसे पढ़कर यह भी लगता है कि तत्कालीन प्रगतिशीलता कविता की तुलना में एक किशोर कवि की यह रचना कम प्रगतिशील नहीं है। भारत की स्वतन्त्रता पर लिखी गयी पन्द्रह अगस्त सैंतालीस की छन्दोबद्ध रचना एक सरल आदर्शवादी मन की मासूम भावना की अभिव्यक्ति ही लगती है, पर उसी तारीख को लिखी गयी रचना 'साम्यवादी मित्र के नाम पत्र' में स्वतन्त्रता को महज एक आदर्शन और भावुक सन्दर्भ में नहीं देखा गया है। स्वतन्त्रता से पहले कवि ने भारतीय गाँवों और कस्बों के जिस यथार्थ का अनुभव किया था, वह अनुभव इस उल्लास के पर्व के दिन भी उन्हें चेताये हुए था और सम्भवतः यह कहना भी ठीक है कि इस राजनीतिक स्वतन्त्रता की सीमाओं और क्रूरताओं की पहचान कालक्रम में उनके मन में तीव्र और सघन होती गयी है।

नितान्त सामयिक घटनाओं पर लिखी गयी उनकी रचनाओं के सन्दर्भ में गाँधीजी की हत्या के बाद की रचनाओं का स्मरण एक प्रखर प्रासंगिक और अर्थवान स्मरण है। अपने समय को घटनाओं की स्थूलता में अखबारी ढंग से व्यक्त करने का दोषी तो उन्हें उनकी सामान्य कविताओं के आधार पर भी नहीं ठहराया जा सकता, पर गाँधीजी ही हत्या के बाद की अपनी लगभग बदहवास मनःस्थिति में उन्होंने जिस अद्‌भुत संयम के साथ, अपनी प्रतिक्रिया लिपिबद्ध की है, वह इस बात का प्रमाण है कि शब्द-कर्म उनके लिए एक सुचिन्तित और सुकल्पित कर्म था, जैसे उन्होंने पहली बार जाना था कि अपना दुख, अपनी हताशा, अपनी बेचैनी ही कविता नहीं है। यह बात भी संकल्प के स्तर पर बहुत पहल से उनके भीतर मौजूद थी, लेकिन जिस महात्मा को उन्होंने जीवन-मूल्य की तरह अपनी आत्मा में बसाकर अपना कर्म-जीवन शुरू किया था, उसी को स्वतन्त्र भारत में हत्या के द्वारा मौत मिली—यह तथ्य उनके लिए असह्य था। एक कवि की अपनी नियति और वरण के चलते उन्होंने इसे सहने के लिए जैसे कविता की शरण ली। इस दौर में लिखी गयी उनकी कविताओं में निश्चय ही भावुकता की भूमिका प्रमुख है, बल्कि कहना यह चाहिए कि यह भाव-प्रवणता कई बार तो भाव-ऊर्जा की तरह भी व्यक्त हुंई है। सामयिकता से प्रेरित अधिकांश कविताओं में भावना की स्वतःस्फूर्तता तो है ही, उसमें एक तरह की पवित्रता भी है। लगभग मासूमियत की तरह लगती हुई भी उससे भिन्न।

सामयिक घटनाओं पर लिखी गयी उनकी कविताओं में सर्वाधिक महत्त्वपूर्ण कविताएँ आपातकाल की घोषणा के बाद लिखी गयी हैं। इस दौर में उन्होंने हर रोज तीन कविताएँ लिखने का संकल्प किया था और उसे 'त्रिकाल सन्ध्या' नाम

दिया था। इस तथ्य पर टिप्पणी करते हुए 'भवानी प्रसाद मिश्र रचनावली' के सम्पादक विजय बहादुर सिंह ने लिखा है—"सर्वोदय और सर्व सेवा संघ के सदस्यों में यह बहस छिड़ी कि छात्रों के आह्वान पर विनोबा और जयप्रकाश को जाना चाहिए या नहीं। विनोबा इसके लिए किसी भी स्थिति में तैयार नहीं थे, किन्तु भवानी प्रसाद मिश्र विनोबा का साथ छोड़, छात्रों के आह्वान के उत्तर में जयप्रकाश के साथ सर्वोदय से बाहर आ गये। एक विराट जन आन्दोलन सम्पूर्ण क्रान्ति के नाम से मौजूदा शासन के खिलाफ सर्वोदयी जयप्रकाश नारायण की अगुआई में उठ खड़ा हुआ। प्रत्युत्तर में प्रधानमन्त्री इन्दिरा गाँधी ने देशभर में 26 जून, 1975 से दिसम्बर, 1976 तक—आपातकाल के विरोध में लगभग त्रिकाल सन्ध्या करते हुए उसने कुल अठारह सौ कविताएँ लिखीं। इनमें से कुछेक बाद में 'त्रिकाल सन्ध्या' के नाम से प्रकाशित हुईं।"

उद्धरण से यह स्पष्ट होता है कि आपातकाल की घोषणा से कवि-मन को कितना गहरा धक्का लगा था, पर यह भी हम जानते हैं कि इस धक्के के बावजूद कवि शब्द-कर्म की प्रासंगिकता और वरण की नैतिकता को लेकर कितने सर्जनात्मक स्तर पर उद्वेलित है। कविता की सामयिकता एक आस्तित्विक और मूल्यचेतस् वरण की तरह भी ली जा सकती है—इस तथ्य को कवि तो महसूस कर ही रहा था, उसने अपने पाठकों को भी महसूस कराया कि जिन्हें हम सामयिक कहते हैं, उन्हीं में से अस्तित्व के सार्थक प्रश्नों की शाश्वतता को ठोस इहलौकिक सन्दर्भों में समझा जा सकता है। आपातकाल की प्रतिक्रिया में लिखी गयी इन कविताओं में कुछेक के पाठ से तो यह भी लगता है, मानो इस दौरान ही कवि ने अस्ति और काल-चिन्तन के काव्यात्मक रूपाकार की तलाश के लिए एक नयी दिशा खोजी। यह भी अनुभव होता है कि निजी जिन्दगी की तकलीफों के बीच कर्म की नैतिकता स्थिर करने की उसकी कोशिश इस आपातकाल के दौरान ही अधिक वयस्क हुई। घोषणा के एकदम शुरुआती दिनों में तो कविता में रोष-आक्रोश, दुख और बेचैनी ही प्रमुख हैं, और उन्हें पढ़ते हुए ऐसा भी लगता है कि उदार प्रजातन्त्र की मूल्य चेतना के बिखर जाने की आशंका के चलते ही प्रतिरोध का यह स्वर उभरा है, पर धीरे-धीरे कविता 'काल' को आत्मिक अन्तरात्मिक परिवेश के अधिक अर्थवान अनुभवों में पहचानती है। बेशक तब भी जनतन्त्र की बुनियादी मूल्य चेतना की प्रेरणा यहाँ सक्रिय है, और यह ऐसी प्रेरणा है जो जन को निरे व्यक्ति और उससे जुड़े विचार को व्यक्तिवाद के रूपों में नहीं देखती, लेकिन यह ऐसी प्रेरणा भी है, जो समुदाय में अपने होने की चेतना के चलते, अपनी अन्तरात्मिक हलचलों की ठोस व्यक्तिमत्ता से कतराती नहीं है। जाहिर है कि इस आपातकाल का विरोध निरा राजनीतिक प्रतिरोध नहीं रहता, और प्रसंग

सीमा से बाहर जाकर हमें सोच-विचार के लिए उकसाता है। उदाहरण के लिए, इस 'आपातकाल' पर प्रत्यक्ष टिप्पणी करते हुए कवि ने 27 जून, 76 को ही ये पंक्तियाँ लिखीं—

अधिकार और कर्तव्य
आशा और भय
तय होते हैं सृष्टि के रूप की
किसी अपनी कल्पना के कारण
अलग-अलग मनों में
और फिर वे फलीभूत होते हैं
प्रेम में घृणा में
सहयोग में रणों में

जुड़ पाता है आदमी
इन्हीं बेल पर
अभी शासन से और विद्रोह से
अभी राग से या फिर द्वेष से
आरोह से अवरोह से
अखंड काल
आपातकाल में बदल जाता है
विराट हो जाता है कोई
मायावी पल
समूचे युग को निगल जाता है

इस पूरी कविता के विन्यास की सपाट गद्यात्मकता से यह स्पष्ट होता है कि कवि ने इसे अपनी भावुकता को संयमित रूप देने की बौद्धिक कोशिश के चलते ही लिखा है। इसके ठीक पहले 'रक्तक्षण' जैसी कविता में, उसने भावुकता को जस का तस कह देने की कोशिश की थी। दोनों ही कविताओं में आपातकाल में रहने-जीने का अनुभव प्रमुख नहीं है। तानाशाही की ओर बढ़ते भारतीय राज्य की तत्कालीन स्थिति पर एक त्वरित गुस्सा है, एक सात्विक वेदना भी है, पर अभी स्वर में 'तत्काल' ही प्रमुख है, वह मन नहीं, जिसके भीतर कवि के ही शब्द इस्तेमाल करें, तो कहेंगे और भी मन है। सिर्फ समुदाय के नहीं, व्यक्ति के भी। कवि इस तत्काल से उबरता है। और इसके लिए पहले अपनी तकलीफ को परिवेश की बदली वास्तविकता से जोड़कर अपने भीतर झाँकता है, तो पाता है—

स्थिति यह मेरी किन्तु
अलिप्त नहीं है
घनिष्ठ है
अँधेरे के तीर से
अँधेरे के नीर से
तारों से और आसमान से
भासमान से कल्पनाएँ नहीं
उतर रहे हैं, भाव और अनुभव
और भावनाएँ
और नक्षत्रों के स्वभाव से
मेल खाता लग रहा है मेरा मन

अभेद्य और नीरव
और काला एक वन है वह भी
सघन जिसका स्वरूप
न समझाया जा सकता है
और न
समझा जा सकता है उसका
कोई सिलसिला

अवास्तव से एक
समग्र प्रतीति में घिरी
मंडलाकार किसी व्याप्ति में
घूमता हुआ
सफेद और स्याह को एक साथ
चूमता हुआ मेरा अस्तित्व
बन्धनहीन एक बनाव है
तन्तुहीन एक तनाव है
सन्निपात से ग्रस्त
सूरज के अस्त हो जाने के बाद

यह आपातकाल की घोषणा के महीने भर के भीतर ही लिखी गयी कविता है और जाहिर है कि जिन शब्दों में यह भीतर झाँकना सम्भव हुआ है, वहाँ काल

महज तात्कालिक राजनीतिक स्वरूप में ही विन्यस्त नहीं है, और न ही इसके दिक् को एक विशिष्ट आधुनिक राष्ट्र राज्यीय चौहद्दी में सीमित किया जा सकता है। आशय यह कि आपातकाल महाकाल की चेतना से विच्छिन्न नहीं है, पर यह जरूर है कि न सिर्फ इस दौर की कविताओं में, बल्कि अत्यन्त निजी स्तर पर सामयिकता को सुझानेवाली कविताओं में भी होने के बोध की एक ठोस जमीन है। कवि की राष्ट्रीयता, उसका आत्मचिन्तन, उसकी प्रकृति-चेतना जैसे विषयों में भी ठोस और मौजूदा समय और परिवेश की निरन्तर सक्रियता है। खासकर उसकी राष्ट्रीय कही जानेवाली प्रवृत्ति में तो यह सहज भाव से लक्ष्य किया जा सकता है कि आधुनिक राष्ट्रीयता की चर्चा कुछ अतिरिक्त उत्साह के साथ ही जाती रही है, और इस सन्दर्भ में उनकी जीवनी के प्रसंगों के अलावा माखनलाल चतुर्वेदी या बालकृष्ण शर्मा 'नवीन' जैसे कवियों के प्रत्यक्ष प्रभाव का भी उल्लेख किया जाता रहा है, इसलिए शायद यह प्रासंगिक और सार्थक है कि 'राष्ट्र' के प्रति उनके लगाव को, थोड़े करीब से समझने की कोशिश की जाए।

अपने प्रारम्भिक चरण में राष्ट्रीयता की यह भावना किशोर उत्साह की तरह ही कविता में अपना रूप पाती है। उन्नीसवीं सदी से अँग्रेजों की गुलामी के प्रति भारतीय मध्यवर्गीय बुद्धिजीवी की प्रतिक्रिया स्वतन्त्रता के चरम मूल्य के रूप में व्यक्त होने लगी थी। बीसवीं सदी में गाँधी के नेतृत्व के बाद तो भारतीय शिक्षित वर्ग का एक बहुत बड़ा हिस्सा स्वतन्त्रता-आन्दोलन में भागीदारी करने लगा था। गाँधी के विस्तृत प्रभाव क्षेत्र में, उस समय के नवयुवक स्वतन्त्र भारत और आधुनिक राष्ट्र-राज्य की जो छवि गढ़ने लगते थे, उससे भवानीप्रसाद मिश्र जैसे सहज भाव-प्रवण कवि का अलग-थलग रहना सम्भव ही नहीं था। सम्भवत: इसीलिए राष्ट्र की स्वतन्त्रता के प्रति और गाँधी-विचार के प्रति अपनी एकान्त निष्ठा को व्यक्त करते हुए विद्यार्थी जीवन में ही अपने कैशोर्य की मासूमियत के साथ अपनी जो पहली कविता उन्होंने लिखी, उसमें उनका व्यक्तिगत जीवन नहीं, बल्कि राष्ट्रीय जीवन ही विषय के रूप में सामने आया। इस सम्बन्ध में अपनी प्रारम्भिक रचनाओं का हवाला देते हुए कवि ने स्वयं लिखा है—"अपनी सबसे पहली रचना जो मुझे याद आती है, वह गाँधी के चलाये आन्दोलनों के बीच ही लिखी गयी थी। मैं होशंगाबाद के हाई स्कूल में पढ़ता था। यह रचना उन दिनों की प्रभात फेरियों में गाई जानेवाली नरसिंह दास अग्रवाल की रचना 'रणभेरी बज चुकी, वीरवर पहनो केसरिया बाना' की इन दो पंक्तियों 'माता के सच्चे पूतों की आज परीक्षा होना है, देखें कौन निकलता माटी, कौन निकलता सोना है' के जवाब में तत्काल लौटकर छात्रावास के एक कमरे में लिखी गयी, 'मैं माता का पूत कसौटी का कोई पत्थर ले आये, मुझमें ऐसी रेख खिंचेगी जिससे सोना भी शरमाये।"

उनकी रचनावाली में यह कविता नहीं है। सम्पादक की टिप्पणी है कि 1926-30 के बीच किशोर जीवन की उनकी अधिकांश कविताएँ उपलब्ध नहीं हो सकी हैं, पर इसके बावजूद कवि की स्मृति से प्राप्त उनकी इन पंक्तियों का उनके समग्र सृजनशील व्यक्तित्व के सन्दर्भ में काफी महत्त्व है। एक तो यह कि यह तत्काल प्रतिक्रिया या जवाब के स्तर पर लिखी पंक्ति है। यह उनकी रचनाशीलता का एक बुनियादी गुण है कि उन्होंने इस 'तत्काल' को कभी बरकाया नहीं। उनके काव्य में सामयिकता की चर्चा करते हुए हम यह संकेत कर ही चुके हैं कि उपस्थित समय उनके लिए कार्य-समय ही है। बेशक इस तत्काल में बँध जाने, उसमें रमने या उसी में रस लेते रहने में उनकी दिलचस्पी नहीं। वे तत्काल को दिक् और काल के वृहत्तर आयामों से ही नहीं, बल्कि मानवीय अस्तित्व और आत्मचिन्तन के गम्भीर प्रश्नों से भी जोड़ते हैं पर तत्काल-विमुख होना उनके स्वभाव में नहीं है। दूसरा महत्त्वपूर्ण गुण, जो सामान्य पद्यात्मक कविता से ही भासित होता है, वह है देश और मातृछवि की निकटता। उनके लिए मातृभूमि महज एक रूढ़ि नहीं है उनकी कविता में देश को माँ की तरह उत्कटता से चाहने के एकाधिक उदाहरण सहजता से मिल सकते हैं पर किसी भी हालत में यह उत्कट लगाव विचार-विवेक विमुख नहीं है। एक तीसरी बात जो इसी प्रारम्भिक कविता से ही झलकती है, वह है आत्मचैतन्य की एक आभा, जिससे वे अपनी कहन के आंगिक बनावट की सचाई की एक लय देते हैं। यहाँ देश-परिवेश और मानवीय सम्बन्ध शुरू से ही कवि के भीतर की दुनिया के सृजनात्मक संघर्ष से जुड़े लगते हैं। इस कविता के ये तीनों गुण उनकी वयस्क कविता में भी लक्ष्य किये जा सकते हैं। उनकी राष्ट्रीय कविता अन्ततः आध्यात्मिकता की ओर गति करती दिखाई पड़ती है, तो यह भी सच है कि प्रथमतः भी वह इस वृहत्तर आत्मशोध के कर्म के सन्दर्भ में ही राष्ट्रीयता की पहचान करना चाहती है। उनकी मशहूर कविता जो कि 1930 में ही लिखी गयी थी, बड़े सहज भाव से कवि के आत्मविस्तार की दिशा की ओर संकेत करती है—

यह है तेरी भर न हो तो कह
और बहते बन सादे ढंग से तो बह
जिस तरह हम बोलते हैं, उस तरह तू लिख
और इसके बाद हमसे भी बड़ा तू दिख

बेशक इस कविता में इस बात के संकेत हैं कि यह कविता यथार्थ की चेतना से सम्पन्न है, पर इसमें इससे अधिक अर्थगर्भ संकेत आत्मविस्तार का है। वास्तव में अनुकरण का ही नहीं बल्कि वास्तव में यथार्थ से भागकर यह कभी सम्भव

नहीं हो सकता था। उससे टकराहट जरूरी थी। स्वतन्त्रता के चरम मूल्य को लगभग भावुक स्तर पर स्वीकार करने के युवा दिनों में भी राजनीतिक स्वतन्त्रता के प्रश्न को कवि ने सामुदायिक जीवन के वास्तविक अनुभवों से जोड़कर देखा है। यह महज रूमानी सहानुभूति का दर्शन मात्र नहीं है, बल्कि सहज मानवीय स्वभाव की ऐसी विकलता है, जो बोध के स्तर पर कभी यह नहीं भूलती कि स्वतन्त्रता का अर्थ मूलत: किनकी स्वतन्त्रता है और इस तरह की विकलता हम कवि में तभी से मौजूद देखते हैं, जब वह राष्ट्रीय भावना को सहज उत्साह और युवा-संकल्पों की जमीन पर पहचान रहा था, जबकि उसके मन में गाँधी के मार्ग पर चलने और कविता में इस संघर्ष को लिखने की मासूम और पवित्र इच्छाएँ अकुला रही थीं, और इसलिए सन् '39 में 'मन्त्रियों का स्वागत' नामक अपनी कविता में उसने लिखा था—

उनको यह हाल हरी झंडी, उनको यह तोरण और सभा
यह चहल-पहल, यह दौड़-धूप, उनको वस्त्रों की शुभ्र प्रभा
उनका जयघोष तुम्हारा यह, उनको स्वतन्त्रता के नारे
कुछ सुखी नहीं कर पाते हैं, वे निस्सहाय वे बेचारे

कवि की राष्ट्रीय भावना में वर्ग-चेतना का यह पहलू महत्त्वपूर्ण है। एक तो इसलिए कि इस वर्ग-चेतना का उस मार्क्सवादी विचारधारा से कोई सीधा सम्बन्ध नहीं है, जो प्रगतिशीलता के नाम पर उन दिनों की प्रतिष्ठित विचारधारा थी। दूसरे, इसमें गाँधीवाद के सरकारी नजरिए से भिन्न एक ऐसी ऊष्मा भी है, जो इसे उनकी राष्ट्रीय चेतना का महत्त्वपूर्ण घटक बनाती है। यहाँ राष्ट्र की स्वतन्त्रता तक, लोगों के अपने जीवन-संघर्ष के बरक्स प्रश्नबिद्ध होती दिखाई देती है। इसके बावजूद शायद यह भी गौरतलब है कि इस शुरुआती दौर में ही गाँधी के प्रभाव की पूर्ण स्वीकृति के बावजूद मार्क्स की विचारधारा को उन्होंने उपेक्षणीय नहीं माना था, उसको पूरे में स्वीकार कर सकना बेशक उनके लिए सम्भव नहीं था, लेकिन वे नैतिक दृष्टि से और कुछ हद तक उसके विश्लेषण से भी, लगातार अपना सम्बन्ध बनाये हुए थे। इस सन्दर्भ में असहयोग आन्दोलन के दौरान, जेल में मार्क्स के अनुवाद से सम्बन्धित मुद्दे को सामने लाते हुए रचनावली के सम्पादक विजय बहादुर सिंह ने लिखा है—

''जेल के दिनों में ही उसने कार्ल मार्क्स की 'दास कैपिटल' का अध्ययन और विधिवत् अनुवाद भी शुरू किया और कुछ हिस्सों को पद्यबद्ध करने की कोशिश की। यह सिर्फ पद्यबद्ध करने की कोशिश नहीं, इससे कुछ ज्यादा है। 8 फरवरी', 45 की डायरी में कुछ पंक्तियाँ हैं—

खरीदी चीज और वह चीज रख ली
तो ऐसी देर से बदलेगी कीमत
घटेगी–बढ़ेगी पैसे की जीनत
ये क्षणभंगुर बदल सब बदल देगा
मजा मारेगा ताकतवर इसी से
बिना ताकत का मर जाएगा मजदूर
न बोलेगा न चालेगा किसी से''

स्पष्ट करूँ कि भवानी प्रसाद मिश्र की जेल–डायरी का यह उद्धरण महज इसलिए दिया जा रहा है कि राष्ट्रीय स्वतन्त्रता के रोमानी उत्साह के बावजूद उनकी राष्ट्रीयता विचारों के अपवर्जन पर नहीं टिकी थी। विचार को अनुभव की एक प्रक्रिया की तरह ही उन्होंने लिया था और यही वजह है कि असहयोग आन्दोलन में जेल जाने के पहले भी उन्होंने स्वतन्त्रता के लिए जो उद्‌बोधनात्मक या कभी-कभार उपदेशात्मक कविताएँ लिखी थीं, उनमें राष्ट्र के सामुदायिक अनुभव के सगुण साकार रूप को कहीं भी ओझल नहीं किया गया है। निश्चय ही गाँधी को इस बात का श्रेय दिया जाना चाहिए कि स्वतन्त्रता–आन्दोलन के शुरुआती वक्त से जारी आधुनिक उदारवादी लोकतान्त्रिक राष्ट्र–राज्य की पश्चिमी परिकल्पना को उन्होंने आत्यन्तिक और एकमात्र लक्ष्य की तरह कभी स्वीकार नहीं किया था। उन्होंने 'भारत' को न तो प्राचीनता के महान् आदर्शों की रोमानियत में देखा था और न ही उसके आसन्न और भावी नक्शे की सरलीकृत छवि के रूप में। भवानी प्रसाद मिश्र की राष्ट्रीयता, गाँधी के विचार को उनके कर्म के ठोस मानवीय सन्दर्भों में पहचानती है। जेल जाने के पहले ही उन्होंने अछूतोद्धार, हिन्दी भाषा और युद्ध से सम्बन्धित जो रचनाएँ लिखी हैं, वे इस बात का प्रमाण हैं कि स्वतन्त्रता का अर्थ व्यापक जनसमुदाय की सम्प्रभुता है और वह सम्पूर्ण ग्राम स्वराज में ही सम्भव है। इसलिए शुरू में ही नहीं, बल्कि स्वतन्त्र भारत के वयस्क दिनों में भी साहित्य की दुनिया की प्रगतिशील और प्रतिक्रियावादी लड़ाई से ज्यादा महत्त्वपूर्ण उनके लिए ग्राम और शहर के बीच की बढ़ती हुई खाई है। पूँजीवाद के चलते भारतीय गाँव आज तो पूरी तरह से शहरी पूँजी के आश्रित हो गये हैं और इसलिए शायद पूँजी के उस रूप को समझना जरूरी है, जो सभ्यता के स्तर पर गाँवों के वास्तविक सर्वहारा का अस्तित्व ही खत्म करने में लगी है।

स्वतन्त्रता के पहले ही भवानी प्रसाद मिश्र ने युद्ध हथियार केन्द्रित इस अर्थव्यवस्था के खतरे को पहचान लिया था। इसलिए ही उनकी राष्ट्रीयता के आधारभूत राजनीतिक विचार के रूप में सभ्यता के विनाशकारी रूप की इस आलोचना को रेखांकित करना जरूरी है। और शायद आधुनिक समय में बहुत

प्रासंगिक भी। गाँधी की प्रेरणा से किसी सक्रिय कार्यकर्ता की तरह राष्ट्रीय आन्दोलन में कूद पड़े भवानी प्रसाद मिश्र अपने जेल के दिनों में ही युद्ध की विभीषिका रचनेवाली इस सभ्यता के मूल को पहचानते थे। युद्धविरोध की उनकी कविताएँ इसलिए ही उनकी राष्ट्रीयता को संकीर्ण नहीं होने देतीं। स्वतन्त्रता के पहले उनमें युद्ध के परिणामों को सामुदायिक जीवन की मारात्मक गरीबी से सन्दर्भित करने की जो चेष्टा है, वह निरी व्यंग्योक्ति या वर्गचेतना की सदाशयता से ही रचित नहीं है। उसमें आधुनिक समझ की सक्रियता है और गाँधीवादी विचार की सार्थकता भी। जनवरी '45 के प्रारम्भिक राष्ट्रबोध के उत्साह- धर्मी स्वरों के बीच पद्य की ऐसी आवाज भी उनके वहाँ सुनने को मिल जाती है—

कहे भूखे से जाकर आदमीयत का कोई बन्दा
समुन्दर पार चलती है लड़ाई दीजिए चन्दा
कहे नंगे से कोई उठो कपड़ा जगत को बाँटो
बिचारा सुनके घबरा जाए तो आप क्यों डाँटो
दुआ तक को नहीं उठ पाए जिसके हाथ यों लागर
भला क्यों चीरने आये किसी का वह समर सागर

जाहिर है कि यह महज इसलिए नहीं है कि द्वितीय महायुद्ध में अँग्रेजों के प्रति वे अपने विरोध को व्यक्त कर सकें, बल्कि युद्धमात्र के प्रति वैचारिक प्रतिरोध को अपनी जातीय वास्तविकता से सन्दर्भित करके लिखने की कोशिश है इसमें स्वतन्त्रता के लिए भी न्याय और समता के समाज की अपनी कल्पना में वे जिस विचार को पूरी शिद्दत के साथ घुलाने की कोशिश करते हैं उनमें युद्ध का वैचारिक और अहिंसक प्रतिरोध प्रमुख है। उनकी वयस्क कविता में यह स्वर अधिक सान्द्र होकर उभरता है और हम पाते हैं कि उनकी राष्ट्रीयता या माँ का सपूत बने रहने की उनकी निष्ठा कोरी भावुकता है और हम पाते हैं कि उनकी राष्ट्रीयता या माँ का सपूत बने रहने की उनकी निष्ठा कोरी भावुकता नहीं है। सम्भवत: उनकी समझ अपनी वर्ग-चेतना के आधार पर राष्ट्रीय और मानवीय जिम्मेदारी की दिशा तय करनेवाले एक सरल भारतीय कवि की है, जिसके लिए भारतीयता मानवीयता से विच्छिन्न कोई पौराणिक कल्पना मात्र नहीं है। वे देश और जाति की आड़ में हिंसा की वकालत की अन्धराष्ट्रीयता के खतरों को समझते हैं। इसलिए समझते हैं कि वे मारक अस्त्रों की प्रतिस्पर्धा में लगे राष्ट्रों के चरित्र को आत्मसीमित देशभक्ति की संकीर्ण दृष्टि से नहीं देखते। वे शब्दकर्मी की संवेदना को सभ्यता के अधिक गहन और विकराल प्रश्नों से जोड़ने की कोशिश करते हैं—

मेरी मानोगे
तो किसी और को नहीं
अपने को ठीक-ठीक जानोगे
और खुल जाएँगे द्वार पारस्परिकता के
आड़े आनेवाली हर दीवार के बीच
तब तुम एक हाथ से कबूतर
और दूसरे हाथ से आकाश में
फौलादी वर्तुल नहीं उड़ाओगे
और कसमें नहीं खाओगे
सिर्फ शान्ति और सहअस्तित्व की
जियोगे एक सीधा सादा जीवन

ये पंक्तियाँ एक ईषत् लम्बी कविता का अंश हैं और कवि ने यह कविता सक्रिय राजनीतिक कविता के कड़वे और त्रासद अनुभवों से गुजरने के बाद खिली है, यानी आपातकाल के बाद। यह कविता सीधे-सीधे युद्धविरोध से सम्बन्धित नहीं है, बल्कि इसमें विकास की उस पश्चिमी दृष्टि का ही विरोध है, जो युद्ध की निरन्तरता को या कि उसकी आशंका को बनाए रखने के लिए अन्तरिक्ष को अपने तथाकथित प्रयोगों से पाटने में लगी हुई है। इस कविता में कबूतर उड़ानेवाले तथा उपग्रह छोड़कर युद्ध की तैयारी जारी रखनेवाले हाथों को एक-दूसरे के बरक्स रखकर कवि विकसित सभ्यता के बुनियादी चरित्र पर ही सवालिया निशान लगता है। यह इसलिए कि जिस स्वतन्त्र राष्ट्र की कल्पना में उसके शब्दों ने उसकी आत्मा को पुकारा था, वह स्वतन्त्र राष्ट्र स्वयं कुछ लोगों के व्यावसायिक हितों की रक्षा के लिए अपनी दरिद्र जनता की मूलभूत आवश्यकताओं को भुलाकर हथियारों की दौड़ में शामिल हो गया है, और वह भी राष्ट्र की सुरक्षा के नाम पर। कवि की राष्ट्रीयता अपनी भूखंडीय अटूटता की सुरक्षा को बिसारती तो नहीं, लेकिन उसकी आधुनिक समझ और उसकी संस्कारवन्त संवेदना को यह अच्छे से पता है कि युद्ध के साधनों और उसके तौर-तरीकों से शान्ति की स्थापना असम्भव है। और इस शान्ति के बिना इस देश की जनता का विकास भी असम्भव है। बेशक उसकी इस समझ में आधुनिक अन्तर्राष्ट्रीय सम्बन्धों की जटिलता का अवबोध नजर नहीं आता, लेकिन मानव स्वभाव पर आधारित सभ्यता-समीक्षा की वह दृष्टि जरूर नजर आती है, जिसने गाँधी को एक मजबूरी मशहूरी के फैशन की तरह नहीं देखा है, बल्कि उसके व्यक्तित्व में अन्तर्निहित मानवीय करुणा की विशालता और व्यापकता के आधार पर उसे समझने की कोशिश की है। अहिंसा के सम्बन्ध में अपने विचार खालिस गद्य में व्यक्त करते हुए, 'अहिंसा-संस्कृति

का आधार स्तम्भ' नामक अपने एक सुविचारित निबन्ध में उन्होंने लिखा है—

''अहिंसा एक सामाजिक मूल्य है। समाज में यानी हमारे ही समाज में ऐसे लोग मिल जाएँगे, जो अहिंसा का नाम लेनेवाले को बेईमान समझ सकते हैं। या 'प्रतिक्रियावादी' कह सकते हैं। फिर भी इस बात से इनकार नहीं किया जा सकता है कि अहिंसा का विचार शताब्दियों से विश्लेषण का विषय रहा है। साधारण व्यक्ति से लेकर, बड़े से बड़े विचारकों को इसने मथा है। एक जमाना था जब यह विचार धर्म के क्षेत्र का अधिक था और नैतिकता के दायरे में आता था। मगर पिछले पचास-साठ बरसों में गाँधी ने उसे, उसी क्षेत्र या दायरे में बँधकर पड़े रहने की स्थिति से बाहर निकाला। गाँधी ने उसे नये आयाम दिये और अब इस पर नित्य खोजें चलती हैं कि समाज को बदलने में उसका किस जगह क्या उपयोग हो सकता है। यह उपयोग सीमित क्षेत्र में नहीं, अन्तर्राष्ट्रीय सम्बन्धों को सँवारने-सुधारने तक में जरूरी लगने लगा है। हिंसा के हार्दिक हामी और विशेषज्ञ भी सहअस्तित्व, पंचशील और देदाँते आदि का उच्चारण करते थकते नहीं हैं।''

इसी वैचारिक समझ की सक्रियता के कारण वे पुरुष-हिंसा केन्द्रित उस आधुनिक राष्ट्र-राज्य के विकास के तौर-तरीकों को कभी मन से स्वीकार नहीं कर सके, जिसकी परिकल्पना उन्नीसवीं सदी के पुनर्जागरण के बौद्धिकों ने की थी, और बीसवीं सदी के राजनेताओं तथा दीगर विशेषज्ञों ने जिसे तहेदिल से स्वीकार किया था। आधुनिक पश्चिमी राष्ट्र राज्य के स्वरूप को और उस स्वरूप को बनाये-बचाये रखने वाले तौर-तरीकों को जिस तरह कभी गाँधी ने पूरी तरह से स्वीकार नहीं किया, उसी तरह भवानी प्रसाद मिश्र ने भी अपनी कविता में, जो उनके देह-मन-प्राण और आत्मा की आवाज थी, राष्ट्र को निरपेक्ष सत्य के ईश्वरत्व की तरह नहीं देखा। उसकी राष्ट्रीयता की चर्चा के दौरान इसलिए यह तथ्य बलपूर्वक रेखांकित करना जरूरी है कि युद्धोन्मुख राष्ट्र अथवा राष्ट्रीयता की प्रखर और दो टूक आलोचना उन्होंने हमेशा की है। अपनी रचनाशीलता के अन्तिम चरण में तो, उनकी प्रखरता, एक तरह के स्पष्ट गद्यात्मक विचार में व्यक्त होने लगती है—

''अगर युद्ध कभी हो गया तो हम अपने आपको उसके पाप से अछूता घोषित नहीं कर सकते हम भी शस्त्र जमा कर रहे हैं अपने वित्त से बाहर और शर्म नहीं खा रहे हैं बल्कि आत्मनिर्भर होते जा रहे हैं लजाना चाहिए संस्कृति के निधान इस देश के लोगों पर उन लोगों पर जो शस्त्रों की होड़ को जरूरी कह रहे हैं और कायर मानना चाहिए अपने आपको क्योंकि हम चुपचाप इन दम्भ वचनों को रट रहे हैं''

रचनावली के सातवें खंड की जो कविता यहाँ समूची उद्धृत की गयी है, वह 15, 82 को लिखी गयी कविता है। इस कविता के आसपास के सारे पृष्ठ युद्ध और हिंसा के प्रतिरोध के कथनों से भरे हैं। जाहिर है कि अपनी रचनायात्रा के अन्तिम चरण में कवि का राष्ट्रबोध, प्रखर आलोचनात्मक गद्य के इस्तेमाल से हिंसा की उस संस्कृति का विरोध करता है, जो अस्त्रों की होड़ की संस्कृति के रूप में ही राष्ट्रीयता को परिभाषित करने में लगी है। इस सिलसिले में यह भी याद रखना चाहिए कि भवानी प्रसाद मिश्र के जीवन-संस्कारों में और काव्य-संस्कारों में भी आत्मपरिशोधक आत्ममन्थन की स्थिति बुनियादी है। अपने को निरन्तर और गहराई से जानने के लिए ही उन्होंने शब्द का माध्यम चुना था, और उनकी राष्ट्रीयता भी अपने भीतर और बाहर की अनथक यात्रा की ही उपज है वह औपचारिक या भावुकतापूर्ण तो अपने प्रारम्भिक चरण में भी नहीं रही। उसमें देश परिवेश से, परिवेश पड़ोस और गाँव से और पड़ोसी आत्म से अभिन्न हैं। उनकी राष्ट्रीयता इसी अर्थ में उनके मानवीय बोध और उनकी ब्रह्मांडीय चेतना की सहधर्मिणी है। उसने न तो निरे राजनीतिक अर्थ में समझा जा सकता है और न ही सदाशय आदर्शवादी सामाजिकता के अर्थ में। उनकी कविता की विशेषताओं को समग्र आस्तित्विक अनुभव के सन्दर्भ में ही पढ़ना, पाठ की एक सार्थक दिशा कही जा सकती है।

शुरू में ही हमने कहा था कि भवानी प्रसाद मिश्र की कविता में अपने मन के शब्द में जानने और लिखने की कोशिश केन्द्रीय है। उनका आत्मचिन्तन, भारतीय परम्परा और पश्चिमी स्वतन्त्रता और प्रगति के विचारों को आत्मसात् करता, और इस दौरान उसको काटता-छाँटता जिस काव्य-रूप में घुलता है, वह काव्यरूप मानवमन की विलक्षण गतिकी (डायनेमिक्स) से निर्मित है। उसकी चंचलता को अच्छी तरह जानते हुए वे हर तरह के शब्दों में इसे लिखने की कोशिश करते हैं। उनका आत्मचिन्तन या मानव-अस्तित्व के प्रश्नों पर मनन, इहलौकिक विकरालता और विसंगतियों के ठोस वास्तविक सन्दर्भों में ही जारी रहता है। अपने को जानने के लिए वे प्रथमतः अपनी साधारणता और सबके साथ अपने होने को ही जानते हैं। इस तरह सोचें तो यह भी लगता है कि मौजूद समय को टालना और किसी एकान्त में शब्द-साधना करना उनके स्वभाव में ही नहीं है। अपनी काव्य-यात्रा के एकदम प्रारम्भिक दौर में ही उन्होंने यह तरह-तरह से अनुभव कर लिया था कि जैविक सामाजिक अस्तित्व के सवाल आत्मा के चिन्तन के सन्दर्भ में भी उतने ही महत्त्वपूर्ण हैं, जितने भौतिक बेहतरी के लिए माने जाते हैं। और यह भी कि मुक्ति का स्वप्न ऐकान्तिक साधना से कभी पूरा नहीं हो सकता। अतः उनके आत्मालोचन का प्राथमिक चरण तो निश्चय ही आत्मदान के स्पष्ट तौर पर सामाजिक,

राष्ट्रीय और भौतिक सन्दर्भ से जुड़ा है। इस सन्दर्भ की अनेक कविताएँ उनके प्रारम्भिक काव्य में देखने को मिल सकती हैं, लेकिन जिस गहराई में आत्मालोचन की यह प्रक्रिया जन्म लेती है वहाँ बिल्कुल आरम्भिक चरण में ही इस बात का अहसास सघन है कि इस दुनिया के बुरे में मेरा अपना हिस्सा भी है। भारत की समाजार्थिक अवस्था में आत्मसजग मध्यवर्ग के आत्मालोचन का यह एक राजनीतिक ही नहीं, बल्कि अनिवार्य नैतिक पक्ष है कि स्वयं हम दूसरों को नहीं, अपने को पहचान कर शुरू करें, सामाजिक आलोचना की अपनी कविता; ताकि हम उस अनुभव के रू-ब-रू हो सकें, जहाँ बुरे के जिम्मेदार सिर्फ दूसरे नहीं हैं। भवानी प्रसाद मिश्र अपनी राष्ट्रीय कविता के उत्साह-भरे दिनों में ही शहरी मध्यवर्ग के अन्तर को पहचानने की यह कविता लिख रहे थे और दो टूक शब्दों में कह रहे थे—

मैं अगर हर चन्द यह सोचूँ
कि सेवा कर रहा हूँ
जबकि देता हूँ कम
ज्यादातर खीसें भर रहा हूँ
तो सिवा इस विषम दुनिया के
अधिक क्या रच रहा हूँ
मैं भले कवि कहूँ अपने को मगर
ये साफ बिल्कुल है
कि बस गुन खो चुका हूँ
सिर्फ सात्विक शुद्ध रद्दी
इक लुटेरा बच रहा हूँ

यह आजादी के कुछ ही महीने पहले की कविता है। बार-बार अपने मन के भीतर झाँकते कवि को इस दौर में भी मानो मुक्तिबोध के शब्दों में यह पता है कि 'दिया बहुत-बहुत कम' और इसी के चलते कई बार शब्द-कर्म के प्रति भी उनके मन में आशंका पैदा होने लगती है और शब्द उन्हें नाकाफी लगने लगते हैं। फिर जैसे अपने मन में ही वे देखते हैं कि शब्द ही शायद कीमिया बनकर खिलेंगे और परमप्रिय के साथ एक मिलन सम्भव होगा। आशय यह है कि एकदम शुरुआती दौर में उन्हेंने अपने आत्मचिन्तन को आलोचना की व्यक्तिगत हिस्सेदारी की ऊष्मा दी है लेकिन उसे आत्मभर्त्सना और आत्मदया से निरन्तर बचाया भी है। और यही कारण है कि अगले दौर की कविता व्यक्ति की आलोचना तक ही सीमित नहीं है। इस अर्थ में वह समुदाय के आत्म की पहचान की कविता

है तथा जिसे हम सामाजिक सम्बन्ध कहते हैं; उसकी असलियत को समझने की दिशा भी हमें ऐसी ही कविताएँ सुझाती हैं। जाहिर है कि आत्मालोचन की यह कविता 'प्राइवेट और निजी दुनिया' के प्रसंगों तक ही सीमित नहीं है, जिस तरह वह निरे आध्यात्मिक आशयों में भी सीमित नहीं है। वास्तविकता यह है कि वह तर्कप्राण दार्शनिक चिन्तन की कविता है ही नहीं, बल्कि मन की विचित्र गति की पहचान सम्भव करानेवाली कविता है और इसीलिए उसके लिए यह जरूरी हो जाता है कि वह सम्बन्धों की वास्तविकता के बीच 'एकान्त ऐश्वर्य' को पहचानने की अपनी प्रतिज्ञा को पलभर के लिए भी न बिसारे, बल्कि सहज भाव से उचारे कि—

सम्बन्ध हमारे
अन्ध बन्धन हैं ज्यादातर
छायाभर हैं दर्पण की
हमारे सारे सम्बन्धी
अन्धी इस हलचल को
कैसे मिले सरल दृष्टि
दर्पण को द्वार कैसे
कैसे अपार पथ पार करें
पाँव ये
माटी के
तरल कैसे हों प्राण
अविरल प्रस्तर परिपाटी के

ये पंक्तियाँ महज सामान्य ज्ञान या औसत बुद्धि से भी समझी जा सकती हैं, क्योंकि इससे हमारे संस्कारों की भाषा में सम्बन्धों के ममत्व-भरे रूप और उसकी अन्धता के एक लगभग सार्वजनिक अनुभव को लिखने की कोशिश है, पर कविता में रची पीड़ा इसे महज बुद्धि और सम्बोधित सूचना बनने से रोकती है। इसमें हम उस छटपटाहट को भी महसूस कर सकते हैं, जो इन अन्धबन्धनों को महज चीन्हती भर नहीं, बल्कि उनके पार जाना चाहती है। यह सम्बन्धों की दुनिया की अवहेलना नहीं है, बल्कि निरे भौतिक-सामाजिक आधार पर रचे गये सम्बन्धों की सीमा का अनुभव है। इस दृष्टिहीन सम्बन्धात्मकता को कवि ने इतिहास और परम्परा के साक्ष्य पर भी समझने की कोशिश की है। अपनी बेचैनी को उन्होंने सामुदायिक इतिहास और परम्परा के साक्ष्य पर भी समझने की कोशिश की है। अपनी बेचैनी को उन्होंने सामुदायिक इतिहास के एक प्रमुख पात्र की वाणी

के रूप में भी रचा है। वह पात्र है अशोक। 'कालजयी' नामक अपने इस खंडकाव्य में अशोक के माध्यम से कवि ने महज हिंसा-अहिंसा के प्रश्न पर ही नहीं, बल्कि समग्र मानवीय अस्तित्व के प्रश्नों पर विचार किया है। इस चिन्तन में गाँधी के अतिरिक्त बुद्ध का भी प्रभाव लक्षित किया जा सकता है। सुदूर के इतिहास के इस पात्र को, समाज-चिन्ता ही नहीं, अस्तित्व-चिन्ता के रूप में रचने की चेष्टा के पीछे भारतीय और वैश्विक सभ्यता की साम्प्रतिक अवस्था तो है ही, इसके अलावा अपने निजी होने की सार्थकता को अपने सांस्कृतिक इतिहास से प्राप्त अन्तर्दृष्टि से रागात्मक स्तर पर जोड़ने की एक भावसिक्त सृजनात्मक मानसिकता भी है। यह तत्काल सीमित तो नहीं है, आयोजन की वाग्मिता के प्रदर्शन के लिए भी नहीं है। आवयविक स्तर पर महसूस की जा सकनेवाली इसकी लय में रची-बसी वेदना से तो यही लगता है कि कवि 'हिकमत' से परे जाकर, इस काव्यरूप को एक दीप्ति देता है। कुछ पंक्तियाँ लें—

फिर भी प्रश्न उठाये हैं सिर मन में मेरे
कितनी चिन्ताएँ अब भी हैं मुझको घेरे
लगता है मैं कौन कि सारे राजपाट की धारा बदलूँ
नयी एक पद्धति गढ़ने में चूना बदलूँ गारा बदलूँ

अथ से इति तक उद्‌गम से सागर तक की
संस्कृतियाँ समझीं
वेद उपनिषद् षड्‌दर्शन
मनु याज्ञवल्क्य स्मृतियाँ समझीं
...
समझ नहीं पाता कि सत्य है क्या
क्या सत्य किसी ने जाना
अन्तहीन है सृष्टि कि हमने
इसे लोभ में ऐसा माना
और नित्य गढ़कर भी इसको
फिर विनाश तट तक ले जाते
शुभ के पाँव नहीं टिक पाते

पहली ही नजर में यह स्पष्ट हो जाता है कि दार्शनिक प्रश्नों के रूप में इस कविता में आत्यन्तिक अर्थ में कोई नया और चौंकानेवाला विचार नहीं है, पर इसमें कवि की प्रश्नाकुलता की नैसर्गिक ऊष्मा है, जो यह अनुभव कराती

है कि उसके भीतर उठने वाले प्रश्न चिराचरित होते हुए भी आत्मिक स्तर पर उद्‌बुद्ध करनेवाले रागभाव और नैतिक बोध से सम्पन्न हैं। कवि ने केवल साहित्यिक महत्त्वाकांक्षा के चलते खंडकाव्य के लिए कलिंग युद्ध के नायक अशोक को नहीं चुना है उसके अन्तर को ये शाश्वत प्रश्न लगतार व्यथित करते हैं। प्रारम्भिक राष्ट्रबोध के सरल किशोर दिनों में उसकी पीड़ा, भारतीय जन की करुण अवस्था से जुड़ी थी। जन की आर्थिक- सामाजिक हालत से आजादी के अपने स्वप्न को जोड़कर वह अपनी भावनाओं को अपने अनुभवों और आशंकाओं को कविता में विन्यस्त करने की कोशिश करता था, लेकिन स्वतन्त्रता के बाद से ही परिवेश के साथ उसके जुड़ाव में एक तरह की वैचारिकता सक्रिय दिखने लगती है। यह वैचारिकता किसी विचार-सरणि के अन्ध अनुकरण पर आधारित नहीं है। इसमें शरीर की इहलौकिकता और आत्मा की लोकोत्तरता को पहचानती एक ऐसी भाषा है, जो देह, मन और आत्मा के बँटवारे को स्वीकार नहीं करती। वास्तव में जैसा कि हमने एकदम शुरू में कहा कि यह भारतीय कवि की आस्तिकता की भाषा है, जिसके चलते भवानी प्रसाद मिश्र बाहर से भीतर की अपनी यात्रा आरम्भ करते हैं। कहना न होगा कि भीतर से बाहर की यात्रा भी उसने इसी आस्तिकता में अन्तर्निहित करुणा की प्रेरणा पर ही की है और ऐसा कहते हुए यह भी जोड़ना जरूरी है कि भीतर और बाहर को आत्यन्तिक रूप से भिन्न मानने की भेददृष्टि उनके काव्यचिन्तन में कहीं नहीं है। इस तरह से सोचें तो ऐसा लगता है कि कवि भारतीय जन की पीड़ा और संघर्ष को लिखने के लिए जितना प्रतिबद्ध है, भारतीय मन को रचने के लिए उससे कम विकल नहीं है और इस भारतीय मन को वह अपने मन में जिस तरह जानता है, उसी तरह लिखने की कोशिश करता है। शब्द-साधना वास्तव-सीमित साधना-भर नहीं है। अतः कवि का देश-काल महज वास्तविक देश-काल नहीं होता, वह अन्तरात्मिक देश-काल का रूप ले सके, इसलिए कवि उन्हें प्रकृति के विविध रूपों में रचता है, साथ-साथ भाषा की सर्वनामी क्रियात्मकता में भी। और तब हम महसूस करते हैं कि बोलचाल की इस जबान में केवल रूप रचने की विकलता ही नहीं है, आत्मदर्शन की जद्दोजहद भी हर कहीं है—'नहीं, विचित्रता इसमें कुछ नहीं है करके देखा, बहेंगे सुख-दुख तुम्हारे लिए जलधारा की तरह और तब तुम उसमें, तैरकर ही नहीं तरके देखो और, वैसे तो रहस्य हैं, ये हमारे खयाल काल और देश के बारे में समझिए जा पहुँचे हम किसी चमत्कार के मारे आकाशगंगा के किसी तारे में तो हम क्या जानेंगे उसका क्या माँगें उससे।

और वही क्या बना सकता है हमारा इतनी अद्‌भुत आकाशगंगा का अद्‌भुत से भी परे उसका वह तारा।

मगर बातें जो असाधारण और असम्भव मानी जाती हैं उनसे जुड़कर देखें उनके विस्तार में उड़कर देखें तो उसमें साधारण और सम्भव से बहुत अधिक मिलता है।''

साधारण और सम्भव से परे जाने की यह इच्छा उनके काव्य को एक नया उन्मेष देती है, इसलिए कि यह वास्तव में साधारण के ही अन्तस्तल की खोज को उकसाती है। कल्पना वैचित्र्य के मुहावरे में ही कौतुक नहीं करना चाहती। वह बौद्धिक विश्लेषण को, जुड़ाव के ऊर्ध्वगामी यात्रा की ओर ले जाती है। उनकी कविता में अस्ति चिन्तन इसी मुक्त और संयुक्त कल्पना और सहानुभूति के मेल से रूपाकार लेता है। इसलिए ही वह निरा-चिन्तन नहीं है, पर उसमें ऐसी खामख्याली भी कहीं नहीं है कि अपने असामान्य अनुभवों को बौद्धिकता की कसौटी पर जाँचे-परखे बिना उन्हें बजाने-गाने लगे। बौद्धिक सतर्कता निरे व्याकरणिक तर्क के स्तर पर नहीं है। अनुभव को अस्तित्व के प्रश्न में बदलने की संवादोन्मुख कोशिश कवि की इसी चिन्तनशीलता में हर कहीं दिखाई देती है। अपने पल-पल के बारे में सोचते हुए वह कई बार मृत्यु के बारे में भी सोचता रहा है। यह भी बौद्धिक स्तर पर मृत्यु-चिन्तन नहीं है, बल्कि व्यक्तिगत जिन्दगी में शुद्ध शारीरिक स्तर पर भोगे गये दिल के दौरों की त्रासदायक स्मृति पर टिका आत्मचिन्तन है। शायद इसी अनुभव के चलते कवि ने समय और राजनीति, सभ्यता और संस्कृति के प्रश्नों को अन्तरात्मिक अनुभवों की दिशा में मोड़ा है। शायद उसकी सहज आस्तिकता ने ही उसे राह सुझायी है कि वह जीवन को उसकी साथिन मृत्यु के साथ ही देखे, जाने और लिखे। बाद के स्तर पर इसे किसी भी हालत में पश्चिमी चिन्तन के अस्तित्ववादी प्रभावों के साथ जोड़ना सम्भव नही है। यह वास्तव में सत्याग्रह ही है। अपने शरीर में दहकते सच को नंगी आँखों से देखने का आग्रह, जो उसे इन 'पलों' के सर्जनात्मक साक्षात्कार के लिए उकसाता है, जो उसकी कविता को जीवन के गहरे शाश्वत प्रश्नों की ओर मोड़ता है। कवि की रचनावली के सात खंडों की हजारों कविताओं में अनेक कविताएँ ऐसी हैं, जिनमें कवि ने मौत के अरीब-करीब होने की अपनी अनुभूति को कल्पना के काव्यात्मक विन्यास में रचा है—

मृत्य एक नींद की तरह
आएगी अब मेरे पास
जहाँ और जिस चटाई पर
लेटूँगा सोने के ख्याल से
समूचा एक नया जीवन
भेटूँगा बाँहों में

जिन्दगी चुक जाएगी
मृत्यु मुझ पर ऐसी झुक जाएगी
जैसे सोये हुए बच्चे पर माँ

मृत्यु का एक कल्पनाशील साक्षात्कार उसकी दहशत से दूर की एक सहज आस्तिक मन में ही सम्भव है। छायावादी कवियों में प्रसाद ने भी पूरे रोमान के साथ मृत्यु को गाते हुए कहा था, 'मृत्यु अरी चिर निद्रे, तेरा अंक हिमानी-सा शीतल' पर भवानी प्रसाद मिश्र बावजूद अपने स्वभाव के बुनियादी रोमानियत के, अपने संस्कारशील आस्तिक विश्वासों के, मृत्यु को भव्य और उदात्त आलंकारिकता में नहीं रचते। बेशक वे शरीर के कष्टों की तफसील से तकलीफ की इहलौकिक विकरालता को सामने लाने की कोशिश भी नहीं करते, दरअसल निरन्तर दिल की बीमारी से जूझते रहने की वजह से अपने नहीं होने का दर्शन जैसे हर वक्त और हर कहीं उनके साथ मौजूद रहा है। सन् '80 के बाद की रचनाओं में वे निश्चय ही थोड़ा अधिक अन्तर्मुख होते दिखाई देते हैं, लेकिन इसी काट के लिए वे आसन्न का इस तरह उदात्तीकरण नहीं करते कि उसमें अन्तर्निहित शरीर के सच को हवाई आध्यात्मिकता की भाषा में ही पढ़ा जा सके। अनुभव और कल्पना के बीच जो सेतु शब्दों ने रचा है, वे दरअसल उनके सहज स्वभाव और उनकी तत्कालीन मन:स्थिति को ही ज्यादा व्यक्त करते हैं। अपने आलोचनात्मक विवेक और दोटूक अभिव्यक्ति के चलते वे मृत्यु का साक्षात्-जोकि अन्तत: उनका चितन ही है— दोटूक ढंग से ही करते हैं और कहते हैं—

मैं नहीं करूँगा तुम्हारा
आलिंगन
जिस तरह सब करते हैं
किसी सजे सजाये कमरे में
घिरकर किसी सुगन्ध कोमलता से

प्रसंगवश यह उल्लेखनीय है कि यह कविता सन् '68 में लिखी गयी थी, जबकि कवि दिल के दौरे के रूप में मौत को अपने करीब देख रहा था और महसूस कर रहा था कि मरना एक रोमांटिक और कल्पित स्थिति भर नहीं है, बल्कि शरीर का सच है, जो अनुभव के विभिन्न रूपाकारों में सामने आता ही रहता है। इस सच को बरकाने या इससे परहेज करने का खयाल करके उसके मन में नहीं आया, बल्कि इसके विपरीत हर वक्त उसके लिए यह एक मानसिक तैयारी में रहा। वह मानसिक तैयारी उसके अभयबोध की बुनियाद पर टिकी थी। यह ऊहापोह और गुरु गम्भीर विश्लेषण के बजाय सहज आत्मालाप के रास्ते पर

चलता हुआ, उतने ही सहज संवाद को जन्म देता है। उसका इरादा उसके मन की तरह-तरह की भिन्न स्थितियों में ही लिखा है, एक सुचिन्तित विषय की तरह उसमें किसी केन्द्रीयता की तलाश व्यर्थ नहीं तो अनावश्यक जरूर है इसके साथ-साथ यह भी याद रखना चाहिए कि जीवन में मृत्यु की इस सतत मौजूदगी के कारण ही वह शरीर के सुख-दुख से निर्मित आत्मजीवन की सूक्ष्मतर छवियों को अधिक अन्तरंगता और आत्मीयता से लिखने का जोखिम उठा सका। अत: आत्मचिन्तन के जरूरी घटक की तरह जब हम कवि के मृत्युचिन्तन का जिक्र करते हैं, तब उसके पार्थिवबोध का, उसके इहलौकिक विचार का जिक्र भी जरूरी है, क्योंकि उसने एकाधिक बार बड़ी स्पष्टता के साथ यह कहा है—

"मन प्राण और आत्मा क्या कर सकते हैं? शरीर के सहारे के बिना आनन्द की हिना कहाँ रचेगी? भौतिक के बिना संग पार्थिव का जरूरी है अलौकिक के लिए इसीलिए कहता हूँ—साँचा है शरीर का ढाँचा झूठी न सही अधूरी है और और बातें मन प्राण आत्मा शरीर में न रहें तो वे क्यों करें किसका किसको क्या कहें!"

शरीर के साथ अस्ति के इस सम्बन्ध को वह अनुभव और कल्पना की जिस जमीन पर पकड़ता है, वह शरीर-सीमित या शरीर-केन्द्रित जमीन नहीं है। उसकी तलाश शब्दों में है, जो उसे अनुभव और चिन्तन की एक सुदीर्घ परम्परा से जोड़ते हैं और साथ-साथ उस लोकचित्त से, जिसने उत्कट सहजता के साथ न सिर्फ जीवन और मृत्यु का साक्षात्कार किया है, बल्कि तुलसी की-सी तन्मयता के साथ यह माना है कि 'जो फरा सो झरा, जो बरा सो बुतानो है।' मृत्यु के इस स्वीकार में इस अटूट आस्तिकता का ही स्वर है, जिसे लिखते हुए कवि इस चिन्तन को एक प्रार्थना में बदल देता है। आत्मचिन्तन की उसकी कोशिश इस अनिर्वचनीय अनुभव को रचने की कोशिश है। यहाँ दूसरों को कुछ देने का दम्भ नहीं है, बल्कि समर्पण की एक विकलता है जिसके चलते कवि कहता है—

"माँगता हूँ
लाल माटी का मुझे दो रंग
नीले गगन का विस्तार सौंपो
ढंग सागर की तरंगों का
मुझे दो चाल में

आनन्द की लय छन्द उठने बैठने में
दिन कठिन दो
रात भारी दो

बने तुमसे एक क्षण दो सुख मरण का
दूसरे क्षण दु:ख जीवन तरणहारी दो।''

यों तो हिन्दी कविता ही नहीं, कविता मात्र के सम्बन्ध में यह सच है कि प्रकृति की विविध रूपात्मक चेतना उसकी बनावट का अनिवार्य हिस्सा है, बिना इसके कविता की कोई कल्पना ही नहीं की जा सकती। मानव-इतिहास की ज्ञात काव्य-परम्परा में, कविता और प्रकृति जैसे अभिन्न ही रहे हैं; पर बीसवीं सदी के बाद कविता के पठन-पाठन तौर-तरीकों के चलते और सम्भवत: जीवन-पद्धति के अधिकाधिक प्रकृति विमुख होते जाने के चलते भी, शायद साहित्य-अध्यापन और काव्य-समीक्षा में कविता और प्रकृति के सम्बन्ध को अलग से देखने-दिखाने की एक समीक्षा-रूढ़ि- सी बन गयी है, लगभग उसी तरह जिस तरह कविता लिखने के मामले में प्रकृति-चित्रण को आलम्बन या उद्‌दीपन विभाव की तरह समो लेने की एक रूढ़ि बनी हुई है। कविता निर्माण के लिए काव्य-रूढ़ि का प्रयोग सर्जनात्मक स्तर पर हमेशा से होता रहा है। भवानी प्रसाद मिश्र की कविताओं में तो प्रकृति की उपस्थिति जैसे उनके अस्तित्व की जबान की तरह है। जिस तरह गाँधी की प्रेरणा और प्रभाव से उन्होंने राष्ट्रीय चेतना को अपने कर्म-जीवन और काव्य-जीवन के मूल अर्थ के रूप में प्रतिष्ठित किया, उसी तरह बल्कि कहीं उससे भी अधिक मूलगामी अर्थ में उन्होंने प्रकृति में से अपने अनुभव, कल्पना, चिन्तन और अस्ति को परिभाषित करने की निरन्तर चेष्टा की। चूँकि उन्होंने प्रचुर मात्रा में कविताएँ लिखी हैं, इसलिए यह उम्मीद करना ठीक नहीं है कि उनकी प्रकृति-चेतना हर बार हर कविता में सार्थक सृजनात्मक नवोन्मेष के साथ विन्यस्त हो। ऐसा सम्भव ही नहीं था। प्रकृति के विविध रूपों को अपनी सृजनभाषा के रूप में रचते हुए वे पुनरुक्ति और औपचारिक इस्तेमाल जैसी रूढ़ियों से पूरी तरह मुक्त नहीं रह पाते हैं। पर उनकी सार्थक कविताओं में प्रकृति को देखना जैसे अपने मन को सबके मन के साथ देखने की निर्मलता है, साथ-साथ अपने वयस्क दिनों में यह आत्मदर्शन की सूक्ष्मता भी है।

अपनी काव्ययात्रा के प्रथम चरण में उन्होंने 'सतपुड़ा के घने जंगल, ऊँघते अनमने जंगल', जैसी बिल्कुल अलग कविता लिखी है, तो उसके अलगपन का एक कारण यह भी है कि वह समग्र प्राकृतिक परिवेश बचपन से ही उनकी चेतना के संस्कार की मूल कारक है, पर यह महज संस्कार की मूल कारक है, पर यह महज संस्कार नहीं है, बल्कि प्राकृतिक परिवेश के साथ उनका गहन रागात्मक लगाव है, जिसकी वजह से वे कविता में एक ऐसी लयात्मक ऊष्मा भर उसके हैं, जो पूरी कविता को महज प्रकृति की चित्रात्मकता प्रदर्शित करनेवाली कविता होने से बचाती है। वास्तव में प्रकृति के साथ उनके लगाव को उनके किसान-

मन, या कि थोड़े व्यापक अर्थ में ग्रामीण-मन के सन्दर्भ में ही ठीक-ठीक समझा जा सकता है। उसे सौन्दर्य से परहेज नहीं है, लेकिन यह सौन्दर्य गाँव के जीवन के सुख-दुख से जुड़ा सौन्दर्यबोध ही है। प्रकृति उनके लिए कविता या कला का विषयमात्र नहीं है, बल्कि उनकी अपनी स्मृति का अविभाज्य हिस्सा है। वे उसे अक्सर ही महज 'रूप' की तरह नहीं देखते, या कि महज स्मृति चारण की तरह भी नहीं देखते, बल्कि उसे अपने मन में देखते हुए अपनी मन:स्थित से, अपनी विचार-प्रक्रिया से, अपनी मूल्यचेतना और अपनी सौन्दर्य-चेतना से जोड़ते हैं। प्रकृति उनके लिए एक बहुलार्थी स्रोत है जहाँ अपनी आदिमता में इहकालिक और इहलौकिक संस्कृति और सभ्यता को मूर्त कर सकने वाले संकेतवाची रूप और रूपक मौजूद हैं।

वे इन संकेतों का इस्तेमाल करते हुए उन्हें अतिरिक्त रूप से आलंकारिक बनाने के बजाय उनके साथ अपने होने को सहज भाव से लिखते हैं। कहना न होगा कि उनकी प्रकृति-चेतना प्राकृतिक साहचर्य की सहजता में गति करती है। बेशक उनकी उम्र के अनुभवों का प्रभाव उसमें हर कहीं मौजूद है। मसलन, अपने आरम्भिक दौर में प्रकृति उनके आन्तरिक उत्साह की गति से उनके मन को और उनके आसपास के जीवन को उघारती है और तब उसके रूप में कवि के मन की निश्छल रागात्मकता की वह लय देखी जा सकती है कि जिस लय में प्रकृति और परिवेश का जीवन एकरूप हो जाते हैं। 'सतपुड़ा के घने जंगल' में ऐसी ही लय है। इसी दौर में लिखी गयी दूसरी कविता 'पहिला पानी' की कुछ पंक्तियाँ लें—

गाँवों की बात बदली, जंगल की कुछ न पूछो
हर सू में नया मंगल, मंगल की कुछ न पूछो
सौ आठ रंगवाली नभ ने कमान पाई
बादल गरज उठा तो सबने जबान पाई
गाया हजार मन से रस्ते पे चल रहे ने
आफत को भूल गाया, आफत के पल रहे ने
डालों पे पड़े झूले, छपरी में जमी आल्हा
ढोलक को कई दिन में थापों से पड़ा पाला
हर एक अधमरे को बदली नया गयी रे
बरसात आ गयी रे? बरसात आ गयी रे

यह सन '44 में लिखी गयी एक ऐसी कविता है, जो इसके पहले प्रतिष्ठित छायावाद की प्रकृति कविता से बिल्कुल ही अलग है। इसमें प्रकृति 'दृश्य' से

कहीं अधिक 'अनुभूति' के रूप में व्यक्त हुई है। बेशक इस दौर में ऐसी कविताएँ भी हैं, जहाँ एक मुश्किल बिम्ब की तरह प्रकृति को आँखों के सामने उपस्थित करने की चेष्टा है, पर ऐसी कविताओं में भी कवि-कल्पना का वैसा स्वच्छन्द स्वैराचार देखने को नहीं मिलता, जैसा कि मसलन पन्त की अनेक कविताओं में मिलता है। भवानी प्रसाद मिश्र प्रकृति को अपनी प्राणधरा में ही बसाये हुए हैं। वही उनको सुझाती है कि किसी रूप में रची जाकर वह उनको साथ लिये-लिये चल सकती है। शायद इसलिए ही शुरू के दिनों में उर्दू की बहर और हिन्दी की लय का प्रवाह उनकी कविताओं में देखने को मिलता है कि इस उम्र में वे स्वयं भी एक खरस्रोता धारा की प्रवहमानता को अपने अनुभवों में जान रहे थे। पर स्वतन्त्रता के बाद, खास कर साठ के बाद की उनकी रचनाओं में प्रकृति, एक वयस्क आत्मचिन्तन की भाषा के स्रोत की तरह उपस्थित होती है उनके सामने। उसकी सुन्दरता में अन्तर्निहित मूल्यस्रोत की बात उनके काव्य-विवेक को तब भी नहीं बिसरती, पर कविता में प्रकृति-प्राप्त जीवनमूल्यों का यह समय वयस्क स्थिरता का समय है। प्रकृति की गति यहाँ क्षिप्र नहीं है। सभ्यता के अनुभव की प्रगाढ़ होती वेदना, उन्हें मुग्धता की भाषा से अलग कर देती है। क्षुब्ध वे तब भी नहीं होते, एक प्रशान्त अवसाद में स्थिर ऐसे देखते हैं प्रकृति को, जैसे बिम्ब ही सोच हो और फिर इसी चिन्ता में घुलाते हैं अपनी जगत्-समीक्षा और अपने आत्मालोचन को। तब प्रकृति का यह अनलंकृत चित्र ही मानो उनके दीप्त आत्मालोचन का साक्ष्य बन जाता है—

सो गये हैं मरुस्थल में
रेत के टीले
जैसे पीले ऊँट
और हम
कम ज्यादा टीलों की तरह
चुप हैं
पास बैठे-बैठे सिर्फ
तक रहे हैं
चाँदनी में सोये
रेत के टीलों को
आवाजें
बाहर कुछ झिल्लियों की हैं
और भीतर
हमारी चुप्पी की

वयस्क कविता में इस तरह के उदाहरणों को मन:स्थिति की तात्कालिकता के रूप में ही पढ़ना नाकाफी है और काफी हद तक अनुचित भी। शरीर और मन की तात्कालिक तकलीफों की छायाओं से वे परे हैं, ऐसी बात नहीं, पर अपनी रचना-प्रक्रिया और अपने प्रभाव में वे 'मूड्स' को ही नहीं बतातीं। उनमें किसी अधिक गहरी सार्थकता की तलाश है। यह तलाश वयस्क रचना की शुरुआत के दिनों में थोड़ी आलोचनात्मक है और तब उनकी पीड़ा भी कुछ अतिरिक्त मुखर लगती है और तब कभी-कभार ऐसा भी लगता है कि प्रकृतिबोधक शब्दों को, बिम्बों को भी, उनकी यह तकलीफ ही रच रही है। कहीं-कहीं तो इसे हम आधुनिक बुद्धिजीवी की पर्यावरण चिन्ता के मुहावरे में व्यक्त होता देखते हैं। मसलन, तब जबकि सन् '63 की एक कविता में वे नदियों के बीमार किनारों और युगों से मैले हरियाले काले वृक्षों का जिक्र करते हैं। ऐसी अनेक पंक्तियों के पाठ के बाद भी अन्तत: यही अनुभव सघन होता है कि इन कविताओं की प्रकृतिप्राणता वास्तव में होने के वैयक्तिक-जागतिक अनुभवों की व्यापकता और गहराई में ही समझी जा सकती है। वहाँ बहुत परम्परागत अर्थ में प्रकृति-चित्रण की खोज अकादमिक संस्थाओं की विवशता भले हो, एक सहज काव्यानुरागी के लिए तो उसका अर्थ उसके और काव्यानुभव के बीच बनते सेतु में ही सम्भव होता है। इसी वजह से पाठक व्यापक और अटूट सम्बन्धात्मकता से गुजरने का अवकाश पाता है। यह अवकाश रचती है अनन्तरूपा प्रकृति।

यह भी गौरतलब है कि प्रकृति को आत्मानुभव बनाने की अपनी चेष्टा में कवि ने स्वयं भाषा में अन्तर्निहित सम्प्रेषण-क्षमता में ज्यादा सलवटें डालने का आधुनिक प्रयोग नहीं किया है। प्रकृतिबोधक उनके शब्द अत्यन्त ही परिचित किन्तु कवि के अनुभव से जैसे स्वयं ही नवोन्मेषित होकर पाठक तक जाते हैं। इस मामले में कवि जैसे स्वयं भी एक सर्जनात्मक संरक्षणशीलता को काव्यधर्म की तरह स्वीकार करता है। प्राकृतिक परिवेश को मूर्त करने के लिए जिन शब्द-चित्रों का इस्तेमाल वह सैकड़ों बल्कि हजारों बार करता है, वे शब्दचित्र चकाचौंधपूर्ण अद्वितीयता की सृष्टि भले न करते हों पाठक के मन में, नये काव्य-संस्कारों में अदीक्षित और उनसे पूरी तरह अपरिचित पाठक के मन में भी, वे अनुकूल भावबोध की सृष्टि करते हैं। इस अर्थ में उनकी प्रकृति, समुदाय के जीवन के आत्मीय रूपाकरों की धरोहर-सी लगती है और हम निपट अजनबी क्षेत्र में रहने-जीने की दुश्चिन्ताओं से बेखौफ इन शब्दों को भेंटते हैं, कवि ऐसे ही भेंटता रहा है प्रकृति को और तरह-तरह से यह दुहराता रहा है कि—

क्यों नहीं लगता तुम्हें ये सगे हैं आत्मीय हैं
गाते हुए ये घास के मैदान, बहते हुए झरने

वन घने आशीष की निधियाँ समुन्दर
क्यों नहीं लगता तुम्हें घर से निकलकर
इन्हें भेंटों, भेंटते हैं ज्यों सगों को
इन्हीं छाती से लगाओ हाथ फेरो पीठ पर
और दुखती रगें सबके पास होती हैं
बहुत सम्भव है कि वैसी रगें
इनके पास भी हों

आधुनिक समय के किसी और कवि की कविता के सन्दर्भ में लोकप्रियता का प्रश्न उतना महत्त्वपूर्ण या अहम नहीं है जितना भवानी प्रसाद मिश्र की कविता के सन्दर्भ में है, या कहें कि बना दिया गया। बहुत से समीक्षक ऐसे मिल जाएँगे जो उनकी लोकप्रियता को ही उनके काव्य के श्रेष्ठत्व के सर्वाधिक महत्त्वपूर्ण आधार के रूप में पेश करना चाहेंगे। इसके विपरीत बहुत से लोग ऐसे भी होंगे या हैं, जो इस लोकप्रियता के तत्त्व मात्र को ही गम्भीरता के सन्दर्भ में एक बड़ी कमजोरी के रूप में पेश करते हैं। लोकप्रियता से दोनों का आशय इस तथ्य से जुड़ा है कि भवानी प्रसाद मिश्र गम्भीर साहित्यिक कविता से भिन्न और वृहत पाठक श्रोता समुदाय में समादृत हैं। उन्हें पसन्द करनेवालों की संख्या तथाकथित गम्भीर कविता के काव्य-रसिकों की तुलना में काफी बड़ी है, इसमें कोई सन्देह नहीं, क्योंकि उन्होंने अपने काव्य-सम्प्रेषण के लिए कवि-सम्मेलनों के मंचों का इस्तेमाल करने में कोई हिचक नहीं दिखाई है, पर इसी वजह से उनकी कविता को अगम्भीर और असाहित्यिक खाने में डालकर उन्हें 'तथाकथित लोकप्रिय कविता' के कवि की तरह ही देखना-पढ़ना गलत है। इस तरह की गलती करके उन्हें सिरे से खारिज कर देने का साहस तो अभी तक किसी समीक्षक ने नहीं किया, पर उनकी गम्भीर कविता की समझ के विशिष्ट सन्दर्भ में उनकी अपनी लोकप्रियता के चरित्र को समझने की कोई कोशिश भी नहीं की गयी है। हिन्दी के विशेष सन्दर्भ में इस बात पर गम्भीर बहस की जरूरत आज भी है कि जिसे हम कवि-सम्मेलनों की लोकप्रिय कविता कहकर खारिज करते हैं, उनमें अनेक कविता ऐसी है, जिसने एक तरह से आत्मसजग अत्याधुनिक-बोध की परम्परा की बुनियाद कायम की है। सारी तथाकथित बेछन्द कविता को साहित्यिक मानने तथा कवि-सम्मेलन की कविता की परख किये बिना उसे असाहित्यिक मानने के समाजशास्त्रीय कारणों की तफसील में जाने की गुंजाइश तो यहाँ नहीं, पर भावनी प्रसाद मिश्र की कविता हमें इस बात का अवकाश देती है कि हम कविता की लोकप्रियता और लोकोन्मुखता जैसे मुद्दे पर थोड़ा रुककर विचार करें। खास कर इसलिए कि यह उनकी कविता की केन्द्रीय विशेषताओं में से है।

लोकप्रियता का यह अर्थ कतई नहीं है कि हिन्दी कविता व्यापक लोक-समाज में लोक-कविता की तरह प्रतिष्ठित है। उसकी गति और स्वीकृति मध्यवर्ग के शहरी लोगों के बीच ही है। अधिकांश लोकप्रिय कविता की इस स्वीकृति के पीछे का मुख्य कारण उस कविता में लोकजीवन की मौजूदगी नहीं है, बल्कि उसकी वह विशेषता है जिसे हम 'मास-कल्चर' के दूसरे व्यावसायिक उत्पादों में देखते हैं। यह विशेषता मुख्यतः भाषा की सुगम संगीतात्मक लय-गति और भाव की गुदगुदाने-रिझाने की हिकमतों के सहारे कविता में पैदा की जाती रही। साम्प्रतिक समय में तो लोकप्रिय बनने के नुस्खों में चुटकुलेबाजी तक को कविता के रूप में पेश किया जाने लगा है। भवानी प्रसाद मिश्र की कविता परम्परागत लय गति की स्वीकृति के बावजूद अपने प्रारम्भिक चरण में भी इस तरह की कविता से एकदम भिन्न ही नहीं, बल्कि बड़ी हद तक उसकी विरोधी भी है। और तो और, अपने जीवन-संघर्ष के चलते जब उन्हें फिल्मों के लिए गीत और संवाद लिखने पड़े और जिस अनुभव ने उनसे 'गीतफरोश' जैसी कविता लिखवाई, तब भी वे लोगों की गुदगुदी शान्त करते हुए नहीं, बल्कि अपनी तकलीफ से अपने शब्दों को सहज संवेद्य बनाते हुए लिख रहे थे और अभिधात्मक पद्य-निर्माण की एक ऐसी शैली की शुरुआत कर रहे थे, जहाँ सामाजिक व्यंग्य और आन्तरिक पीड़ा एक-दूसरे में घुल सकें। शुरुआती दौर की इस कविता की शैली की लोकोन्मुखता तो उजागर है कि कवि बहुत सादी ज़बान के वक्र इस्तेमाल को थोड़ा और लचीलेपन की ओर मोड़ रहा है, पर एक दूसरी बात भी है इसमें, कि वह मध्यवर्ग के अनुभव के यथार्थ को उसके अनुभव की भाषा में ही कहने की कोशिश कर रहा है। जाहिर है कि अपनी लोकप्रियता उसने चकाचौंध से नहीं, भाषा की सहज सम्प्रेषण-क्षमता के एक बिल्कुल ही टटके इस्तेमाल के कारण हासिल की है। वह भाषा पर भरोसा करता है और उससे इतना आत्मीय रिश्ता बना लेता है कि भाषा उसके अन्तर के प्रवाह में बहती हुई उसके बाहर को भिगोने लगती है। इसे बावजूद कुछेक कविताओं को छोड़कर यह कहना कठिन है कि लोगों तक जाना ही उसकी कविता-रचना का बुनियादी लक्ष्य है। वह लोगों तक अपने मन की हर हलचल को लेकर ही जाना चाहता है। उसका मन अपनी आत्मसहजता और वैचारिकता के बावजूद एक अलग-अलग रहने वाला मन नहीं है। उसमें ऐसे परिवेश के संस्कार हैं, जहाँ वर्ग-विभेद और जातिभेद के बावजूद एक-दूसरे के साथ लगातार जीवन-व्यवहार निभाने के जीवन्त-साक्ष्य हैं। उसकी लोकोन्मुखता की बुनियाद भी यही है। इस सन्दर्भ में गाँधी की याद भी बहुत प्रासंगिक है। जिस तरह गाँधी ने भारतीय लोक-चित्त की गहरी पहचान के साथ आधुनिक सभ्यता और आधुनिक राज्य के चरित्र को गहराई के साथ तालमेल बिठाते हुए देश में एक नयी राजनीति की

शुरुआत की थी, भवानी प्रसाद मिश्र भी कविता में लगभग वही करना चाहते थे। इसलिए उन्होंने गाँव और प्रकृति के अनुभवों से लोक-मन को रचने की कोशिश की, और इसलिए ही उनकी कविता अन्तर्मन की आस्तित्विक समस्याओं को भी ऐसी जबान में लिखने की कोशिश करती रही, जहाँ अनुभव की सहज सार्वजनिकता उजागर हो सके। लोकप्रियता उनका लक्ष्य अगर थी तो इसी अर्थ में थी कि वे मन में, अपने अध्ययन-मनन में, रचे-बसे लोक को खड़ी बोली हिन्दी के संस्कारों के साथ भारतीय कविता की जीवन्त सांस्कृतिक बहुलता में लिख सकें। इसलिए ही उनकी कविताओं में जाहिर एकरूपता के अलावा एक विलक्षण वैविध्य भी है। यह वास्तविक लोकजीवन के अनुभव के झूठे दावों पर आधारित लोकभाषा के आलंकारिक इस्तेमाल की कविता नहीं है। उनके यहाँ इस तरह का कोई मुगालता नहीं है कि वे लोककवि हैं, इस तरह की विनम्र कोशिश है कि लोकजीवन को नष्ट करनेवाली इस सभ्यता के प्रतिरोध के स्वर वे अपनी कविता में भर सकें।

भवानी प्रसाद मिश्र की कविता का संसार विविधताओं से भरा है, बेशक इन विविधताओं के बीच एक मूल्यचेतस् एकतानता, एक हॉरमनी भी मौजूद है। इस अर्थ में कि हर रंग की कविता में उनका मन है। किसी विशेष स्थिति से सम्बद्ध रहते हुए भी, उस स्थिति के पास जाने और खोजने की विकलता के संकेत हर कविता में मौजूद हैं, पर भावबोध की व्यापकता और वैविध्य की यह मौजूदगी इस बात का साक्ष्य भी है कि उनकी कविता, आत्मविस्तार की अनथक कोशिश करते मन की कविता है। यह भी अपने युग की सार्वजनिक समस्याओं से कतराने की कोशिश उन्होंने कभी नहीं की है। एक कवि के रूप में अपने अस्तित्व की पहचान की दिशा खोजने की जो कशिश उनके यहाँ शुरू से मिलती है, वही इस पहचान की प्रक्रिया को बाहर के स्थूल संसार से जोड़े रखने की सतर्कता भी उन्होंने हमेशा ही बरती है। आरम्भिक चरण में, जबकि स्वतन्त्रता प्राप्ति के लक्ष्य के चलते अधिकांशत: कविताएँ भावप्रवण राष्ट्रभक्ति के मुहावरे में व्यक्त होती रही हैं, तब भी उन्होंने जिम्मेदार कवि की भाषा के उत्साह को वक्ती सचाई के चलते व्यंग्य के पैनेपन के साथ भी लिखने की कोशिश की है। उनकी ऐसी व्यंग्योक्तियों में भी किसी तरह से किसी को भी चोट पहुँचाने की कोशिश नहीं है, बल्कि समयानुकूल कौतुक के इस्तेमाल से अभिव्यक्ति को अधिक सहज सम्प्रेष्य बनाने की कोशिश है—

बहुत मुश्किल है कहिए क्या उधर जिन्ना इधर गाँधी
कि दोनों ने अभी लगता है मिलने पर कमर बाँधी
मगर मिलने पे गाँधी की हँसी जिन्ना को चुभ जाए
कि उसके मन में फिर बहने लगे कल की कोई आँधी,

बहुत मुश्किल है यह कहना कि मिलने का नतीजा क्या
पसीजा करके माँ के यदि कोई टुकड़े पसीजा क्या,

यह उस दौर की कविता है जब 'सन्नाटा' जैसी थोड़ी लम्बी कविता लिखकर कवि ने अपनी भाषा की एक अलग पहचान बनायी थी, लेकिन यह सब समय की कविता भी है, जब सत्यकाम की कथा को लेकर एक अलग बोध और संरचना की कविता भी उन्होंने लिखी थी। आशय यह है कि अपनी रचनाशीलता के प्रारम्भिक दौर में ही उनका मन विशाल जीवन के वैविध्य के प्रति गहराई से संवेदनशील था, और इस तलाश में निरन्तर रहा कि छोटे से छोटे जीवन-प्रसंग को वह कविता के रूप में ढाल सके। बेशक उस प्रथम चरण में अधिकांश कविताएँ गहराई और सूक्ष्मता के साथ भाषा और अनुभव को एक-दूसरे में घुला नहीं सकी थीं, लेकिन उनके पास से यह स्पष्ट सूचित होता है कि भवानी प्रसाद मिश्र की कवि प्रतिभा और उनकी सृजनात्मक कल्पना, निजी जीवन-प्रसंगों की विस्तृत दुनिया को निरन्तर अपने मन में समेटने की कोशिश करती रही है। इसका यह मतलब नहीं कि निजी जीवन-प्रसंग उनके काव्य में उपेक्षित रहे हैं। शुरुआती दौर में ही जेल के दिनों में उन्होंने घर की याद की जो कविता लिखी है, वह अपनी प्रवहमान सहजता में बताती है कि मिश्रजी अपने परिवार के साथ कितने मार्मिक स्तर पर जुड़े थे। इसके बावजूद यह सच है कि अपने वयस्क दिनों में, जब वे आत्मचिन्तन के माध्यम से अपने व्यक्तिगत को थोड़ी बारीकी से जानने-पहचानने की कोशिश कर रहे थे, उन्होंने परिवार प्रसंग की कविताएँ बहुत कम लिखी हैं। एक कविता में कहीं उन्होंने स्वीकारोक्ति भी की है कि उनके मन का बहुत कुछ ऐसा है जो इरादतन अनलिखा रह गया है। सच तो यह है कि वे जिस आन्तरिक निष्ठा के साथ अपने देश की चिन्ताओं से जुड़े थे, उसके चलते उन्होंने पूरे परिवेश को ही परिवार की तरह देखने की कोशिश की है।

यहाँ बात हम उनकी कविताओं के वैविध्य की कर रहे हैं, जिनसे यह पता चलता है कि शब्दों में अपने को उँड़ेलते हुए वे कितने भिन्न स्तरों पर अपने को देख और पा रहे थे। अगर इसे पूरे में समझने की कोशिश की जाय तो अलग से एक किताब की जरूरत पड़ सकती है, इसलिए सीमित उदाहरणों से ही हम उनकी कविता की विविधता के बारे में अपनी बात कह पा रहे हैं। उदाहरण है—

1. ''ये डब्बे पाउडर के जिसमें दुबारा कुछ नहीं रखा जा सकता मुझे बहुत तकलीफ देते हैं कुछ लोग मेरी इस तकलीफ का मजा लेते हैं बरबादी का वातावरण उन्हें उढ़ाया गया है सब कुछ अच्छा है उनके लेखे जो नया है।''
2. ''पूजा और आरती अजान और हवन सब माइक से बोलते हैं सुबह हजुई

कि लोग रेडियोसैट ट्रांजिस्टर टेपरिकार्डर खोलते हैं और फिर सिनेमा भवन हैं, टेलिविजन हैं टू-इन-वन है एक सेना की सेना है ऐसी चीजों की।''

3. ''आँखें मेरी मानो समूचे एक पन्ने को पल-भर में पढ़ गयी और फिर एकाएक जो पन्ना खुला, वह तुम्हारा चेहरा था शान्त और गम्भीर और कोमल विमल यह क्षण पहरों पर छा गया पन्ने पर पन्ना पलटाना मुझे तब से कुछ ऐसा भा गया कि अकेला होते ही स्मृति के पन्ने पलटाने लगता हूँ गाने लगता हूँ शान्त और गम्भीर और कोमल, एक चेहरा।''
4. ''खाई की ऊँचाई पर्वत की गहराई राई का पर्वत पर्वत की राई नाई का उस्तरा उस्तरा का नाई।''
5. ''मुझे पकड़ो तो वह मिल जाएगा वह छिप गया था मुझमें विष-बुझे बाण सा और भिद गया है अब समूचे मेरे अस्तित्व में मेरे प्राण-सा मुझे पकड़ोगे वह मिल जाएगा।''
6. ''लीजिए चुनाव हो गया आज से लोकतन्त्र पहले से बड़ा घाव हो गया देश की छाती का पीठ का गले का हाथ-पाँव का अब यह अबाध रिसेगा और न कोई इस पर मरहम लगाएगा न बाँधेगा पट्टी क्योंकि इस घाव को भरने की कोशिश अब गद्दारी करवाएगी देश के प्रति सब लोग उदासीन रहेंगे अपने परिवेश के प्रति।''
7. ''समय का कोई मतलब नहीं है जैसे लोग बन्द होकर नहाते रहते हैं किसी कमरे में खयाल किये बिना वक्त का...तब मतलब किन चीजों का है? नहाने का है, दिल बहलाने के बहाने का है बाजार जाने का है निरर्थक चीजें। खरीदकर लाने का है प्याज छीलने का है पतंग ढीलने का है सब्जी काटने का है अपनी बच्ची को किसी बहुत छोटी बात पर डाँटने का है याने मतलब इन छोटी-छोटी बातों का है अच्छी-बुरी रातों का है समय का कोई मतलब नहीं है अर्थहीन है समूचे काल में हमारा समय।''
8. ''चाँद ने प्रभा का एक पुल बना दिया है झील के उस पार तक स्मृति की आँखें पैदल नहीं पाँखें बनकर उस पर आ-जा रही हैं गर्म एक स्पर्श दे रही हैं ठंडी किरनें गोद में बैठे हुए किसी पंछी की तरह कहाँ पहुँचाएँगी ऐसे अटपटे अनुभव मुझे जो न चल रहा हूँ न उड़ा रहा हूँ, बैठा हूँ सिर्फ झील के किनारे पर।''
9. ''कल्पना का सच बना है पास मेरे इसलिए इतिहास से विच्छिन्न क्षण अस्तित्व के सहारे छोड़कर मोड़कर घुटने लगाये पालथी बूँद अमृत का

चुआ हो इस तरह काल को आश्वासन देता हुआ-सा ध्यानस्थ मेरे पास बैठा है...कल्पना के सच समन्दर तक बहेंगे सींचकर इतिहास के झंखाड़ आड़े खड़े तिरछे हरहराएँगे विरह के वन विहग-दल-हीन बिरछे।''

10. ''कुछ नहीं है यहाँ इस गाँव में पाँच-सात घर हैं माटी के छत-भर घास हैं पूले हैं काँस के, धान के सनौड़ी के और लोग हैं कोई तीस चालीस जिन्हें अपने होने का भान नहीं हैं...तालाब जरूर है ऐसा दुर्लभ होता है जैसा दिख जाना कहीं और साफ पानी और विस्तार मन-भर बैठा रहा मैं देर तक उसके किनारे सोचता हुआ आफत के मारे इस गाँव की बात जिसके सुख-दुख के भान तक पास की पहाड़ी के उस पास पड़े रह गये थे शायद।''

इतने उद्धरणों के बावजूद यह कह सकना सम्भव नहीं है कि इतने से उनके रचना-संसार के विपुल वैविध्य का समग्र साक्षत्कार किया जा सकता है, लेकिन इतना अन्दाज तो लगाया जा सकता है कि उनकी सृजनात्मक बेचैनी बहुविध रूपाकारों में विन्यस्त होती है। इन उदाहरणों से हम यह भी अनुभव कर सकते हैं कि युग वास्तव उनके लिए साभ्यतिक सन्दर्भों से भी उतना ही जुड़ा है, जितना ठोस जाती और स्थानिक सन्दर्भों से। यह भी कि इतिहास की गति उन्हें जिस तरह आन्दोलित करती है, इतिहासातीत जैसा महाकालीय अनुभव भी उन्हें उसी तरह रचनाप्रेरित करता है। राजनीति का स्थूल उनके यहाँ अध्यात्म के सूक्ष्म के बाजू में अपने को उघारता मिलता है और छोटी-छोटी बातों के बीच, व्यापक और विशाल जीवन की अटूट निरन्तरता का बोध भी होता रहता हैं ऐसे में अगर उनकी कविता के युगबोध के स्वरूप को दो टूक सामान्यीकरण में कहने की कोशिश की जाए, तो बड़ी दिक्कत पेश आती है, लेकिन अगर कहना ही पड़े तो उन्हें आदमी की समूची उम्र का कवि कहना चाहिए। ऐसा कहते हुए भी उनकी रचना को उनकी या किसी व्यक्ति की मानसिक हलचलों की तरह सोचना गलत होगा। आदमी अपने सारे जातीय और स्थानीय ठोसपन की झलकियों के बावजूद या शायद इस तरह के ठोसपन की गहरी समझ के कारण ही, देशकाल में पूरी तरह स्थित होकर भी उससे बँधा हुआ नजर नहीं आता। उनका युगबोध बौद्धिक स्तर पर जारी उस वैचारिक आत्मसजगता से उतना निर्मित नहीं है कि जिस वैचारिक आत्मसजगता को हम नयी वैज्ञानिक और राजनीतिक संस्थाओं से आधुनिक शिक्षित भारतीय व्यक्ति की टकराहट के रूप में जानते हैं। वास्तव की पहचान की जो दृष्टि पश्चिम की बौद्धिकता ने सुझाई, उसी के चलते कविता में आत्मचेतना का एक नया दौर शुरू हुआ था। होने को पश्चिम प्रगति की दृष्टि या उसकी लोकतान्त्रिक संस्थाओं और परम्पराओं के साथ एक टकराहट भवानी प्रसाद मिश्र के यहाँ भी

मिलती है, पर इस टकराहट के पीछे की आत्मसजगता में एक खालिस ग्रामीण दिल और दिमाग है। अपनी शिक्षा और अपने सवर्ण संस्कारों के बावजूद इस दिल-दिमाग की बेचैनी, युग की पहचान सोच-समझ की अपनी परम्परा और अपने परिवेश में ही करती है। पश्चिमी ज्ञान के प्रति अवहेलना नहीं है यह, बल्कि उस ज्ञान से प्रसूत सभ्यता की गति में अन्तर्निहित खतरों की पहचान है इसमें। भविष्यशास्त्रीय अन्तर्दृष्टि के साथ नहीं, बल्कि अपने संस्कारशील स्वभाव की सहज व्यावहारिक तार्किकता में, अपने ही पास-पड़ोस के रोजमर्रा को देखते-पहचानते हुए भवानी प्रसाद मिश्र आधुनिक सभ्यता के मानव विरोधी रूप के खतरों से हमें आगाह करते हैं। युद्ध, हिंसा, प्रतिस्पर्धा, व्यक्तिवाद, सीमाहीन उपभोग और उत्पादन, बेरोकटोक जारी सैनिकीकरण, अन्धाधुन्ध शहरीकरण, सकल घरेलू उत्पाद की चेरी शिक्षा में व्यापता भोगवादी उन्माद—इन सारी सचाइयों को अपने मन में जानते हुए वे अपनी कविता के लिए शब्द खोजते हैं। ऐसी विविधरूपा वाणी में विन्यस्त युगबोध को परम्परा, आधुनिकता, वस्तुपरकता, जटिलता, व्यक्तिवाद, समाजवाद जैसे लगभग अर्थरिक्त पदों के आधार पर समझने के बजाय उचित यही है कि विशिष्ट कविताओं के पाठ के आधार पर उनकी रचनाशीलता को समझने की सार्थक शुरुआत की जाए। बेशक उन्हें पढ़ने के प्रासंगिक और सार्थक परिप्रेक्ष्य के रूप में यह जानकारी उपयोगी हो सकती है कि उन्होंने अपने रचनाकर्म के रूप में कविता को और इस कविता के लिए खड़ी बोली को, अपने मन की वाणी की तरह चुना है। यह खड़ी बोली शुरू से ही वैचारिक सक्रियता और समावेशी उदारता से सम्पन्न रही है। बावजूद इसके कि सांस्थानिक चेष्टाओं के द्वारा खड़ी बोली की स्वाभाविक चारित्रिकता को नष्ट करने की कोशिश भी इस बीच कम नहीं हुई, इसकी कविता में और इसके साहित्य में आज भी हर तरह की अन्यता को आत्म में समो लेने का जोखिम, साहस और संकल्प पूरी तरह से सक्रिय है। भवानी प्रसाद मिश्र ऐसे ही जोखिम, साहस और संकल्प के अन्यतम उदाहरण हैं।

भवानी प्रसाद मिश्र की कविता के बारे में विचार करते हुए यह जानना भी बहुत रोचक होगा कि कविता विषय में भी उन्होंने ढेर सारी कविताएँ लिखी हैं। उन्हें पढ़कर लगता है कि इन कविताओं में कवि-कर्म के सिद्धान्त-निरूपण की कोई चेष्टा नहीं है। शब्द को, भाषा को, कविता को, जीवन्त और लगभग समुपस्थित जानकर लिखी गयी इन कविताओं से यही अनुभव होता है कि कविता से उनका लगाव कितना गहरा और कितना मार्मिक था। ऐसा नहीं कि काव्य-रचना की कुशलता या कला को वे स्वीकार नहीं करते थे, पर उसे कोरे निर्माण-कौशल की तरह भी वे नहीं मानते थे। शायद कविता लिखना और इतनी निरन्तरता से

इतनी बड़ी संख्या में कविता लिखना, उनसे इसलिए ही सम्भव हो सका कि कविता जैसे उनके लिए अपने अन्तर्मन की शारीरिक मूर्ति जैसी कोई चीज थी, जिसे देखने, देखते रहने, सुनते रहने, जिससे बोलते रहने की ललक और कसक उनके मन में हमेशा ही बनी रहती थी। जीवन-भर, शायद थोड़े के लिए भी उन्होंने कविता लिखना बन्द नहीं किया, और कभी इस बात की परवाह नहीं की कि कविता किस तरह की बनी रही है। वे शब्दों को हर वक्त अपने भीतर उमड़ता हुआ सा पाते थे, और कोशिश करते थे कि लिखकर उनका एक रूप बना सके। यह कोशिश रूपासक्ति के चलते नहीं होती थी, उस विकलता के चलते होती थी जिसे आत्माभिव्यक्ति की विकलता के रूप में ही हम देख सकते हैं। कविता बन रही है या नहीं बन रही है जैसी बात को उनकी मनमानी की तरह भी लेना उचित नहीं है, क्योंकि वे जिस तरह की कविता को जानते थे और मानते भी थे, उससे वे कटे हुए नहीं थे। पर अपनी विकलता को लिखते हुए वे बार-बार कविता की पुनःपरिभाषा-सी करते थे। शायद यही कारण है कि कविता को लेकर उन्होंने ढेर कविताएँ लिखीं। यही नहीं, अगर कविता के विषय में सीधे न भी लिख रहे हों, तो भी अपने कर्म की दिशा का खयाल उनको हमेशा रहता था। बेशक कई कविताएँ उन्होंने ऐसी भी लिखी हैं, जहाँ वे शब्दों की व्याख्या की जरूरत महसूस नहीं करते। ऐसी कविताओं में उन्हें अलग से कुछ कहना नहीं पड़ता, अपनी बिम्बात्मक या संवेदनात्मक अर्थवत्ता में ही इस तरह की कविताएँ मानो प्रयोजन को चरितार्थ किये हुए मिलती हैं; पर भवानी प्रसाद मिश्र की कविता से सम्बद्ध कविताओं को उनके गतिशील और अनेक केन्द्रिक विचारों के रूप में पढ़ना इस अर्थ में सार्थक हो सकता है कि इससे हम उन्हें पढ़ने और जानने का एक और रास्ता पा सकते हैं, पर तभी, जब हम इसे कवि को समझने का एकमात्र रास्ता मानने की तंगदिमागी से अपने को बचाकर रखें और सोचें कि कविता और हिन्दी खड़ी बोली के बारे में सोचते हुए अपनी सृजन के वयस्क चरण में कवि इस तरह की बात कहता है—

"कविता अगर पहने ज्यादा गहने तो वह खुद जरूरत से ज्यादा ढक जाती है; आती है या नहीं यह बात तुम्हारी समझ में किसी और भाषा में चाहे जैसी रहे हिन्दी में तो जैसी है यह भाषा वैसी रहे छरहरी और हल्की"

"हमारा काम हम जो कविता को अपनाते हैं किसी भी सन्दर्भ में शब्दों का आत्मीय उपयोग करते हैं कविता कम-से-कम हमारे लिए एक अपरम्पार चीज होनी चाहिए और हो जाना चाहिए अपरम्परा एक चीज उसे दूसरों के लिए भी।

ये दोनों उद्धरण उनकी रचनावली के सातवें खंड से लिये गये हैं, जिनसे उनकी कविता-विषयक धारणाओं का एक अन्दाज मिलता है। यह भी महसूस

होता है कि खड़ी बोली के काव्य संस्कार को परिवेश में जीवन्त बोलचाल की जबान की सहजता और सादगी में पाने का उनका संकल्प इस तथ्य को पल भर के लिए भी नहीं बिसराता कि इसी संकल्प के दूसरे छोर पर कविता के अपरम्परा होने की गहराई और व्यापकता भी हमेशा ही मौजूद रही है। भवानी प्रसाद मिश्र की कविता की बनावट के एकसेपन के बीच भी अगर हम एक साफ नजर में आनेवाली विविधता के दर्शन हर जगह करते हैं तो इसका कारण शायद यही है कि एक तरफ वाचिक परम्परा का सहज अभिधार्थ और दूसरी तरफ आत्मखोज की गूढ़ व्यंजनाएँ उन्हें काव्य रचना के लिए प्रेरित करती रही हैं। इस प्रसंग में यह भी याद करना सार्थक होगा कि उन्होंने सुदीर्घ और अत्यन्त छोटी कविताएँ ही नहीं लिखी हैं, बल्कि खंडकाव्य, गीतात्मक मात्रिक छन्दों जैसी परम्परागत विधाओं में भी प्रचुर लेखन किया है। उनकी लम्बी कविताओं में यथा— 'शब्दों के तल्प पर,' 'खुशबू के शिलालेख,' 'जीवन के प्रभु से एकतरफा बातचीत,' 'अवधिहीन छोरों से,' 'दो टुकड़े देश दस टुकड़े जन्मदिन' बहुत को एक साथ समो लेने की और कह डालने की कोशिश है, पर यहाँ भी बात को सँवारने-सजाने या कि उसकी सहज सम्प्रेषणीयता को नयेपन के चक्कर में तोड़ने-मोड़ने की कोशिश नहीं दिखाई पड़ती। बेशक 'छरहरी और हल्की' जिस हिन्दी की मानक कल्पना का आग्रह वे हमेशा करते रहे हैं, वह इन लम्बी कविताओं में जगह-जगह पर बोझिल और जटिल हो गयी है। कई बार ऐसा भी लगता है कि यह बोझिलता उनकी बेचैनी के चलते है, तो कई बार इसके विपरीत यह भी कि वाचालता को संयमित न रख पाने के कारण ही उनमें एक तरह का बिखराव आ गया है। यह बिखराव, विषय की केन्द्रीयता का पालन नहीं करने की खामी-भर नहीं है। अपने मन को शब्द के स्तर पर साध न पाने की वजह से है। कुछ इस वजह से भी कि ऐसी कविताओं में अनुभव की व्याख्या अनुभव की पुनर्रचना पर हावी होती दीखती है। लम्बी कविताओं में प्रायः आत्मपरकता उसकी बनावट के अवांछित विस्तार का कारण बन जाती है। भवानी प्रसाद मिश्र ऐसी कविताओं में शायद अपनी विशिष्ट प्रगीतात्मक के शैली के चलते भी थोड़े अतिरिक्त और पुनरुक्तिपूर्ण बयानबाजी में रमते से नजर आते हैं। इसके बावजूद ये कविताएँ अपने असर में उनकी रचनाशीलता के अपेक्षाकृत अधिक गम्भीर और व्यापक आयाम को हमारे सामने लाती हैं। खास कर इस वजह से कि प्रकृति की भाषा और कल्पना के सच को यहाँ एक अनुभवगम्य वास्तविकता का साभ्यतिक सन्दर्भ प्राप्त होता है। यह जरूर है कि वास्तविकता के कुछ अधिक प्रखर ब्योरों का अभाव भी, सभ्यता-समीक्षा या आत्मखोज के ऐसे प्रसारों में थोड़ा खलता है। ऐसा लगता है कि रोमानी अमूर्तता की लय उन्हें घेरे है। लम्बी कविताओं की एक उपलब्धि

यह भी है कि आधुनिक युग के प्रकट सन्दर्भों के बावजूद उसका कालबोध कहीं भी निरा समकालीन नहीं लगता; पर इसके साथ-साथ उसकी विशिष्ट स्थानिकता भी इस जटिल विस्तार में ओझल-सी होती दिखती है। कुल मिलाकर यह कहा जा सकता है कि ऐसी रचनाएँ हमें उनके सरोकारों की व्यापकता से परिचित कराती हैं, उसकी सान्द्रता की झलकियाँ यत्र-तत्र तो मिल जाती हैं, पर सर्वत्र वैसी घनता उसमें नहीं दिखती, जिसे कि वे स्वयं एक महत्त्वपूर्ण काव्यादर्श की तरह मानते रहे हैं।

लम्बी कविताओं की तुलना में छोटी कविताएँ अधिक असरदार और चुस्त तथा जीवन्त बन पाई हैं। तुकों का इस्तेमाल छोटी कविताओं में सार्थक है, और कई बार तो ये तुक अर्थ-विस्तार में सहायक लगते हैं। इन कविताओं में भी विषय को अनुभव के स्तर पर रूपायित करने की चेष्टा ही प्रमुख है। बहुत छोटी कविताओं में कई बार संकेत महज चमत्कार के स्तर पर सीमित रह जाता है, पर ईषत् बड़ी, पर फिर भी आन्तरिक अनुभव को लिखती हुई अधिकांश कविताएँ, एक मन्थर गति से बढ़ती हैं और विन्यास को अधिक सार्थक ढंग से मुकम्मिल बनाती हैं। इन्हीं कविताओं में पुरानी-सी लगनेवाली प्रकृति की भाषा की प्रसन्न ताजगी भी महसूस होती है। ऐसा लगता है कि मन के बहुविध संकल्पों-विकल्पों के बीच मन:स्थिति की क्षणिकता में निहित पूर्णता को, या कि मन:स्थिति के भीतर झाँक रहे मन के घनत्व को, ये कविताएँ सहजतम कहन के स्तर पर साध सकी हैं। खड़ी बोली का बोलीपन और उसके शब्दों में सुदीर्घ परम्परा की अनुगूँजें मितकथन की शैली में एक सुन्दर रूपाकार रचती हैं। इसमें सहज साझेदारी सम्भव होती है क्योंकि इसकी जबान साझे की संस्कृति को अपने भीतर प्राणधारा की तरह समोये है।

वैसे जहाँ तक भाषा का मामला है, भवानी प्रसाद मिश्र शुरू से ही इस बात की सतर्कता बरतते हैं कि वे खड़ी बोली के खड़ेपन को बोलियों के अतिरिक्त, उर्दू के प्रवाह और संस्कृत के उचार संगीत से जोड़ें। उनकी शुरू की कविताओं में तो उर्दू की बहर में कई रचनाएँ मिलती हैं। गजलें भी उन्होंने खूब लिखी हैं। अपनी शैली ही उन्होंने इस ढंग से विकसित की है कि वह वर्णन-विचरण, व्याख्या-विश्लेषण, उद्‌बोधन, आह्वान-सब कुछ को एक तरह की बतकही में बदल देती है। उनकी कविता में सहज भाव से विन्यस्त बिरादरीपन है। उसमें असाधारण होने का रुआब नहीं, एक तरह की आत्मीयता से भरी पुकारती हुई वाणी होती है। उसमें परम्परागत मात्रिक छन्दों की जकड़ नहीं, उनकी गति और विरामों की एक सुघड़ता मिलती है। उनकी सभी कविताएँ उचार की, लिखे को बोले की तरह बरतने की अपेक्षा रखनेवाली कविताएँ हैं। चूँकि उन्होंने हजारों कविताएँ लिखी

हैं, इसलिए यह स्वाभाविक है कि उनकी भाषा में, बिम्बों-प्रतीकों का दुहराव है। एक कविता पढ़ते हुए उसी तरह की उनकी दूसरी कविता की याद भी आती रहती है, और कई बार उन्होंने एक कविता के भाव-प्रवाह की गति में एक साथ दो-तीन कविताएँ लिखी भी हैं। पर उनकी हर तरह की कविता पढ़कर, उलझाव का भाव मन में कभी नहीं जागता। उनकी सहजता देखकर एक बार यह भी लगता है कि कहीं वे मन:स्थिति परिस्थिति का सरलीकरण तो नहीं कर रहे, पर उनकी भाषा में बहती अनुभूति की लय से घिरकर हम महसूस करते हैं कि जीवन को और मन को जानने समझने के उनके तरीके के वैसी बौद्धिक ऊर्जा नहीं है जो जीवन की जटिलता से ऐसे उलझे कि उसकी रचना दूसरों को भी उलझाने लगे। यों वे खुद भी यह स्वीकार करते हैं, सरलता अब इस सभ्यता में इस समय में नहीं रही, अत: कविता से इसकी उम्मीद अब ज्यादा मायने नहीं रखती। इस अर्थ में जरूर उनकी कविताएँ सरल हैं।

उनके व्यक्तित्व की ग्रामीण या कस्बाई सरलता, सहज भाव से सिर्फ कविता के तर्क-विन्यास में ही नहीं, उसके समग्र भाषित रचाव में आ गयी है। अपने वक्त के दूसरे कवियों की तरह उन्होंने भी आधुनिक जीवन की विसंगतियों को पहचानने और लिखने की कोशिश की है, पर अपनी कविता-रचना में वे परम्परागत आदर्शवादी ही बने रहते हैं। वास्तव की तिक्तता को झेलते हुए भी उनका मन अपनी बेचैन गतियों में अपने सँजोता रहता है। वे स्वप्न, स्मृति और कल्पना की अन्तर्दृष्टि से दुनिया के यथार्थ को जानते हैं, क्योंकि वे विश्लेषक और व्याख्याकार नहीं, कवि और कलाकार ही बने रहना चाहते हैं। हिन्दी की नयी कविता में, लोकचित्त की सरलता का सुन्दर रूपाकार रचनेवाले भवानी प्रसाद मिश्र, हिन्दी की बहुरूपात्मक सर्जनात्मकता के एक अद्वितीय प्रतीक हैं। वे एक अविस्मरणीय और निश्चय ही प्रेरक कवि हैं।

❑ ❑ ❑

णाणं
पयासयं
ई.सन् 1944
ारतीय ज्ञानपीठ